D1920085

Reihe: Medienrecht,
Medienwissenschaft, Medienpraxis
Herausgeber: Dr. Albrecht Götz von Olenhusen
und Prof. Dr. Heinz Wittmann

Band 1

Dr. jur. Albrecht Götz von Olenhusen
Rechtsanwalt in Freiburg i.Br.

Der Journalist im Medien-, Arbeits- und Urheberrecht

Mit einem Vorwort von Karl Geibel

2. neu bearbeitete Auflage

München 2015

MUR-Verlag München – Wien
www.mur-verlag.de

Foto am Umschlag:

mit freundlicher Genehmigung

MUR-Verlag (Deutschland) GmbH & Co. KG
www.mur-verlag.de

ISBN: 978-3-945939-00-0
Druck: SDL - Schaltungsdienst Lange oHG, Berlin

Inhalt

Vorbemerkung

Die Auflage ist eine Neubearbeitung des 2008 erschienenen Werkes („Der Journalist im Arbeits- und Medienrecht“). Alle Teile einschließlich des Vorworts und der Einleitung wurden verändert, aktualisiert und vor allem im Hinblick auf neue Judikatur und Literatur ergänzt.

Das betrifft vor allem die Rechtsprechung zum Status des Journalisten, zur Befristung von Verträgen, zur arbeitnehmerähnlichen Person und zum Recht am eigenen Bild nach dem Schutzkonzept des BGH, BVerfG und EGMR, sowie die neueren Entwicklungen im Medien-, Presse-, Arbeits-, Urheber-, Urhebervertrags- und Arbeitnehmer-Urheberrecht.

Freiburg/Düsseldorf,
im Januar 2015 — Albrecht Götz von Olenhusen

Vorwort:
Macher, Macht und Medien, von Karl Geibel

Eine rechts- und sozialstaatliche Demokratie lebt von der ständigen Willensentscheidung der Bürger, sie setzt die ständige und nachhaltige Information über alle Kräfte voraus, die in der Gesellschaft wirken. Dabei wird den Medien nach Verfassung, Gesetz und Rechtsprechung eine außerordentliche, mit hohen Erwartungen verbundene Funktion zugeschrieben, eine öffentliche Aufgabe, die üblicherweise als „Vierte Gewalt" bezeichnet wird, neben gesetzgebender, Gesetze ausführender und Recht sprechender Gewalt.

Durch ihre Unabhängigkeit vom Staat, von wirtschaftlichen, politischen und gesellschaftlichen Kräften sind die Massenmedien eine wichtige kritische Instanz. Sie sind Kritik- und Kontrollinstanz. Sie können es sein, wenn sie wollen. In der deutschen Geschichte eine bisher einzigartige Chance. Eine außerordentliche Funktion, diese „öffentliche" Aufgabe. Es muss immer wieder an das Bekannte erinnert werden, es muss immer wieder angemahnt werden, um seinen Wert zu festigen.

Eine Definition, die wir in anderen Ländern der Welt nicht kennen, auch nicht in dem früh „pressebewegten" England oder der „pressebefreiten" USA, obwohl diese Länder zuerst entschieden, Pressefreiheit sei zuvorderst individueller Anspruch und dann folgend kollektives Recht. Wie ist das Feld der öffentlichen Meinung, das mehr ist als die veröffentlichte Meinung, zu bestellen:

- Herstellen von Öffentlichkeit: Die Massenmedien sollen politische Entscheidungen und gesellschaftliche Vorgänge transparent machen und damit die Bildung einer öffentlichen Meinung ermöglichen.
- Kritik und Kontrolle: Durch ihre Unabhängigkeit sind die Massenmedien eine wichtige kritische Instanz gegenüber Regierungen, Verwaltung, Rechtsprechung und Einrichtungen von öffentlicher Bedeutung. Nicht von ihrer Verfasstheit her, sondern nach ihrer Wirkung werden die Massenmedien wegen ihrer Kontrollfunktion

neben gesetzgebender, ausführender und Recht sprechender Gewalt auch als „vierte Gewalt“ im Staat bezeichnet.

- Integration und Sozialisation: Massenmedien spiegeln gesellschaftliche Normen und Werte wider, können den Menschen das Eingliedern in das soziale Umfeld erleichtern.
- Kultur und Bildung: Massenmedien tragen dazu bei, Kunst und Kultur zu vermitteln, damit leisten sie einen Beitrag zur Bildung und Weiterbildung.
- Unterhaltung: Massenmedien werden zur Entspannung und Entlastung sowie als Mittel kreativer Freizeitgestaltung genutzt.

So können die Ergebnisse von „Massenkommunikation: Eine Langzeitstudie zur Mediennutzung und Medienbewertung 1964-2005, Baden-Baden“ zusammengefasst werden. Das Ranking der Nutzungsmotive ist nicht weit von jenen Nutzungsmotiven entfernt, die der Wissenschaftler Kaspar Stieler (1632 bis 1707) bereits 1695 in seinem Werk „Zeitungslust und Nutz“ beschrieb. Er betrachtete den Entstehungsprozess der Nachrichten gesamtgesellschaftlich und als System im Zusammenhang mit der Produktion und Verbreitung, und zeigte wirtschaftliche, organisatorische und rechtliche Bedingungen auf. Als hätte er ein dem Menschen innewohnendes Kommunikationsbedürfnis gefunden. Die am häufigsten angegebenen Nutzungsmotive, die allerdings unterschiedliche Prioritäten bei den verschiedenen Medien erhalten: damit ich mich informieren kann, ich mitreden kann, ich Denkanstöße bekomme, weil es mir hilft, mich im Alltag zurecht zu finden, weil es mir Spaß macht, weil ich dabei entspannen kann.

Die Pressegesetze der Länder und die Rechtsprechung, zuvorderst jene des Bundesverfassungsgerichtes, betonen die öffentliche Aufgabe der Medien und leiten davon ein besonderes Informationsrecht der Medien, auch eine Informationspflicht der Behörden ab. Dennoch ist die Informationszugangsfreiheit im öffentlichen Sektor in Deutschland unterentwickelt. Die Europäische Union setzte bereits 2001 ein deutliches Zeichen für die Informationszugangsfreiheit, die Bundesrepublik folgte mit einem entsprechenden Gesetz erst 2006. Seit dem Jahr 2008 gibt es noch immer einige Bundesländer, die sich beharrlich dem Grundrecht für mündige Bürger entziehen. Nach der Verfassungsnorm des Art. 5 Abs. 1 Grundgesetz (GG) ist es im Interesse einer funktionierenden Demokratie, die besondere Aufgabe der Medien, den Prozess der Meinungsbildung durch Information, Nachrichtenbeschaffung und Nachrichtenverbreitung anzuregen und mitzugestalten. Journalisten sind deswegen in besonderem Maße auf die bei staatlichen Stellen vorhandenen Informationen angewiesen. Der den Journalisten zur Verfügung stehende Auskunftsanspruch nach den Landespressegesetzen bietet ihnen aber kein Akteneinsichtsrecht, kein Recht auf Zugang zu Informationsträgern aller Art, kein Recht auf Kopien oder auf maschinenlesbare Datenträger. Ein Informationszugangsgesetz eröffnet die Möglichkeit, an solche Mitteilungen, Aufzeichnungen und Medien heranzukommen. Erweiterte Recherchemöglichkeiten tragen zu einem besseren qualitativen Standard im Journalismus bei. Die Recherchearbeit wird erleichtert. Ein Informationszugangsgesetz kann also nicht nur Informationsrechte der Allgemeinheit, sondern auch der Medien gegenüber dem Staat verbessern.

Informationen zu gewinnen und Informanten zu schützen bedingen sich. Informantenschutz und Redaktionsgeheimnis gehören zur Pressefreiheit. Nicht das Leben oder die Freiheit der Journalisten ist in Deutschland gefährdet, aber freie Recherche und freie Berichterstattung. Da Deutschland keine Bananenrepublik ist, gibt es gerichtliche Möglichkeiten, dort vorzugehen, wo die Politik zum Beispiel unter dem Deckmantel des Anti-Terror-Kampfes, oder in den 60er Jahren der Notstandsgesetzgebung, diese grundlegenden Werte einschränken will. So setzte das Bundesverfassungsgericht erste Grenzen dem Gesetz zur Vorratsdatenspeicherung von Telefon- und Handyverbindungen sowie Internetzugriffen über sechs Monate. Die Praxis zeigt, dass das Vertrauen zwischen Journalist und Informant allein schon durch den Anschein oder die Vermutung einer Indiskretion zerstört wird. Das gilt auch für Gesetze mit Online-Durchsuchungen für Polizei und Verfassungsschutz, die Erfassung von Reisedaten oder Videoüberwachung. Das Rechtsbewusstsein und die Rechtssicherheit werden preisgegeben durch den totalen Zugriff in- und ausländischer Geheimdienste auf alle elektronischen, digitalen Daten.

Es ist keine Resignation noch Trost, eher eine Herausforderung: Zum Selbstverständnis der rechts- und sozialstaatlichen Demokratie gehört – so heißt es im KPD-Urteil des Bundesverfassungsgerichts –, dass sich von keinem Zustand behaupten lasse, er stimme mit dem Ideal überein, dass vielmehr die jeweiligen Verhältnisse stets verbesserungsbedürftig, aber auch verbesserungsfähig seien. Diese Denkweise halte eine Übereinstimmung von Ideal und Wirklichkeit sogar für unerreichbar. Sie könne nur fordern, die Wirklichkeit in Annäherung an das Leitbild der Verfassung zu messen oder zu ändern. Damit sei eine nie endende Aufgabe gestellt, die durch stets erneute Willensentscheidung gelöst werden müsse (BVerfGE 5, 85). Also gehen wir von einer Kluft zwischen normativem Leitbild einerseits und zurückbleibender Wirklichkeit andererseits auch im Medienbereich aus, die es zu überbrücken gilt.

Informationen sind mächtig, sie können aufbauen und zerstören. Kulturelle und materielle Werte sind in der multimedialen und globalisierten Welt der Massenmedien börsennotierte Waren.

Das sind Chancen und Gefahren. Die Medien vermitteln durch „das Bild der Welt“ das soziale Umfeld im „globalen Dorf“, helfen zu integrieren, sind bildend und unterhaltend zugleich.

Deshalb soll demokratiesystematisch niemand einen Informationsvorsprung erhalten oder behalten, weil durch diesen Machtvorsprung die Willensentscheidung des mündigen Bürgers unterdrückt werden kann. Weil wir davon ausgehen können, dass Meinungsfreiheit eines jeden Menschen, dass seine Wahl- und Entscheidungsfreiheit ein Wesenselement der Demokratie ist. Die Medien sollen politische Entscheidungen und gesellschaftliche Vorgänge transparent machen und damit die Bildung einer öffentlichen Meinung ermöglichen, sie stellen allgemein zugängliche Öffentlichkeit (Publizität) her, beziehen sich stets neu auf die Gegenwart oder auf die gegenwärtige Existenz (Aktualität), nehmen auf den weltweit sehr kurzen Informationswegen kein Thema aus (Universalität) und dies in fortlaufender Erscheinungsweise (Periodizität), mit den neuen digitalen Techniken fortlaufend und ununterbrochen. Ein nicht abbrechender Strom an Informationen, der zeitweise zur reißenden Flut gerät. Die Aufnahmefähigkeit wird zwanghaft parzelliert.

Die juristischen, ökonomischen, technischen oder gesellschaftlichen Aspekte der Medienentwicklung sind rasant und verwischen „alte“ und „neue“ Medien in ihrer technischen wie inhaltlichen Struktur und Substanz. Hinzu kommt die veränderte Wahrnehmungsfähigkeit der Rezipienten durch den uneingeschränkt offenen Zugang zum Informations- und Unterhaltungsmarkt der Welt. Und das nicht allein: hinzu kommt die bisher schnellste Daten- und Informationsübermittlung und damit zwanghaft zu hastiges Publizieren, ein sehr großer Medienkonsum bis zu vier Stunden täglich und das Zusammenfließen aller bisher eigenständig und unabhängig von einander aufgenommenen Mediensysteme in Online-Programmen, die ohne die Orientierung von „Newsscouts“ und durch die ordnenden Stationen der Periodizität konsumiert werden müssen.

Die Orientierung für Journalisten wird zunehmend schwerer, sie müssen schneller denn je auf- und wahrnehmen, recherchieren und Entscheidungen treffen. Dazu müssen sie durch ständiges Lernen ihren eigenen Wissensstand aktualisieren, damit sie nicht durch den ungebremsten Wissenstransfer überholt werden. Die Medienpraxis verändert sich unaufhörlich, bisher getrennte Funktionen in der Medienproduktion, die für traditionelle Berufe mit eigenständigem Berufsbild standen, werden zusammengelegt und Journalisten auferlegt. In den Printmedien ist die Druckvorstufe weitgehend verschwunden, also die Verarbeitungsphase zwischen Redaktion und Druck, weil alle Produktionsstufen vom Bildschirm aus gegangen werden können. Dabei von Journalisten, die überdies elektronisch ganze Seiten gestalten, fotografieren, Bilder verarbeiten und archivieren, schreiben, redigieren und korrigieren. Natürlich soll der Qualitätsjournalismus mit den vielfältigen rechtlichen und ethischen Standards gehalten werden.

Fernseh- oder Hörfunkjournalisten sollen bimedial arbeiten, ohne die medienspezifischen Ausdrucksformen zu verwischen, Fernsehjournalisten werden zu Videojournalisten, die recherchieren, filmen und schneiden. Diese Veränderungen sind in betriebliche Strukturveränderungen eingebunden, für die einige wirtschaftsschwache Jahre genutzt wurden. Die Berufsfelder, angestellte, feste Freie oder freie Journalisten, sind erweitert durch die Beschäftigung von journalistischen Leiharbeitern, denen unverändert rechtliche Verantwortung abverlangt wird. Das bisherige Urheber- und Vertragsrecht hat den individualvertraglichen oder tariflichen Ausverkauf des geistigen Eigentums nicht verhindert.

Der Wettbewerb ist durch den rasanten Zeitdruck der digitalen Medien härter geworden, zu schnelles Publizieren darf allerdings keinen Schaden nach sich ziehen. Beim Kampf um Schlagzeilen und Zeilenhonorar helfen dem Journalisten im Zweifel zur Schadensbegrenzung zwei Leitsätze:

1. Für den Schaden wird er selbst aufkommen müssen, nicht sein Medium. Dafür sorgt schon eine Heerschar von Medienrechtlern, die sich um das Persönlichkeitsrecht kümmern. Von dem heute nicht nur Persönlichkeiten des öffentlichen Lebens wissen, sondern immer mehr auch „Passanten des Alltags“.
2. Ein Story ist wirklich gut, wenn sie in ihrem Nachrichtenwert und in ihrer Nachrichtenwirkung ethisch und rechtlich einwandfrei ist. Nur dann gibt es nachhaltige Akzeptanz, Lob und Preise, Qualität

setzt sich anhaltend, auf Dauer durch. Ein schneller Lohn und ein schnelles Lob sind das flüchtige Los des Augenblicks.

Wir müssen als Journalisten lernen, dass die Figuren der absoluten und relativen Personen der Zeitgeschichte schon Presse- und Rechtsgeschichte geworden sind. Andere Begriffe stehen auf der Tagesordnung, sind zu lernen: Was ist ein pressemäßig relevantes Zeitgeschehen? Wann legitimiert und legalisiert dieses die Befassung mit Politikern, Repräsentanten von Adelshäusern und ihrem Hofstaat, mit Schauspielern, Sängern, anderen Prominenten aus Kommerz und Gesellschaft mit Begleitpersonal weiblichen oder männlichen Geschlechts? Wann ist ein schnelles Wort, noch nicht einmal Schmähkritik unterhalb imaginärer Gürtellinien, zuzulassen oder zu unterlassen? Wann erlaubt ein Satz seine profitable Verwertung durch immateriellen Schadensersatz für privates oder öffentliches Eindringen in Tabuzonen von Politik, Kultur und Gesellschaft?

Nur wenig Zeit bleibt häufig, um durch Recherche zu prüfen, ob eine Tatsachenbehauptungen belegbar oder bewusst unwahr ist, wo die Grenzen der Meinung unverrückbar bei der Menschenwürde sind. Unwahre Tatsachenbehauptung über Personen und Institutionen, die sich nachteilig auf deren Ansehen auswirken oder schädigen, sind im nicht zimperlichen politischen Wettbewerb nur schwer zu erkennen. Von Journalisten ungeprüft transportiert, bleiben sie üble Nachrede und verletzen das Persönlichkeitsrecht. Sie sind von der Presse- und Informationsfreiheit nicht gedeckt, also unzulässig, Journalisten werden mitschuldig. Im Zweifelsfall entscheiden sich Journalisten in der Hitze der Produktion fürs Berichten statt fürs Verzichten. Der starke Wettbewerbsdruck der elektronischen und online-Medien, die renditesüchtige Jagd nach Auflage und Quoten treibt zum hastigen Publizieren. Es bleibt wenig Zeit, das Vorgefallene juristisch prüfen zu lassen, schnell ist zu entscheiden. Um das Risiko, den Schaden einzugrenzen, geht das nur mit fortlaufender Wissenskontrolle.

Der frühere Bundespräsident und einstige Präsident des Bundesverfassungsgerichtes, Roman Herzog, hatte in einem Mediengespräch über die Kommunikationsgesellschaft der Zukunft kommentiert: „Es gibt im Zuge der von mir durchaus nicht nur kritisch betrachteten Boulevardisierung eine Abflachungsspirale. .. Kein Schwachsinn, keine Perversion, keine noch so abwegige Marotte, die nicht in extenso bunte Seiten und Bildschirme bevölkern würde. Jede einfache Zappreise bestätigt den Befund. Diese unendliche, ausweglose, schleichende Banalisierung und Trivialisierung macht die Hirne kaputt. Im Interesse einer funktionierenden Demokratie können wir uns die flächendeckende Volksverdummung nicht lange erlauben." Die „Abflachungsspirale" ist eine der Konsequenzen aus den Veränderungen des Mediensystems und prägt den kommerziellen Fernsehmarkt. Er hat andere, veränderte Erwartungen an die Medienschaffenden bei veränderten Erwartungen der Öffentlichkeit.

Der Spielraum der Journalisten verringert sich einerseits durch unternehmerische oder politische Einzelanweisungen wegen meist ökonomischer Sachzwänge, zum Beispiel bei der Herausbildung von Oligopolen im kommerziellen Rundfunk und der Konzentration auf dem Printmedienmarkt, durch Tendenzhoheit im Betriebsverfassungsrecht – der gesetzlich gestatteten Knute der Medieneigner, andererseits durch fehlende innere Presse- und Medienfreiheit. Auch bei der öffentlich-rechtlichen Rundfunkorganisation sind Schwächen zu beobachten. Trotz der vom Bundesverfassungsgericht gebotenen Staatsfreiheit ist die Einflussnahme der staatlichen Ebene leichter möglich als im privaten Medienbereich.

Die überbordende Boulevardisierung kennt das Risiko und geht es ein. Wichtig scheint nur die Bindung des Konsumenten an das Medium, nicht die Bindung des Mediums an die Wahrheit. Diese praktizierte Pressefreiheit ist in Wirklichkeit allzu oft nur das Wirtschaftsinteresse des Mediums, an dessen Ende Reichweite, Akzeptanz und Profit stehen. Dafür braucht der Journalist keine, manchmal auch schmerzliche Interessensabwägung mit Erkenntnisgewinn, das setzt keine Sach- und Fachkompetenz journalistischer Bildung voraus, kein rechtliches Faktenwissen, das kostet keine gedankliche Energie und Zeit, das ist einfach billiger Journalismus. Journalisten müssen mehr wissen über den demokratischen und rechtlichen Rahmen, in dem sich ihr Beruf abspielt. Wissen schafft Sicherheit und Unabhängigkeit.

Andererseits verengt sich im Zuge einer ehrgeizigen und engherzigen Judikatur das heimische Presserecht vom Boulevard der Großstadt bis hin zum Bürgersteig der Dörfer. Zum Teil aus EU-Europa auf der Basis des kleinsten gemeinsamen Nenners importiert. Mediengeschichte und Medienkultur haben in Deutschland einen anderen Hintergrund, der in dem normativen Leitbild mündet. Eine „demokratische Verbürgung knüpft an Traditionen an, in denen sich die erlittene und praktizierte Erfahrungsweisheit der Besten unserer Vorfahren verkörpert" (Verfassungsrichter a. D. Helmut Simon).

Alles steht mit und dreht sich um die Menschenrechte im Grundgesetz, das hier an die Paulskirchen-Verfassung von 1849 und die Weimarer Verfassung von 1919 anknüpft, dabei schlimmste deutsche Erfahrungen berücksichtigt, in der allein schon das Haben freier Meinung bestraft wurde. Nach Artikel 5 Abs. 1 Grundgesetz hat jeder „das Recht, seine Meinung in Wort, Schrift und Bild frei zu äußern und zu verbreiten und sich aus allgemein zugänglichen Quellen ungehindert zu unterrichten. Die Pressefreiheit und die Freiheit der Berichterstattung durch Rundfunk und Film werden gewährleistet. Eine Zensur findet nicht statt." Das Bundesverfassungsgericht hat bei diesem Thema bahnbrechend gewirkt, in vielen Entscheidungen gab es Kompass und Ausrichtung gleichermaßen mit, sie sind verlässliche Leuchttürme. Zur Meinungsfreiheit wird bereits in der wegweisenden Lüth-Entscheidung aus dem Jahr 1954 ausgeführt: „Dieses Grundrecht ist als unmittelbarster Ausdruck der menschlichen Persönlichkeit in der Gesellschaft eines der vornehmsten Menschenrechte überhaupt.. Für eine freiheitlich-demokratische Staatsordnung ist es schlechthin konstituierend, denn es ermöglicht erst die geistige Auseinandersetzung, den Kampf der Meinungen, die ihr Lebenselement ist. Es ist im gewissen Sinn die Grundlage jeder Freiheit überhaupt (BVerfGE 7, 198, 208)". Nur die freie öffentliche Diskussion über Gegenstände von allgemeiner Bedeutung, so das Bundesverfassungsgericht später, sichert die Bildung der öffentlichen Meinung.

Die Freiheitsgarantie richtet sich zuvorderst gegen die staatliche Gewalt, weil die den Medien zufallende „öffentliche Aufgabe" Meinungsvielfalt und Staatsfreiheit voraussetzt. Dem Staat sind unmittelbare Eingriffe, eigener Einfluss auf die Tendenz der Medien verwehrt, er darf auch nicht durch rechtliche Regelungen die Presse fremden – nichtstaatlichen – Einflüssen unterwerfen. Wiederholt hat das Gericht auch festgestellt, dass staatliche Organe in einer pluralistisch strukturierten freiheitlichen Demokratie nicht zwischen wertvollen und wertlosen Meinungen unterscheiden dürfen. Besonderer Wert wurde auf die Freiheit zur Beschaffung von Informationen gelegt.

Ergänzen wir Artikel 1 des Grundgesetzes, der die Würde des Menschen für unantastbar erklärt, mit Artikel 2, der die freie Entfaltung der Persönlichkeit garantiert, soweit ihr nicht die Rechte anderer oder die verfassungsmäßige Ordnung entgegenstehen, so finden wir die Mitte unseres Wertsystems. Wer nicht gerne den Begriff der Ethik der Medien verwenden möchte, wird gleichwohl den Pressekodex des Deutschen Presserates verinnerlichen, der mehr ist als nur die zehn

Gebote für verantwortliche Presse- und Medienarbeit. Er ist ein gutes Beispiel dafür, dass ein selbst geschaffenes Medienrecht nicht ein undurchdringliches Dickicht von Normen sein muss, sondern sich an einer Reihe von bemerkenswert einfachen, aber nicht einfach zu handhabenden Grundprinzipen der Ethik, der Moral und des Gemeinsinns orientiert.

Das Berufsbild des Journalisten hat sich mit den gesellschaftlichen und politischen Einflüssen gewandelt. Zusätzlich zu den markanten Veränderungen, welche technische Entwicklungen nach sich zogen. Der Redakteur der ersten Hälfte des 19. Jahrhunderts war häufig ein akademisch gebildeter Autor, der aus einem anderen Beruf kam, oder sogar Verleger und Drucker. Mit der Schnelldruckmaschine, der Setzmaschine, der Rotationsdruckmaschine Mitte des 19. Jahrhunderts beginnt die Geschichte der Massenmedien, die hauptberufliche Redakteure bedingen. Die Geschichte des Druckwesens seit der Erfindung durch Johannes Gensfleisch zu Gutenberg um das Jahr 1450 zeigt, dass Informationsbedürfnis, Informationsgewinnung, -produktion und -verbreitung, dass Kommunikation und Aufklärung ein komplexes sozialgeschichtliches System sind, in dem sich diese Faktoren gegenseitig bedingen. Das bleibt auch bei der Zukunftsgestaltung durch neue Medientechniken so. In der ältesten amerikanischen Menschenrechtsdeklaration aus dem Jahre 1776 heißt es: „Die Freiheit der Presse ist eines der großen Bollwerke der Freiheit und kann niemals außer durch despotische Regierungen eingeschränkt werden."

„Der Journalist im Medien-, Arbeits- und Urheberrecht" – ein Werk, das umfasssend Auskunft gibt, aufschlussreich beschreibt, möglichst kritisch den Status quo in wichtigen Bereichen darstellt – ist mehr als ein Handlungsinstrument der Branche. Die relative Einheit journalistischer Tätigkeiten im Arbeits- und Urheberrecht an höchst aktuellen und neuartigen Problemzonen möglichst auch medienübergreifend aufzuzeigen, stellt eine Bereicherung der bisherigen Kompendien zum Medienrecht dar. Der recherchierende, der schreibende, der fotografierende, redigierende, der organisierende Praktiker der Branche wird hier ein vertieftes, an Fallrechtsprechung orientiertes System von Verhaltensregeln, Potentialen und Variablen finden – ebenso der juristische Praktiker, der Geschäftsführer, Justiziar, der Medienanwalt, Personalchef oder der sonst maßgebliche Akteur im Mediengeschehen.

Der Soziologe und Rechtssoziologe Niklas Luhmann hat – und mit ihm ein Teil seiner Schüler – die Medien als ein sich selbst genügendes, selbstreferentielles Kommunikationssystem analysiert, das nur eigenen

Regeln folgend aus sich selbst heraus zu verstehen und zu erklären sei. Ob das zutrifft, mag hier dahinstehen. Presse und Medien sind jedenfalls historisch, idealtypisch und empirisch gesehen weder die ihre eigenen Inhalte selbst produzierende und ausstreuende Büchse der Pandora, noch Sprechblasen absondernde Propagandisten noch Schausteller von Pandabärchen oder anderen, gerade durchs Gelände laufenden Haus- und Hoftieren. Sie befasst sich – in der positiven Tendenz und Haltung – mit gesellschaftlichen Wirklichkeiten, bei denen alles alle trifft.

Die Unterschrift unter eine Zeichnung eines Zeitungslesers von Hanna Hoech aus den Zwanziger Jahren lautet: „Ist die Welt verkehrt oder liegt es an der Zeitung?“ Der Betrachter der Karikatur mag sich die Frage selbst beantworten. Die Medien tun gut daran, sich immer wieder an die unabänderliche und unverrückbare Wahrheit ihrer Objekte aus Politik, Kultur, Information und Unterhaltung zu erinnern: Wenn irgendwo auf der Welt eine Norm übertreten, eine lässliche Sünde begangen oder ein Journalist inhaftiert oder drangsaliert, in seiner Berufsausübung behindert oder zu herber Kritik an Personen oder Zuständen veranlasst wird – es sind im „Augenblick“, in der näheren Betrachtung des Rezipienten immer die Medien und ihre Protagonisten selber daran schuld. Vom Schreiber bis hin zum Sünder ist es oft nur ein winziger Schritt, denn er ist der Bote der unfrohen Botschaft.

Schließlich ist auch evident, dass die unüberschaubare Dynamik dieses Gebietes mit seinen rasanten Konvergenzen zwischen öffentlichem und privatem Recht, mit seinem unvermeidlichen Zusammenwachsen der Gebiete wie Presse-, Rundfunk-, Film-, Medien- und Telemedienrecht auf der einen, und mit seinen zentrifugalen Kräften der Entwicklung von Sonderarbeitsrecht und Sonderurheberrecht auf der anderen Seite, sich in unbeschreiblicher und bis zur Unkenntlichkeit deformierter Vielfalt und Vielzahl schwer begreiflicher Normbereiche manifestiert.

Konnte sich ein der deutschen Sprache einigermaßen mächtiger Redakteur früher am Pressekodex jedenfalls im Alltag orientieren, verlangt man von ihm heute als Verantwortlicher für so unterschiedliche Medienbereiche mehr als nur oberflächliche Kenntnis des Presse-, Medien- und Wettbewerbsrechts, des Arbeits- und Urheberrechts, des Rechts gegen den unlauteren Wettbewerb bis hin zur Haftung oder Nichthaftung für Online-Produkte. Ohne die Rechtsinformatik, ohne Marken- und Titelschutzrecht oder das Vertragsrecht, ohne die Sophistik des Allgemeinen Persönlichkeitsrechts ist das Medienrecht ohnehin nicht mehr zu denken.

So wird selbst der allzeit vor- und umsichtige Journalist gut daran tun, zusätzlich zu dem unverzichtbaren rechtlichen Basiswissen eine solide Haftpflichtversicherung abzuschließen, Journalismus zählt, wie die Erfahrung lehrt, zur gefahrengeneigten Arbeit. Aber anders als andere Mitarbeiter von Medien erhalten die Journalisten keine Schmutz- oder Gefahrenzulage. Vor Jahren hieß der Titel eines lange vergriffenen Buches „Am Anfang war die Presse“. Heute muss es wohl heißen: „Am Anfang steht das Presserecht“.

Einleitung

I. Medienmacher, Markt und Recht

„Ich muss tausend Sachen erledigen. Wie schaffe ich zwei?“
Wandspruch eines Journalisten (von Werner Enke)

Das Berufsbild des Journalisten wird durch Geschichte und Gegenwart geprägt. War der Journalist im 19. Jahrhundert etwa im Vormärz noch vielfach ein akademisch vorgebildeter Autor, aber noch kein Berufsjournalist, oftmals Nebenredakteur gehörte er damals oft auch zu den Berufsgruppen, die aus einem anderen Beruf kommend in den Journalistenstand wechselten oder eilig daraus wieder entschwanden, so entwickelt er sich heute zu einer geglückten Mischung aus einem Generalisten und Spezialisten: Prototypen sind erstens der rund umgebildete, zeitgemäße, moderne, kreative Arbeitnehmer, zweitens die – ein schreckliches Wort aus der Nomenklatur des Heimarbeitsgesetzes und der Tarifvertragssprache – ebenso trainierte arbeitnehmerähnliche Person und drittens der „echte“ freie Mitarbeiter, eine seltenere Spezies der weniger fassbaren Dimension. Das sind nur Idealtypen. In der historischen und aktuellen Realität der Medien steigt der journalistische Adept als Hospitant, Praktikant, als „freier Freier“, als ständiger „fester“ Freier, als Seiteneinsteiger oder als bezahlter Volontär in den Zug der Zeit, fährt eine Weile mit: auf der Lokomotive, vielleicht nur als emsiger Heizer, auf schmalen Trittbrettern, die noch nicht die Welt bedeuten, auf harten Bänken der zweiten oder dritten Klasse, um dann allmählich aufzusteigen nach den Initiationsriten zu den Weihestätten der Politik, der Reportage, der Nachrichten, des Lokalen oder des feingeistigen Feuilletons bis empor zu den Höhen der Sportarenen, zu obligaten Talkrunden mitsamt ihrem medienubiquitären Personal in Permanenz und Wiederholung oder bis hin den mallorquinischen Tummelfeldern unvermeidlicher ewiger Promis und Adabeis.

Und überall mit einer je unterschiedlichen Rechtsbasis arbeitet er mit oder ohne Sicherheitsgurte. Moderne und vor allem von modischen Schlankheitsidealen geprägte Managements-Philosophie orientiert sich gerne an wohlfeilen Schlagworten wie Flexibilität, Kreativität, Mobilität, Individualität, Autonomie, persönlichem und ökonomisch ausgerichteten Engagement. Das sind aber oft nur euphemistische Begriffe für arbeitsrechtlichen Status der disponiblen Abhängigkeit.

Manchmal überkommt den in statu nascendi befindlichen oder den gestandenen Journalisten das dumpfe Gefühl, er sei in Wahrheit gar nicht das kleine aber unentbehrliche Rädchen in der Maschinerie einer gewaltigen, anonymen und durch GmbHs, GmbH & Co KGs, Kommanditgesellschaften auf Aktien sowie der Öffentlichkeit und Veröffentlichungspflicht wenig geneigten Medienholdings. Vielmehr agiert er als das moderne Modell einer zeitgemäß rechtlich organisierten ICH-AG, nur emsig und ruhelos der Rezeption und Wiedergabe von Aktualität verpflichtet, ihrer zeit- und stilgerechten Produktion in einem lebtäglichen Lern- und Arbeitsprozess, zusammengesetzt aus den Kleinteilen von Politik und Gesellschaft und niedergelegt in Nachrichten, Meldungen, Kommentaren, Glossen, Leitartikeln, Reportagen, Theaterkritiken oder Buchbesprechungen. Die Abkürzung AG verhüllt und verbirgt im Übrigen einiges: das Medium in der Rechtsform der Aktiengesellschaft, den Arbeitgeber als Abbreviatur oder auch: die AG als Arbeitsgemeinschaft im besten Sinne: als kooperierendes Team mit Geist und Teamgeist. Von letzterem ist im Rechtsleben und vor den Toren der Jurisprudenz normalerweise kaum die Rede. Zwischen Schlagzeile und Zeilengeld vollziehen sich Metamorphosen eines Berufsbildes, für das Journalismus als Beruf und Berufung so auch nicht mehr passt.

Der heutige Journalist ist Rechercheur, Schreiber, Setzer, Layouter, Fotograf und Redakteur oftmals in einer Person Er wirkt als allrounder Herrscher über die Technik und zugleich als ihr gehorsamer Diener. Er beherrscht viele Sprachen, zumeist auch innerhalb der eigenen, mag und darf doch nicht immer mit ein und derselben Zunge sprechen. Er hechelt den Neuigkeiten des Tages wie den Antiquitäten oder Schimären der Vergangenheit hinterher oder begibt sich nolens volens zuweilen wie ein moderner Schlemihl auf die Jagd nach den eigenen Schatten. Dabei hilft das Archiv, aus dessen Bausteinen oder Modulen sich ein neues schöpferisches Ich gut oder gerne speist.

II. Zur Sozialgeschichte des Journalismus

„Ich erlaube mir, die Behauptung aufzustellen, dass Journalisten dagewesen sind, seitdem es Menschen gibt, die sich den Schädel einschlagen, und seitdem es andere Menschen gibt, die über einen solchen Zwischenfall unterrichtet sein wollen, also seitdem es eine Zivilisation gibt."
Victor Auburtin

Im Vormärz stammte, so lehrt uns die Sozialgeschichte dieses Berufs, der neben- oder hauptberufliche Redakteur, der Herkunft nach aus Patriziat, Adel, Beamtenschaft, aus Pfarrer- und Lehrerfamilien, zu immerhin fast einem Drittel aus Kaufmanns- und Unternehmerkreisen, nur zu zehn Prozent aus Handwerkerschichten. Nur etwa ein Sechstel waren Journalisten von Beginn an. Viele Schriftsteller begannen als Journalisten oder blieben dabei. Frauen spielten im maskulin geprägten Stande des 19. Jahrhunderts kaum eine Rolle. Noch vor der Mitte des 20. Jahrhunderts sind von 18000 Redakteuren nur zehn Prozent Frauen. Das hat sich gründlich geändert, wie sich auch die Dualismen einer bürgerlichen und sozialistischen Presse und wie sich die Differenzen zwischen elitärer akademischer Intelligenz und den literarisch, wissenschaftlich und mediengesellschaftlich unwissenden und untätigen Volkmassen verloren haben. Journalisten- und Zeitungs- bzw. Mediengeschichte ist immer auch Gesellschaftsgeschichte. Sie ist überdies Rechts-, Politik- und Sozialgeschichte. Das ist eine Erkenntnis, die nicht erst mit der Einführung der elektronischen Medien aufgekommen ist. Schon die Historie des Druck- und Buchwesens liefert uns reiche Beispiele dafür, dass Informationsgewinnung, Informationsproduktion und Verbreitung, dass Kommunikation und Aufklärung, ihre Mittel und Mechanismen nichts absolut Neuartiges darstellen - der technischen, ökonomischen und viel weiter reichenden kommunikativen Technologien von heute ungeachtet. Die Buch- und Zeitungslandschaften der jahrhundertelangen Geschichte seit Gutenberg sind, wie Michael Giesecke gezeigt hat, ein hochkomplexes System der Informationsverarbeitung. Neue Formen der Information entwickeln sich. Mehr oder weniger freie Märkte entstehen. Die sozialgeschichtliche und rechtliche Entstehung des Autors gerät in den Blick der Medienhistorie wie der Rechtsgeschichte. Auch die Geschichte und Entwicklung der Typographie gehört dazu. Geschichte und Gegenwart der Kommunikation, der journalistischen zumal, stellt sich so gesehen als ein Modell dar: der Autor als Reporter oder als Redakteur, der Fotograf, der Layouter, der Bildgestalter, der Bildmischer, der Moderator, der Fernseh- oder Filmgestalter, die Mediatoren wie Verlage, Presse, Rundfunk, alte und neue Medien, Telemedien, Mediendienste, Buch- und Zeitschriftenhandel, die Leserschaften, das Publikum bilden ein durchtechnisiertes, auch ökonomisch und rechtlich hochkomplexes Konglomerat von Akteuren, Vermittlern und Rezipienten – in einer dauernden und zunehmend rasanten Interaktion. Das Informations- und Kommunikationssystem ist durchnormiert und durchstrukturiert in einer Weise, dass das mit dem Aufkommen neuer Techniken und Industrien, von Bewusstseinsindustrien gar nicht zu reden, allein schwer zu erklären ist

III. Rechtliche Rahmenbedingungen

„Wenn man eine Notiz braucht und keine hat,
dann erfindet man sie".
Erich Kästner: Vierzehn Tote in Kalkutta, 1931

Bei dieser Ausgangslage, die hier nur simplifizierend und verkürzend, schlagwortartig und unsystematisch angedeutet werden kann, ist eine berufliche Ausbildung, die innerhalb des Deutschen Journalistenverbandes und z. B. in der Journalistenakademie in Stuttgart und anderen Fortbildungseinrichtungen des Deutschen Journalistenverbandes (DJV) ein ebenso unverzichtbarer Schwerpunkt ist wie im Vorlesungs- und Übungsangebot der Universitäten, auch auf die rechtlichen Rahmenbedingungen dringend angewiesen.

Unter welchen rechtlichen Konditionen wird heute Information und Wissen gesellschaftlich produziert und verarbeitet? Neben der Technik, der Ökonomie ist das Presse- und Urheberrecht und das Arbeits- und Tarifrecht gefordert. Die komplexen Fragen der Nutzung, des Eigentums, der Verwertung von Informationen sind Teil einer höchst kontroversen Geschichte. Die Wandlungen der Druck- und Verbreitungstechniken erweisen sich als ebenso tiefgreifend wie die schnell wechselnden Normen, die der erfindungsreiche Gesetzgeber heute meist in Form von Loseblattwerken beschert – oftmals wöchentlich auszutauschen. Die Temporalität von Normen ist zum Strukturmerkmal der Gesetzesmaschine geronnen. Neueste Entwicklungen dieser Art sind auf dem Gebiet des Urheberrechts zu bestaunen. In einem Ersten, Zweiten und schon angekündigten Dritten Korb der jüngsten Urheber- und Kommunikationsrechts-Reformen verwandelt sich der

Beruf des Gesetzgebers in den eines scheinbar sozialwissenschaftlich hantierenden Experimentators. Die Gesetze werden zu gesellschafts-, rechts- und kulturpolitischen Versuchsanordnungen. Was die Parlamentarier – zuweilen eher einäugige Könige ihrer Wahlkreise – an bürokratischen Gesetzesvorlagen aus den Lobby-Küchen mittels allmächtiger und allwissender Ministerialbeamtenschaft oder durch Presseabteilungen an heißer Luft absondern und absegnen, wird für einige Probejahre auf den harten Prüfstand der Realität gestellt. Nach Fristablauf nahen sich die altbekannten Gestalten und Gesichter aus den ministeriellen Produktionsstätten, um bei wohlgefälliger Evaluierung der eigenen Normenproduktion meist erfreut zu dem von ihnen selbst beifällig begrüßten Ergebnis zu gelangen: die Gesetze verdienen sich das Prädikat „sehr gut", weil sie alle Interessentenkreise berücksichtigten und darum weder zu ändern, anzupassen noch zurückzuschrauben seien.

Im Mittelalter hatten Kirchen und Herrscher brisante Information und heikles Wissen einem strengen Reglement unterworfen. Kontroll-, Aneignungs- und Wiederaneignungsprozesse von Kunst, Kultur und Wissenschaft haben sich gewandelt. Die Zensur operiert heute nicht mehr mit dem Mittel des „Imprimatur". Ihre keineswegs gradlinige Geschichte ist ebenso verworren wie verwirrend und gleicht der des allmählichen Emanzipationsprozesses des Urheberrechts vom Mäzenatentum durch die Jahrhunderte. Mit der Zensur waren Anerkennung, Honorar und Rechtsstatus des Autors immer aufs engste verbunden. Wer als Urheber geschätzt und verlegt sein, wer seine Rechte gesichert sehen wollte, war selbst als geduldeter oder beliebter Hofnarr auf Landesherren und Kirche, auf Mäzene und Mittler angewiesen. Das Recht des immateriellen Eigentums – gerade auch für den „elenden Skribenten" und abhängigen Literaten – ist normativ ein Produkt des 19. Jahrhunderts – mit „propertisation" (Hannes Siegrist) und „depropertisations" allmählich auch im nationalen wie im internationalen Rechtsverbund. So wie sich auch das Presserecht, das Recht der eigenständigen Presse als Institution, aber auch das der Pressemitarbeiter, ganz allmählich und erst nach tiefgreifenden, schweren Kämpfen in diesen Jahrzehnten gegen Bevormundung, Gängelung und Zensur entwickelt – und parallel oder mit zeitlichen Verschiebungen das Arbeits- und Tarifrecht der Medien. Die Entwicklung der Schutzrechte, der individuellen wie der kollektiven, der urheberrechtlichen, arbeitsrechtlichen und sozialrechtlichen Ordnungssysteme und Rahmenbedingungen für Handlungspotentiale hat sich auch erst vergleichsweise spät in der zweiten Hälfte des 19. und seit Beginn des 20. Jahrhunderts entfaltet.

IV. Über Arbeit, Organisation, Konflikte, Konsens und Klima – Wesen und Wandlungen

Journalistische Tätigkeiten und Berufszweige der Medienschaffenden im weiteren Sinne sind aus mehreren Gründen von besonderem Interesse: da sind zum einen die Inhalte, zum zweiten das Interesse und die Einsatzbereitschaft des einzelnen und schließlich die vertragliche, ökonomisch und arbeitsteilig durchstrukturierte Arbeitsorganisation.

Die funktionale arbeitsteilige Kompetenz der professionellen Mediensysteme, die Konkurrenz der Dienstleister und Dienstleistungsbereiche und -märkte, die Dynamik der Kooperationen beeinflussen und prägen die Signatur der Berufsfelder. Deren Spezialisierung, Diversifikation und Innovation machen die permanente Aus- und Fortbildung, sei es durch learning by doing oder sei es durch ebenso professionelle Aus- und Weiterbildungsprozesse während der Rechtsverhältnisse und parallel zur beruflichen Tätigkeit unabdingbar.

Die Überlagerung der individuellen und arbeitsteiligen Produktion durch Hierarchien, durch Autoritätssysteme, durch Zensur, Kontrolle und Überwachung, auch mittels der „Keulen“ des Urheberrechts und des Tendenzschutzparagraphen, durch Selbstkontrollstrukturen und -mechanismen muss in einer demokratischen Gesellschaft kompensiert werden durch Anerkennung von individueller Kompetenz und Sachkunde, wirksame Mitwirkungs- und Mitbestimmungsmittel, durch individuelle Kommunikationsfreiheiten wie effektive innere Presse- und Medienfreiheit – als Mittel weniger der solipsistischen Selbstentfaltung und Autonomie, sondern primär als Instrumente der Qualitätsgewinnung und Qualitätssicherung. Tendenzschutz – so müsste die moderne Formel lauten – hat nicht nur die Entscheidungsprärogative der Herrschenden, sondern zugleich den legitimen Schutz der kreativen Tendenzen und Potenzen der Medienschaffenden in den Blick und als Inhalt zu nehmen. Tendenz – das klingt oft schon gefährlich nach tendenziös und erinnert an bekannte Differenzen zwischen dem Wahrheitsgehalt von offiziösen und offiziellen Nachrichten, aber auch an die Durchsetzung einer eher einseitigen Tendenz mit den Mitteln des Direktionsrechts anstelle demokratisch strukturierter Meinungsbildung in pluralistischen Binnenstrukturen oder an die politische Einflussnahme auf Personal und Programm von öffentlich-rechtlichen Medien. Personalpolitik ist allzu oft versteckte Programmpolitik.

Medienarbeit vollzieht sich heute in unterschiedlichsten Formen: feste Organisationen, projektbezogene Kooperation, regelmäßige Vertragsbeziehungen oder zeitlich befristete Teambeziehungen bilden Mischformen, welche die traditionellen Berufs- und Karriereplanungen zum Teil ebenso abgelöst haben wie allzu starke Konzentration auf individuell eindeutig konkretisierte Berufszweige samt unauflöslichen Identifikationsansprüchen in punkto Inhalte, Produkte oder homogen gestalteten Arbeitsorganisationen früherer Jahrzehnte. Man spricht in den sogenannten Creative Industries neuerdings von der Entstehung von Winner-take-all-Märkten. Diese Entwicklung trifft im Journalismus, in Presse, Medien, Werbung, in PR und Marketing nicht nur die Arbeitnehmer, sondern auch die Unternehmer, die nicht die Segnungen der Konzentration und Marktmacht genießen können. Die Globalisierung der Märkte erweitert den Lottobetrieb von Talentschmieden zu einem virtuellen Eignungs- und Konkurrenzsystem, in welchem nicht zwingend der Idealtypus des Leistungswettbewerbs dominiert. Wenn es noch eines weiteren Beweises bedürfte, so wäre hier der Ort für den Hinweis, dass Marktkonzentration und Marktausdehnung gerade den kreativen Medienschaffenden nicht eine Vervielfachung ihrer Erträge garantieren, ja nicht einmal jene Anteile, die dem anerkannten und 2002 noch einmal bestätigten urheberrechtlichen Beteiligungsprinzip an jeder Nutzung entsprechen. Das hehre, verfassungsrechtlich scheinbar abgesicherte Beteiligungsdogma wird durch das faktische und vertragliche buyout-Prinzip der Vertragsfreiheit konterkariert und erodiert. Der bekannten Herausbildung von strukturellen Ungleichheiten im Prozess von Marktkonzentrationen und Marktbeherrschungen entspricht die Produktion von eklatanter Ungleichheit bei der betriebsinternen Beteiligung an Erträgen und Gewinnzuwächsen. Das schafft – ebenso wie bei den Disharmonien infolge chronisch fehlender Beteiligung an der Entscheidung über Auswahl und Gestaltung von Arbeitsprodukten – oftmals kein akzeptables produktives Binnen-Klima. Selbst dann nicht, wenn es nur um relativ geringe Anteile an Gewinnmargen geht. Klimaverbesserung und Identifikation des einzelnen mit dem Produkt und Unternehmen setzt freilich Gesprächsbefähigung und -Bereitschaft aller Seiten voraus, guten Sinn für Konsens und Kompromiss, nicht erst nach einem oft langen und beschwerlichen Gang zum Arbeitsgericht oder für den Entschluss zum Arbeitskampf.

V. Sonderarbeitsrecht

Juristen bestätigen: Es ist für einen Prozess von gewissem Vorteil, im Recht zu sein.
Alte chinesische Bauernweisheit

Die ökonomischen Grundbedingungen der Medien und Märkte müssen sich zwangsläufig in rechtlichen Rahmenbedingungen widerspiegeln. Sie sind, wie das vorliegende Werk über das Medienrecht der Journalisten auch bezeugen soll, nach ihrer Genese, Quantität und Qualität von Normen-Vielfalt geprägt und eher ein Beweis für die Neue Unübersichtlichkeit denn ein Indiz für den Beruf des Gesetzgebers als Garant für gute Ordnung, seelische Harmonie und Neigung zu sozialer Gerechtigkeit. Im Arbeitsrecht der Presse und Medien lässt sich bei allem Anspruch auf kreative, dem Unternehmen nützliche Autonomie eine Mischform von Regulierung und Deregulierung konstatieren: die Grenzen zwischen den Begriffen und Erscheinungsformen der Dienstenehmer – die eigentlich Dienstegeber sind – verschwimmen in der Überflutung mit teils zwingenden, teils dispositiven Arbeitsrechtsnormen. Die Kontur des Arbeitnehmers in traditioneller Sicht verliert sich vor allem in den Randzonen „fester“ freier Mitarbeit oder Telearbeit, um nur diese Beispiele zu nennen. Die Figur des disponiblen, jederzeit dem Dispositionsrecht des Dienstgebers unterworfenen Auftragnehmers mit wechselnder Rechtsgrundlage tritt in den Vordergrund. Deregulierung geht einher mit Durchnormierung – nicht immer zum Vorteil der Regulierten.

Ein Sonderarbeitsrecht gilt – trotz mancher Restbestände des allgemeinen Grundbestandes von Arbeitsrecht – heute für Presse, Film, Funk und Fernsehen, Bühne, Design und andere Bereiche. Die arbeitnehmerähnliche Person, dieses lange rechtlich weithin unbekannte Wesen, führt kein normatives Schattendasein mehr. Sie ist weder aus dem Redaktionsalltag, noch aus seiner Organisation und Qualifikation mehr wegzudenken. Betriebs- und Personalräte wie Verbände und Gewerkschaften haben sie entdeckt und sogar als zu umwerbende Mitglieder ausgemacht. Doch zwischen ihrer unleugbaren vitalen Bedeutung als Produzenten, als Mitglieder von Arbeitsteams, als Teil der Belegschaft und werteschaffende Mitwirkende von Unternehmen und ihrem dürftigen Anteil an rechtlicher Mitwirkung, dauerhafterem Bestandsschutz oder Anteil an Erträgen liegen immer noch Welten, wenn nicht gar zuweilen gefährliche Schluchten, Abgründe und Abstürze.

In dem Maße, in dem auch das Medienarbeitsverhältnis scheinbar unaufhaltsam zum befristeten, zum Teilzeit- oder in sonstiger Hinsicht eingeschränkten Rechtsverhältnis tendiert, verstärken sich die Entwicklungen zu einer Deregulierung und Temporalisierung, ja Erodierung traditionell langfristig angelegter Arbeitsbeziehungen. Die Fortentwicklung unternehmerischer Dispositions- und Direktionsfreiheiten, die Abnahme von arbeitsrechtlichem und tarifrechtlichem Bestandsschutz, die Flucht aus Tarifverträgen, die Zunahme von Befristungsanlässen, -gründen und -legitimationen – oftmals unter dem dünnen Mantel der Arbeitsbeschaffung – lässt aufhorchen. Outsourcing und Ausgründung, die Reduktion von Mitbestimmung durch Firmentöchter, die Beseitigung von Rechten und die Neudefinition von Pflichten erscheinen vielen als probate Mittel für Macht- und Gewinnzuwächse. Es wird sich wohl in Zukunft erweisen, dass ihre Preise zu hoch, die Erwartungen kaum begründet und die Effekte nicht von Dauer waren. Betriebliche Rechte und psychologische Erfahrungen durch solche Unternehmensphilosophien zu ersetzen, erscheint als kontraproduktiv. Deswegen ist die hier ersichtliche Zusammenstellung vor allem auch der mit befristeten Rechtsverhältnissen, mit Mitwirkung und Mitbestimmung zusammenhängenden Probleme ein wichtiger Bereich, der mit dem pauschalisierenden, inflationären und nebelhaften bis bedeutungslosen Anwendung des Begriffs und des Inhalts der Presse- und Rundfunkfreiheit allein nicht mehr sachlich vernünftig zu handhaben ist. Die Verbesserung der Personalvertretung auch der ständigen Freien ist notwendig. Bei einigen Sendern ist das jetzt durch ein neues Personalvertretungsrecht im Ansatz (WDR, SWR) geschehen.

Wer nicht gern den Begriff Ethik der Medien verwenden möchte, wird gleichwohl den Pressekodex – mehr als nur schlichte zehn Gebote verantwortlicher Presse- und Medienarbeit – verinnerlichen. Er ist ein gutes und allgemeinverständliches Beispiel dafür, dass selbstgeschaffenes Presse- und Medienrecht nicht nur als ein Gestrüpp und Geflecht, ja geradezu als ein schier undurchdringliches Dickicht von Normen sich darstellen muss, sondern als eine nützliche Ansammlung von Fall-Recht, das – in großen Teilen von der Presse selbst als Standes- oder selbstgeschaffenes Selbstverpflichtungsrecht entwickelt – sich dennoch auch an einer Reihe von bemerkenswert einfachen, aber doch nicht einfach zu handhabenden Grundprinzipien der Moral und des common sense orientiert. Dabei bestehen zuweilen zwischen den guten

Übungen der Branche, der Interpretation und Praxis des Kodex und der Rechtspraxis nicht immer einsichtige Differenzen.

VI. Copyright und Copywrong

Der Gesetzgeber hat bei der Reform des Urheber- und Urhebervertragsrechts – die eine leider durch Lobbies reduzierte Reform war – im Jahre 2002 immerhin eine angemessene Vergütung und eine etwas praktikablere Norm für sog. Bestsellertantiemen (weitere Beteiligung) eingeführt – Film und andere Bereiche freilich sorgsam ausgenommen. Aber während im Presserecht tarifliche Urheberklauseln immerhin für ein in der Tendenz teilharmonisches System der Rechtsübertragungen, Nutzungsentgelte und Normen für die „Zeit danach", also nach dem Ende der Vertragsbeziehungen sorgen, während im Bereich der öffentlich-rechtlichen Medien jedenfalls komplexe Urheberklauseln eine begrenzte Struktur darstellen, die jedoch der sachbezogenen Fortentwicklung vor allem nicht auf dem Rücken und auf Kosten von Beschäftigten bedarf, steht es bei den privaten Medien von Rundfunk und Fernsehen wesentlich schlechter. Das Defizit ist aus verschiedenen Gründen – nicht zuletzt wegen der geringeren Handlungsbereitschaft der Kreativen und ihrer relativ geringeren Organisationskraft – nicht leicht zu beheben. Die partielle Durchsetzungskraft von Hollywood-Autoren über ihre Gewerkschaften hat in Europa bisher trotz Kulturquoten und Filmförderung kein Pendant. Der Journalist als Urheber und Arbeitnehmer-Urheber hat – trotz einer privilegierten Stellung als Mittler und Macher von Nachricht, Meinung und Unterhaltung – noch keinen Status im Rechtsleben erreicht, der seinem öffentlichen Status tendenziell entspricht. Die hohen Vergütungen für Medien-Stars und ihr vergleichsweise hohes „symbolisches Kapital" sind Ausnahmen.

VII. Medienrecht, Sonderarbeitsrecht. Sonderurheberrecht

Das Medienrecht ist eine vielfältige Materie. Die Bereiche des Zivil-, Urheber-, Wirtschafts-, Arbeits-, des öffentlichen und des Strafrechts, um nur diese Bereiche zu nennen, auch das Gebiet der Neuen Medien sind als sog. Querschnittgebiet mehr oder weniger zusammengewachsen. Der vorliegende Band ist zum Teil ein Ergebnis langjähriger wissenschaftlicher und praktischer Arbeit, vor allem auf den Gebieten des Medien-, Urheber- und Arbeitsrechts. In diesen Feldern hat sich ein Sonderrecht, insbesondere ein Sonderarbeits- und ein Sonderurheberrecht der Medien entwickelt. Da in einer Vielfalt von Medienbereichen das kollektive Arbeitsrecht mit seinem Sonderarbeitsrecht und durch Urheberklauseln auch seinem Sonderurheberrecht über Musterarbeitsverträge oder weitgehende individuelle und/oder kollektive Tarifbindung für alle betrieblichen Mitarbeiter gilt, unabhängig davon, ob sie schöpferisch oder nicht schöpferisch, programmbestimmend oder nicht programmgestaltend tätig sind oder regelmäßig, gelegentlich oder gar nicht Urheberrechte oder Leistungsschutzrechte erwerben, ist dieses Netz aus Vertrags-, Tarifvertrags-, allgemeinem Arbeitsrecht, Urheber- und Urhebervertragsrecht sowie öffentlichem Recht und Strafrecht in seiner Eigenart für eine Vielzahl journalistischer, künstlerischer oder sonst im jeweiligen Medium tätiger Medienschaffender gültig. Es hat sich zu einem komplexen, relativ eigenständigen Medienrecht entwickelt.

Das Gewicht der Darstellung liegt auf der Praxis. Daher konzentriere ich mich einerseits auf wesentliche Problemfelder der Gegenwart, andererseits vor allem auf die Antworten der Judikatur auf aktuelle Fragen. Es wird nicht der Anspruch erhoben, ein vollständiges System oder Handbuch mit umfassender Darstellung der Judikatur zu bieten. Den Mitarbeitern in den Medien, der Presse, den Verlagen, Rundfunkanstalten und Medienunternehmen, den dort tätigen Geschäftsführern, Juristen, Justitiaren, den Mitarbeitern von Rechtsabteilungen oder mit Rechts- und Ausbildungsfragen befassten Abteilungen von Firmen, Institutionen und Unternehmen der Medienbereiche sollen Handreichungen für Lösungen und eine strukturierte Übersicht mit wesentlichen sachlichen Schwerpunkten Arbeitsrecht, Haftungsrecht, Urheber- und Vertrags-, Tarifrecht und den weiterem Schwerpunkten Arbeitnehmer, arbeitnehmerähnliche Personen und freie Mitarbeiter, insbesondere auch als Urheber und Leistungsschutzberechtigte, vorgestellt werden. Die komplexen Zielkonflikte und Inkongruenzen zwischen Arbeits-, Urheber- und Vertragsrecht und die hoch komplizierten Fallkonstellationen beim Zusammentreffen unterschiedlich konzipierter Rechtsordnungen, divergierender Begriffe und faktischer Entwicklungen innerhalb der EU oder bei anderen Kollisionen können im Ansatz mit behandelt werden. Die Spezialliteratur wird im Literaturverzeichnis als weiterführender Hinweis berücksichtigt. Lehrbücher, Kommentare und Handbücher gehen auf das Sonderarbeitsrecht, insbesondere auf das Tarifrecht der Medien, mit wenigen Ausnahmen, selten oder nur am Rande ein. Daher liegt hier ein spezifischer Schwerpunkt. Eine Besonderheit liegt darin, dass Medienrecht und dabei Urheber- und Arbeitsrecht, auch in ihrer Verbindung von Individual-, Vertrags- und kollektivem Recht sowie mit dem Recht der Musterverträge, Tarifmuster, AGB und der Dienst- und Betriebsvereinbarungen, ein eigenes Rechtsgebiet und Normengeflechte entwickelt haben. Daher ist die traditionelle Trennung der Sachgebiete nicht mehr aufrecht zu erhalten. Mit der Fortentwicklung der Harmonisierung des EU-Rechts kommt die Einwirkung weiterer Rahmenbedingungen hinzu.

Einige neuere Fälle, welche für die Fortentwicklung des Medienrechts von besonderer Bedeutung sind, wurden exemplarisch ausführlicher problemorientiert und zum Teil kritisch abgehandelt. Sie werden als *case studies* drucktechnisch herausgehoben.

Für zahlreiche Hinweise, Hilfen und Unterstützung dankt der Verfasser den Teilnehmern der Seminare an den Universitäten Freiburg, Düsseldorf und der Journalistenakademie Stuttgart sowie Fekrije Aziroviq (Freiburg), Norbert Flechsig (Stuttgart), Christoph Friedrichs (Düsseldorf), Martin Gläser (Stuttgart), Karl Geibel (DJV, Stuttgart), Ute Geibel (JA, Stuttgart), Rudolf Gerhardt (Bühl, Baden), Peter J. Gotthardt (Freiburg), Klaus Neuenburg (Weimar), Stephanie Niederalt (München), Gerd Paulus (Düsseldorf), Manfred Rehbinder (Zürich), Ulli Schauen (Köln), Rita Schlicht (Freiburg), Brent Schwab (Bad Homburg), Jürgen Seul (Ahrweiler), Marlene Voigt (Freiburg), Martin Vogel (München), Artur Wandtke (Berlin), Heinz Wittmann (Wien).

Das Manuskript wurde im Anfang Januar 2015 abgeschlossen. Für Korrekturen und Hinweise ist der Verfasser dankbar.

A. Grundlagen des Arbeitsrechts für Medienschaffende: Vertragsbegründung und Status

1. Der Medienmitarbeiter

Es gibt keinen einheitlichen oder speziellen Begriff des Medienmitarbeiters. In diesem Werk geht es primär um Journalisten, zum Teil bezieht es sich auch auf andere Mitarbeiter in den Medien wie die nicht das Programm inhaltlich gestaltenden, sondern auch auf die in Bereichen Technik, Verwaltung, Finanzen, Öffentlichkeitsarbeit und Werbung arbeitenden „Medienschaffenden". Auf diese und andere im Sinne des UrhG schöpferisch oder nicht kreativ tätigen Mitarbeiter beziehen sich Rechtsregeln, Gesetze, Verträge, Tarifrecht und zum Teil die Inhalte des Pressekodex und die entsprechenden Regularien.

Auch für **Medienmitarbeiter** gilt eine rechtliche Dreiteilung in Arbeitnehmer, arbeitnehmerähnliche Personen und freie Mitarbeiter.

Eine Differenzierung ergibt sich aus den Medienbereichen. Die wichtigsten sind: Presse, Rundfunk, aufgeteilt in öffentlich-rechtlichen und privaten Rundfunk, Film, Design, Multimediabereiche, Internet und andere Sektoren der Kulturwirtschaft.

Für die arbeitsrechtliche Beurteilung der Rechte und Pflichten von Mitarbeitern von Medienunternehmen ist deren Status in arbeitsrechtlicher Hinsicht von erheblicher Bedeutung. Denn für Arbeitnehmer gelten zum Teil Betriebstarifverträge. Die einzelnen Formen der Mitarbeit müssen voneinander abgegrenzt werden. Während der **Arbeitnehmer** aufgrund eines Anstellungsvertrages für ein Medienunternehmen tätig ist, kann die **arbeitnehmerähnliche Person** (§ 12 a TVG) aufgrund Dienstvertrages, Auftrags- oder Werkvertragsrecht (auch Werklieferungsrecht) für ein Unternehmen tätig sein. Die „echte" **freie Mitarbeit** kann in Form eines freien Dienstverhältnisses, aufgrund Werkvertrags-, Werklieferungs- oder Auftragsrecht erfolgen (§§ 611, 631 ff., 662, 651 BGB). Die jeweiligen Vertragsinhalte können durch Tarifverträge für Arbeitnehmer, arbeitnehmerähnliche Personen und freie Mitarbeiter bzw. durch allgemeine Geschäfts- bzw. Honorarbedingungen bestimmt und näher ausgestaltet sein.

Dazu im Detail: Vogelsang in: Schaub u.a., Arbeitsrechtshandbuch, 2014, §§ 8-10; Sonderarbeitsrecht Presse siehe Münchener Handbuch zum Arbeitsrecht, 2009, § 336 (Giesen), Film und Fernsehen § 335 (Pallasch).

2. Das Arbeitsverhältnis. Vertragsbegründung und Status

2.1 Der Festangestellte

Der „klassische" Weg der festen Bindung zwischen Arbeitnehmer und Arbeitgeber per Arbeitsvertrag scheint im Medienbereich ein Auslaufmodell zu sein. Bereits 2001 ging man im Bereich Publizistik, Kunst und Technik (Hörfunk und Fernsehen) von 22.000 „Selbständigen" gegenüber gut 40.000 Festangestellten aus. Die genaue Zahl ist für Außenstehende schwer festzustellen. Der Status des Arbeitnehmers wird seit jeher im Bereich der Medien nicht ganz einheitlich definiert und praktiziert. Dreh- und Angelpunkt ist jedoch in fast allen Ansätzen die „Erbringung unselbständiger Dienste". So wie aus der über § 84 Abs. 1 Satz 2 HGB möglichen **Negativabgrenzung zum Selbständigen** der Schluss folgt, dass der Arbeitnehmer seine Tätigkeit im Wesentlichen nicht frei gestalten und die Arbeit demnach nicht selbst bestimmen kann, sieht auch der EuGH die Weisungsgebundenheit als wichtigstes Kriterium: „Arbeitnehmer ist, wer während einer bestimmten Zeit für einen anderen nach dessen Weisung Leistungen erbringt, für die er eine Vergütung erhält." Das Bundesarbeitsgericht knüpft an die **persönliche Abhängigkeit** an, wenn es statuiert, dass „Arbeitnehmer ist, wer aufgrund eines privatrechtlichen Vertrages im Dienste eines anderen zur Leistung weisungsgebundener, fremdbestimmter Arbeit in persönlicher Abhängigkeit verpflichtet ist".

Sh. EuGH Slg. 1986, 3205 – Brown; Slg. I 1992, 1054 – V.I.M. Raulin; Art. 39, 40 EGV; VO Nr.1612/68, Details bei Pottschmidt, 2007, S. 37 ff. m. Nachw. zum gemeinschaftsrechtlichen Arbeitnehmerbegriff; BAG v. 11.12.1996 (5 AZR 592/95)

Eine erste Hürde für dauerhafte Festanstellung vor dem dauerhaften Arbeitsverhältnis kann die **Probezeit** sein, welche im Medienbereich sowie bei Künstlern und Wissenschaftlern nach tarifvertraglicher Festlegung z. T. bis zu zwölf Monate oder gar darüber dauern darf.

BAG AP 27 § 611 BGB – Musiker; dazu kritisch Götz von Olenhusen/Franzen UFITA 2006, S. 397-425 zu Rechtslagen im Detail für diverse Bereiche, insbes. Orchester und Rundfunkorchester

Diese gegenüber den – dispositiven – gesetzlichen Regelungen verdoppelte oder darüber hinausgehende Zeitspanne kann der besseren Beurteilung publizistischer Leistungen oder künstlerischer Qualität dienen. Regelprobezeiten sind auch hier sechs Monate, das Maximum von zwölf Monaten oder mehr bedarf besonderer Normen oder Umstände. Ferner wird oftmals nicht sogleich ein unbefristetes Arbeitsverhältnis geschlossen. Vielmehr gehen zahlreiche Befristungen ins Land, bevor einem Mitarbeiter eine unbefristete Anstellung angeboten wird. Das kollektive Recht (§ 14 II 3 TzBfG) enthält eine Vielzahl von Sonderregelungen. Die Anzahl der Verlängerungen oder die Höchstdauer der Befristungen kann über diese tarifliche Öffnungsklausel abweichend vereinbart werden. Auch können die Vertragspartner die Anwendung des Tarifvertrages vereinbaren, auch wenn sie nicht tarifgebunden sind.

Zur Befristung Ory/Schmittmann 2002 S. 108 ff.; Koch in: Schaub u.a., Arbeitsrechts-Handbuch, 2014, § 38-41

2.2 Rechtsgrundlagen

Das **Arbeitsverhältnis** im Medienarbeitsrecht ist ein Rechtsverhältnis, welches durch Arbeitsvertrag zwischen Arbeitnehmer und Arbeitgeber begründet wird. Es kann auch durch tatsächliche Beschäftigung entstehen und damit ebenfalls Rechtswirkungen entfalten (faktisches Arbeitsverhältnis). Der Dienst- oder Arbeitsvertrag kommt durch Angebot und Annahme zustande. Ein faktisches Arbeitsverhältnis kann sich ergeben, wenn der Arbeitsvertrag nichtig oder fehlerhaft, also zum Beispiel anfechtbar ist. Denkbar sind auch Rechtsverhältnisse als mittelbares Arbeitsverhältnis oder durch Arbeitnehmer-Überlassung (AÜG).

Der Arbeitsvertrag eines Rundfunkmitarbeiters, eines Mitarbeiters bei Presse oder Film kommt in der Regel durch Angebot und Annahme meist aufgrund eines Mustervertrags zustande. Das Medienarbeitsrecht als ein **Sonderarbeitsrecht** mit einer Vielzahl von spezifischen Normbereichen, die vom sonstigen Arbeitsrecht abweichen, regelt das medienspezifische Arbeitsverhältnis, durch eine Fülle von Vertragsmustern, allgemeinen Bedingungen und kollektiven Vereinbarungen (Tarifverträge, Dienstvereinbarungen, Betriebsvereinbarungen, dienstliche Anweisungen etc.). Typische Klauseln eines Arbeitsvertrages können gerichtlich überprüft werden, auch nach AGB-Recht.

BAG NJW 2008,780; NZA 2006, 324, Linck, in: Schaub u.a., Arbeitsrechts-Handbuch, 2014, § 35

Durch Tarifbindung werden die Vorgaben des Tarifvertrages zum zwingenden Inhalt des Arbeitsvertrages (§ 4 TVG). Die Gültigkeit des Tarifvertrages für das Arbeitsverhältnis kann sich aus der Tarifbindung der beiden Parteien ergeben. Häufig kommt sie auch dadurch zustande, dass in den üblichen Arbeitsvertragsmustern, etwa der Zeitungen, Zeitschriften und der öffentlich-rechtlichen und privaten Rundfunkunternehmen, auf das Tarifrecht ausdrücklich pauschal verwiesen wird.

Die Abgrenzung des Dienstvertrages vom **Werkvertrag** ergibt sich daraus, dass kein Dienstvertrag vorliegt, wenn statt einer Tätigkeit ein bestimmter Erfolg geschuldet wird, zum Beispiel die Ablieferung eines Drehbuchs (vgl. §§ 611, 631 BGB), eines Treatments, eines Artikels, einer Komposition, eines Films, eines Bühnen- oder Szenenbildes, eines Architekturentwurfs oder eines anderen Werks.

Die Mitwirkung der **Personalvertretung** bei Abschluss und Verlängerung von Arbeitsverträgen in den öffentlich-rechtlichen Rundfunkanstalten richtet sich nach den Landespersonalvertretungsgesetzen (LPVG), bei den privaten Rundfunkunternehmen nach dem Betriebsverfassungsgesetz (BetrVG), ebenso nach dem BetrVG durch Betriebsräte bei der Presse, beim Film und anderen Medienunternehmen.

In aller Regel wird ein **schriftlicher Arbeitsvertrag** abgeschlossen. Bei den öffentlich-rechtlichen Anstalten wird auch in der Regel das gesamte Tarifwerk, oder jedenfalls der Manteltarifvertrag, bei Beginn des Arbeitsverhältnisses ausgehändigt. Das übliche Arbeitsvertragsmuster ist (meist im TV enthalten) relativ nichtssagend; es enthält nur den Rahmen. Der Inhalt wird zum einen durch zwingendes Arbeitsrecht und ggf. auch Tarifnormen (Manteltarifvertrag, Gehaltstarifvertrag) festgelegt. Der Arbeitsvertrag kann auch ohne Schriftform wirksam abgeschlossen werden. So ist zum Beispiel Ziff. 211.2 der Manteltarifverträge bestimmter öffentlich-rechtlicher Rundfunkanstalten keine konstitutive Formvorschrift. Allerdings besteht ein Anspruch auf schriftliche Festlegung der vereinbarten Arbeitsbedingungen. Der Anspruch auf Aushändigung eines schriftlichen Arbeitsvertrages ergibt sich ferner aus dem **Nachweisgesetz** (NachwG). Danach muss spätestens nach einem Monat des Arbeitsverhältnisses der wesentliche Inhalt des Arbeitsvertrages schriftlich niedergelegt, die Niederlegung unterzeichnet und diese dem Arbeitnehmer ausgehändigt werden, § 2 Abs. 1 NachwG. Die **Manteltarifverträge der ARD** verlangen die Aushändigung des Arbeitsvertrages in der Regel bei Beginn des Arbeitsverhältnisses. Bei Ergänzungen und Änderungen des Arbeitsvertrages bedarf es zur Gültigkeit der Schriftform, vgl. z. B. Ziff. 211.3 MTV SWR. Hier ist dann die tarifliche Schriftform konstitutiv. Im öffentlich-rechtlichen Bereich der Medien ist der Inhalt des Arbeitsvertrages tariflich vorgeschrieben: Vereinbarte Tätigkeit, Tätigkeitsbezeichnung, Eingruppierung und Einstufung, Beschäftigungsort und Gerichtsstand. Für die **Presse** gelten bei Tarifbindung der Manteltarif Zeitungen bzw. Zeitschriften, der Gehaltstarifvertrag für Angestellte, für freie Mitarbeiten Tarifverträge für Film- und Fernsehschaffende.

Zum Begriff des Redakteurs siehe Götz von Olenhusen UFITA 1983, 1-40; LAG Köln AfP 2013, 170; BAG AfP 1991, 764; BAG U.v. 23.2.2010 – 9 AZR 3/09.

2.3 Abgrenzungsprobleme

a) Allgemein

Ob der betreffende Medienmitarbeiter Arbeitnehmer, arbeitnehmerähnliche Person oder freier Mitarbeiter ist, kann im Einzelfall, vor allem dann, wenn keine schriftlichen Vereinbarungen vorliegen, sehr strittig sein. Die langjährige **Statusrechtsprechung** beschäftigte sich mit den Abgrenzungen schon seit den 70er Jahren. Das Bundesarbeitsgericht hat zur Abgrenzung eines Arbeitsverhältnisses von dem Rechtsverhältnis eines freien Mitarbeiters Grundsätze aufgestellt. Beide Rechtsverhältnisse unterscheiden sich durch den Grad der sog. persönlichen Abhängigkeit, in der sich der zur Dienstleistung Verpflichtete befindet. Arbeitnehmer ist, wer aufgrund eines privatrechtlichen Vertrages im Dienste eines anderen zur Leistung weisungsgebundener, fremdbestimmter Arbeit in persönlicher Abhängigkeit verpflichtet ist.

BAG AP 117 § 611 BGB Abhängigkeit; BAGE 93, 310; BAG AfP 2007, 289 – Sportredakteur; BAG NZA 2000, 1102; Götz von Olenhusen, Freie Mitarbeit in den Medien, 2002; Herrmann/Lausen, Rundfunkrecht, 2004, § 12 Rz. 51 ff.; Schaub u.a., Arbeitsrechtshandbuch, 2011 m. Nachw.; Mestwerdt, NZA 2014, 281; BAG NZA 2013, 1348; NZA 2013, 903; NZA 2012, 1433; sh. ferner Pallasch in: Münchener Handbuch Arbeitsrecht, Bd. 2, § 335; Kempen/Zachert/Stein, § 12a TVG Rz. 16ff; Reinecke AfP 2014, 101 (zur BAG-Judikatur).

Das **Weisungsrecht** kann Inhalt, Durchführung, Zeit, Dauer und Ort der Tätigkeit betreffen. Arbeitnehmer ist derjenige Mitarbeiter, der nicht im Wesentlichen frei seine Tätigkeit gestalten und seine Arbeitszeit bestimmen kann.

BAG, vgl. auch BAGE 88, 263 sowie § 84 Abs. 1 S. 2, Abs. 2 HGB. Zum Weisungsrecht Bayreuther NZA – Beil. 2006, 3

Dabei sind die Umstände des Einzelfalls zu betrachten und insgesamt zu würdigen. Der jeweilige Vertragstyp ergibt sich aus dem wirklichen **Geschäftsinhalt**. Eine andere Bezeichnung kann die zwingenden Regelungen des Arbeitsverhältnisses nicht abbedingen.

BAG AP 109 § 611 BGB Abhängigkeit; BAGE 84,108

Der objektive Geschäftsinhalt ist den ausdrücklich getroffenen Vereinbarungen und der praktischen Durchführung des Vertrages zu entnehmen. Widersprechen sich Vereinbarung und tatsächliche Durchführung, ist letztere maßgebend.

BAGE 90, 36, 47; BAG 29.8.2012 – 10 AZR 499, 11-; 17.4.2013 – 10 AZR 272/12 – Cutterin, lexitius.com 2013, 2137

b) Rundfunk und Fernsehen

Diese generellen Grundsätze zum Arbeitnehmerbegriff wendet das BAG auch im Bereich Funk und Fernsehen an.

BAGE 93, 218; BAGE 78, 343; Vogelsang in: Schaub u.a., Arbeitsrechts-Handbuch, 2014, § 8 Rz. 32

Dabei ist der verfassungsrechtliche Schutz der **Rundfunkfreiheit** (Art. 5 Abs. 1 S. 2 GG) zu beachten.

Sh. BAG ZUM – RD 2007, 506 – Pressestellen – Mitarbeiter; BVerfG NZA 2000, 1097; BAG AP 37 § 611 BGB Rundfunk

Entsprechendes gilt bei der Presse für die Pressefreiheit, beim Film für die Filmfreiheit.

Die Grundrechte müssen interpretationsleitend berücksichtigt werden. Der wertsetzende Gehalt des Grundrechts muss auch auf der Rechtsanwendungsebene gewahrt bleiben.

BVerfGE 7, 198 44; vgl. auch Bruns RdA 2008, 135

Deswegen ist in der Regel eine **fallbezogene Abwägung** zwischen der Bedeutung der Rundfunkfreiheit auf der einen Seite und dem Rang der von den Normen des Arbeitsrechts geschützten Rechtsgüter auf der anderen Seite notwendig, allerdings nur bei Rechtsverhältnissen, bei denen Art. 5 GG eine Rolle spielt.

BVerfGE 59, 231; AP 9 Art. 5 GG Abs. 1 Rundfunkfreiheit; BAG ZUM-RD 2007, 506 – Pressestellen-Mitarbeiter

Die Rundfunkanstalten haben das Recht, dem Gebot der Vielfalt der Programminhalte auch bei der Auswahl, Einstellung und Beschäftigung der Mitarbeiter Rechnung zu tragen, die bei der Programmgestaltung mitwirken sollen. Auch im Rundfunkbereich wird von den für das Arbeitsrecht allgemein entwickelten Merkmalen abhängiger Arbeit ausgegangen.

BAG AfP 2000, 164; NZA 2000, 1097

Art. 5 Abs. 1 S. 2 GG muss angemessen berücksichtigt werden; die Rundfunkanstalten haben das Recht, frei von fremder Einflussnahme über die Auswahl, Einstellung und Beschäftigung programmgestaltender Mitarbeiter zu bestimmen. Eine Beeinträchtigung der Rundfunkfreiheit kommt nach der Rechtsprechung des BVerfG in Frage, wenn die verfügbaren Vertragsgestaltungen, wie Teilzeitbeschäftigungs- oder Befristungsabreden, zur Sicherung der Aktualität und Flexibilität der Berichterstattung in tatsächlicher oder rechtlicher Hinsicht nicht in gleicher Weise geeignet sind wie die Beschäftigung in freier Mitarbeit.

3. Die arbeitnehmerähnliche Person (§ 12a TVG)

3.1 Begriff

Der Begriff der arbeitnehmerähnlichen Personen (§ 12a TVG) lässt sich in Anlehnung an die gesetzliche Definition in § 12a TVG (Text im Anhang) wie folgt bestimmen: sie sind selbständig, aber wirtschaftlich abhängig und vergleichbar einem Arbeitnehmer sozial schutzbedürftig; sie werden aufgrund von Dienst- oder Werkverträgen für andere Personen tätig, erbringen die geschuldeten Leistungen persönlich und im wesentlichen ohne Mitarbeit von Arbeitnehmern und überwiegend für eine Person. Ein weiteres Merkmal ist, dass ihnen von einer Person im Durchschnitt mehr als ein Drittel des Gesamtentgelts aus ihrer Erwerbstätigkeit zusteht. Dabei werden die Einkünfte, die ein Mitarbeiter bei einem Zusammenschluss (wie die ARD) im Jahr verdient, zusammengerechnet.

Vom Arbeitnehmer unterscheidet sich der Arbeitnehmerähnliche durch den Grad der persönlichen Abhängigkeit. Arbeitnehmerähnliche Personen sind in geringerem Maße persönlich abhängig als Arbeitnehmer. Statt der persönlichen Abhängigkeit kommt es in erster Linie auf die wirtschaftliche Abhängigkeit an (vgl. auch §§ 5 I 1 ArbGG, 2 BUrlG, 1 II 1 BeschäftigtenschutzG, 138 I SGB IX).

BAG NZA 1999, 1174; EzA 25 § 4 TVG Rundfunk; Löwisch/Rieble, TVG, 2014 § 12a TVG; Willemsen/Müntefering NZA 2008, 193

3.2 Abgrenzung – allgemein

Die Parteien eines Vertrages können im Rahmen von § 12a TVG z. B. einen freien Dienst- oder Werkvertrag vereinbaren. Sie dürfen das Rechtsverhältnis auch so gestalten, dass ein Tarifvertrag zwischen ihnen gelten soll. Entscheidend für den jeweiligen Status ist allerdings der wirkliche Geschäftsinhalt, nicht die formelle Vertragsbezeichnung.

BAG AP 104 § 611 BGB – Abhängigkeit; Vogelsang: in Arbeitsrechthandbuch, 2014, § 10 m. Nachw.

- **Persönliche Leistung**

Die vertraglich geschuldeten Leistungen müssen persönlich und im Wesentlichen ohne Mitarbeit von Arbeitnehmern durch die arbeitnehmerähnliche Person erbracht werden. Allerdings kann eine arbeitnehmerähnliche Person, etwa ein ständiger freier Mitarbeiter in der Presse oder beim Rundfunk, auch Recherchen oder technische Hilfsarbeiten von anderen durchführen lassen. Es kommt nur darauf an, dass die vertragliche Leistung als solche persönlich erbracht wird.

- **Verträge**

Im Medienarbeitsrecht werden vor allem Dienstverträge im Sinne von § 611 Abs. 1 BGB geschlossen. Diese freien Dienstverträge können also eine Grundlage für das Rechtsverhältnis darstellen. Wird ein bestimmter Erfolg vereinbart, dann wird in der Regel ein Werkvertrag gemäß § 631 BGB vorliegen. Denkbar ist auch, dass die arbeitnehmerähnliche Person bestimmte Dienste, z. B. als Redakteur, leistet, aber auch z. T. einen bestimmten Erfolg (z. B. ein Sendemanuskript) schulden kann. Die Verträge können also durchaus als gemischte Verträge abgeschlossen bzw. praktiziert werden. Denkbar sind ferner Werklieferungsverträge, Aufträge oder auch insoweit Verträge unterschiedlicher Typik (§§ 651, 675 BGB), etwa auch Verträge, die Telearbeit zum Inhalt haben.

- **Wirtschaftliche Abhängigkeit**

Der Begriff der wirtschaftlichen Abhängigkeit setzt voraus, dass die arbeitnehmerähnliche Person auf die Verwertung der Arbeitskraft angewiesen ist. Wirtschaftliche Abhängigkeit ist dann gegeben, wenn entweder die Tätigkeit überwiegend für eine Person erfolgt oder wenn bei einer Tätigkeit für mehrere Personen der arbeitnehmerähnlichen Person von einer Person mehr als die Hälfte/ein Drittel des Entgelts zusteht, das für die Erwerbstätigkeit insgesamt beansprucht wird. Für den Bereich der Medien ist z. B. die Tätigkeit für mehrere Rundfunkanstalten der ARD gemeint. Eine Verdienstobergrenze legt das Gesetz in § 12a TVG nicht fest. Bei künstlerischen, schriftstellerischen oder journalistischen Leistungen ist es hinreichend, wenn die arbeitnehmerähnliche Person ein Drittel des Gesamtentgelts vom Auftraggeber erhält (§ 12a Abs. 3 TVG). Die Verdienstrelation bezieht sich ausschließlich auf die Erwerbstätigkeit. Andere Einkünfte bleiben außer Betracht (z. B. GEMA-Tantiemen, Mieteinkünfte). Die Tarifverträge für arbeitnehmerähnliche Personen sehen jedoch bestimmte Obergrenzen vor. Werden sie überschritten, sind die TV-Normen nicht anwendbar. Ob diese Obergrenzen nach § 12a TVG zulässig sind, ist zweifelhaft. Denn TVe dürfen den in § 12a TVG festgelegten Tatbestand – den Begriff der arbeitnehmerähnlichen Person – nicht selbst abweichend festlegen.

BAG NZA 2006, 223; Löwisch/Rieble, TVG, 2014, § 12a Rz. 29

- **Soziale Schutzbedürftigkeit**

Die Rechtsprechung stellt darauf ab, ob der wirtschaftlich Abhängige seiner sozialen Stellung nach einem Arbeitnehmer vergleichbar ist. Dies wird aus den gesamten Umständen des Einzelfalles hergeleitet. Die Rechtsprechung ist nie ganz einheitlich gewesen und z.T. von der Kommentarliteratur und Lehre zu Recht kritisch gewürdigt worden.

Vgl. BAG AP 1 § 12a TVG (betr.TV für arbeitnehmerähnliche Personen NDR); vgl. auch BAG EzA 1 § 12a TVG, Reinecke AfP 2014, 101 (nur auf der Basis der BAG-Judikatur; siehe auch BAG U. v. 20.5.2009 – 5 AZR 31/08)

- **Persönlicher Geltungsbereich**

Der persönliche Geltungsbereich wird sich in der Regel aus den Einzelheiten des jeweiligen Tarifvertrages ergeben. Tariflich darf die Abgrenzung nicht geregelt werden.

Löwisch/Rieble 2014, § 12a TVG Rz. 29 gegen BAG NZA 2006, 223 („Der TV kann nicht seine eigene Regelungsbefugnis hervorbringen.“).

Das TVG regelt die Tarifautonomie abschließend. Dem TV ist also auch die Normierung des Arbeitnehmerbegriffs versagt (a.A. Kemper/Zacher/Stein, § 12a TVG 2014, Rz. 40; BAG NZA – RR 2012, 365). § 12a TVG vermittelt zum Begriff als solchem gerade keinen Beurteilungsspielraum oder Raum zur Ausfüllung oder Veränderung der Norm mittels TVen.

Insbesondere bei den öffentlich-rechtlichen Rundfunkanstalten gibt es Tarifverträge für arbeitnehmerähnliche Personen. Die Festlegung eines bestimmten jährlichen Höchstbetrages wird als zulässig angesehen. Wird dieser Betrag überschritten, entfällt der Status als arbeitnehmerähnliche Person (streitig).

> B. Reinecke in: Däubler: Tarifvertragsgesetz § 12a Rz. 53; Rechtsprechung zur Abgrenzung bei Rost: Arbeitnehmerähnliche Personen, in: KR S. 1005 Rz 28 ff.

Auch die Festlegung einer gewissen Mindesteinsatzzeit im TV (42 Tage im Halbjahr) wird als noch zulässig im Rahmen des Tarifrechts angesehen. Die soziale Schutzbedürftigkeit wird sich in der Regel aus Mindestbeschäftigungszeiten und dem Verdienst des letzten Jahres oder der letzten sechs Monate ermitteln lassen. Ob die Abhängigkeit einen solchen Grad erreichen muss, wie er im Allgemeinen nur in einem Arbeitsverhältnis vorkommt und mit denen eines Arbeitnehmers vergleichbar sein müsse, ist noch nicht abschließend geklärt.

> Vgl. BAG AP 75 § 2 ArbGG; BAG AP 1 § 12a TVG; BGH NJW-RR 2003, 202

Ob die Festlegung von Mindestarbeitzeiten in TV angesichts der Tatbestandsmerkmale in § 12a TVG zulässig ist, ist zweifelhaft. Damit wird für Teile der jährlichen wirtschaftlich abhängigen Arbeit die Geltung des Tarifrechts für Arbeitnehmerähnliche unterlaufen.

3.3 Journalisten, Schriftsteller, Künstler (§ 12 a III TVG)

Erbringt der Vertragspartner (arbeitnehmerähnliche Person) journalistische, schriftstellerische oder künstlerische Leistungen, dann reicht es für § 12a Abs. 3 TVG aus, wenn er mindestens ein Drittel des Entgelts aus der gesamten Erwerbstätigkeit von einem einzigen Auftraggeber bezieht. Auch hier wird deutlich, dass ein unmittelbarer Zusammenhang zwischen der Erwerbstätigkeit und den Einkünften bestehen muss. Wenn ein Tarifvertrag besteht und insoweit die Voraussetzungen für den Begriff der arbeitnehmerähnlichen Person erfüllt sind, dann ist es möglich, dass für bestimmte Zeitpunkte Tarifgebundenheit gegeben ist, für andere die tarifliche Wirkung fehlt, es sei denn, dass z. B. für einige Zeiten oder insgesamt in Wahrheit ein verdecktes Arbeitsverhältnis vorliegt und dann über Tarifbindung ein TV für Arbeitnehmer gilt, z. B. das Tarifrecht der öffentlich- rechtlichen Anstalt, insbesondere der MTV.

3.4 Tarifrecht

Das Tarifrecht sieht für **Arbeitnehmerähnliche** die Möglichkeit vor, Tarifverträge abzuschließen (§ 12a TVG). Auf diese Weise können die gesetzlichen und vertraglichen Schutzlücken ausgefüllt werden. Der Gesetzgeber hat mit dieser Norm die freien Mitarbeiter in den Blick genommen: und zwar die der Medien, der Kunst, Wissenschaft und Forschung. Primär ging es um die freien Mitarbeiter bei Rundfunk und Fernsehen.

Wiedemann-Wank § 12a TVG Rz 1 ff., 23 m. w. Nachw. Zur Genese sh. ferner Däubler-Reinecke § 12a TVG Rz. 7; Wiedemann-Oetker, TVG, Geschichte Rz. 72 ff; Kempen/Zachert/Stein, TVG, 2014, § 12a Rz. 4 ff.

Im Rahmen von § 12a TVG gibt es eine Reihe von Tarifverträgen, die sich auf arbeitnehmerähnliche Personen im Bereich der Medien beziehen. Derartige Tarifverträge können die Voraussetzungen für die Erfüllung der arbeitnehmerähnlichen Eigenschaft festlegen, Entgelte normieren, Abschlussnormen festlegen, bestimmte Beschäftigungsvoraussetzungen vereinbaren, sowie Normen über die Beendigung oder Einschränkung des jeweiligen Rechtsverhältnisses vorsehen.

TVe für arbeitnehmerähnliche Personen werden nach allgemeinen Grundsätzen ausgelegt.

BAG EzA 24 § 4 TVG Rundfunk

Tarifnormen müssen die Grenzen der Tarifmacht wahren. Tarifliche Individualnormen sind zulässig, nicht jedoch Betriebsnormen.

Löwisch/Rieble, 2012 § 1 Rz 105, 169

Tarifliche Kündigungsmöglichkeiten sind zulässig. Im übrigen gilt für eine tarifliche Urlaubsregelung die Grenze von § 13 BUrlG, sh. § 2 Abs. 2 BUrlG.

Eine AGB-Kontrolle findet nicht statt, § 310 Abs. 4 S. 1 BGB. Sog. Einfädelungs-TVe sind zulässig. Diese können freie Mitarbeiter in unbefristete Arbeitsverhältnisse überführen.

BAG AP 3a § 1 TVG Tarifverträge: Rundfunk

Der Tarifvertrag für arbeitnehmerähnliche freie Journalistinnen und Journalisten (Tageszeitungen) bezieht den persönlichen Geltungsbereich nur auf hauptberuflich freie Journalisten.

Für die Berechnung nach § 12a Abs. 3 TVG (ein Drittel des Erwerbsentgelts) gilt ein Bezugszeitraum von sechs Monaten.Die Tarifverträge der öffentlich-rechtlichen Rundfunkanstalten sind nicht deckungsgleich.

Übersicht bei Naumann, 2007, § 7 ff.; Götz von Olenhusen, Medienarbeitsrecht bei Hörfunk und Fernsehen, 2004

3.5 Beendigung der Rechtsverhältnisse Arbeitnehmerähnlicher Personen. Einschränkung

Arbeitnehmerähnliche Personen können sich weder auf das Kündigungsschutzgesetz noch auf entsprechende Schutzbestimmungen berufen wie sie etwa in § 2 ArbSchG, § 18 BERZG, § 9 MuSchG festgelegt sind. Soweit nicht andere tarifliche Regelungen eingreifen, können Kündigungsfristen eine Rolle spielen (§ 621 BGB). § 626 BGB (außerordentliche Kündigung) betrifft nur Dienstverhältnisse, nicht andere Vertragsformen. Außerordentliche Kündigungen dürfen nur binnen angemessener Frist nach Kenntnisnahme vom wichtigen Kündigungsgrund ausgesprochen werden (§ 314 Abs. 3 BGB). In der Regel wird man also auch hier von der in § 626 Abs. 2 BGB festgelegten Frist von 2 Wochen als angemessener Frist ausgehen können. Das TzBfG gilt für arbeitnehmerähnliche Personen nicht. Zuweilen arbeiten sog. Freie Mitarbeiter mit (befristeten) Rahmenverträgen. Sind sie in Wahrheit aber faktisch Arbeitnehmer, unterliegen die Befristungen den Normen des TzBfG, bzw. den Befristungsnormen des jeweiligen MTV (vgl. z. B. Ziff. 248 ff. eMTV und die entsprechenden TV-Normen). Dabei ist in der Regel nur die Wirksamkeit der Befristung des letzten Vertrages zu prüfen. Die Anstalten und Medien-Unternehmen haben eine dem Arbeitsverhältnis entsprechende Fürsorgepflicht, sowie eine Pflicht zur Zeugniserteilung, § 630 BGB.

Das BetrVG ist auf arbeitnehmerähnliche Personen nicht anwendbar, ebenso wenig das TzBfG. In einigen LPVGen (NRW, Baden-Württemberg) gilt das LPVG auch für sog. freie Mitarbeiter: Sie dürfen bei Wahlen zum Personalrat mit wählen und gewählt werden.

Das **Dienstverhältnis** einer arbeitnehmerähnlichen Person kann unbefristet oder zeitlich befristet sein. Bei fehlender Befristung darf beiderseits nach § 621 BGB gekündigt werden. Eine Form der Kündigung ist nicht vorgeschrieben. Maßstab für die Kündigungsfristen ist die Bemessung der Vergütung. Fehlt eine Bemessung nach Zeiträumen, darf jederzeit ohne Frist gekündigt werden, § 621 Ziff. 5 BGB. Nimmt die Tätigkeit den Verpflichteten hauptsächlich oder ganz in Anspruch, gilt eine Kündigungsfrist von 2 Wochen, § 621 Ziff. 6 BGB. Laufen Einzelaufträge mit der Frist ab, wird eine Ankündigungsfrist von 2 Wochen verlangt.

BAG EzA 81,90 § 620 BGB

Bei täglicher oder nahezu täglicher Beschäftigung wird eher ein unbefristetes Rechtsverhältnis, keine Aufspaltung in tägliche Einzelverträge oder einzelne Aufträge vorliegen. Die Tarifpartner dürfen die Beendigung durch Mitteilung vereinbaren. Wird der Arbeitnehmerähnliche auf Grund eines Werkvertrages beschäftigt, gelten die §§ 649, 643, 650 BGB. Im Übrigen gelten auch insoweit die Grundsätze einer Ankündigungsfrist von 2 Wochen für Fälle von Dauerrechtsbeziehungen, um das Rechtsverhältnis zu beenden. Die TVe der ARD-Anstalten sehen für Beendigung oder Einschränkungen längere Ankündigungsfristen vor. Bei einigen Anstalten gibt es Bestandsschutztarifverträge. Diese sind zulässig.

Kempen/Zachert/Stein, 2014 § 12a Rz. 45 ff.

Durch das Personalvertretungsrecht dürfen arbeitnehmerähnliche Personen den Arbeitnehmern gleichgestellt werden (so jetzt LPVG NRW, LPVG BW).

TVe der Sender sehen Einschränkungen unter Einhaltung von Fristen vor. Unter bestimmten Voraussetzungen werden bei Einkommensverringerungen jährliche Ausgleichszahlungen bezahlt.

Siehe dazu z.B. BAG U. v. 16.11.2010 – 9 AZR 589/09 – betr. BR; BAG U. v. 14.12.2004 – 9 AZR 23/04; zum Fortzahlungsentgelt BAG U.v. 13.4.2010 – 9 AZR 271/09 – DW

4. Der „echte“ freie Mitarbeiter

Der „klassische“, „echte“ Freie Mitarbeiter erfreut sich seit Jahren – teils freiwillig, teils gezwungener Maßen – stetig steigender Beliebtheit. Freie Zeiteinteilung, freie Wahl des Arbeitsortes und die Unabhängigkeit von Weisungen lassen eine Beschäftigung auf den ersten Blick als erstrebenswert erscheinen. Gerne übersehen wird jedoch, dass der „echte“ Freie Mitarbeiter in jeder Hinsicht „sein eigener Chef“ ist, und so auch selber für Versicherung, Vorsorge und Arbeitsgeräte aufkommen muss. Eine Definition des Freien Mitarbeiters fällt wiederum schwer: Einen gesetzlich geregelten Vertragstyp „freie Mitarbeit" gibt es genauso wenig wie eine Legaldefinition. Die Bezeichnung eines Beschäftigungsverhältnisses als **„freies Mitarbeiterverhältnis"** ist in der Praxis lediglich der Ausdruck des Willens eines oder beider Vertragspartner, die beiderseitige Rechtsbeziehung den Regeln des Auftrags, Werkvertrages oder freien Dienstvertrages zu unterwerfen und kein Arbeitsverhältnis zu begründen. Wesentliche Kennzeichen sind die Unabhängigkeit vom Auftraggeber, die Weisungsungebundenheit, die freie Arbeitszeitgestaltung, die fehlende Eingliederung in die betriebliche Organisation des Auftraggebers, die fehlende Zuweisung eines Arbeitsplatzes bzw. einer spezifischen Tätigkeit und die Übernahme des Unternehmerrisikos sowie der Kosten der Arbeitsausführung durch den Auftragnehmer. Das Fehlen einer oder mehrerer dieser Punkte, legt den Schluss nahe, dass tatsächlich nur Scheinselbständigkeit gegeben ist. Die Einbindung in einen Betrieb kann die Arbeitnehmereigenschaft begründen.

> LAG Schleswig-Holstein NZA-RR 2005, 656 – IT-Branche; zur Abgrenzung von anderen Verträgen ausführlich Vogelsang, in: Arbeitsrechtshandbuch, § 9, insbes. Dienstverträge, virtuelles Büro, Call-Center, Partnerschaftsverträge u.a.

Eine Darstellung der Entwicklung der Rechtsprechung des BAG und des BVerfG für die Bereiche Rundfunk, Kunst und Unterhaltung findet sich jüngst bei Reinecke (AfP 2014, 191). Da dort jedoch weder die z.T. abweichende Literatur noch die Kommentare und die Urteile berücksichtigt sind, die bei den LAG erfolgten bzw. dann an den Hürden der Revision oder der Nichtzulassungsbeschwerde scheiterten, ist Reineckes Befund begrenzt und unvollständig.

B. Der Programmgestalter in Rundfunk und Fernsehen. Status

1. Begriff des programmgestaltenden Mitarbeiters

Die gemäß Art. 5 Abs. 1 S. 2 geschützte **Presse- und Rundfunkfreiheit** hat Einfluss auf die Einordnung eines Mitarbeiters als Arbeitnehmer. Gerade bei programmgestaltenden Mitarbeitern soll die Programmvielfalt einen Wechsel dieser Mitarbeiter erfordern oder erleichtern.

BVerfGE 64, 260; 59, 256; sh. auch Dörr, ZUM 2000, 666; Reinecke, AfP 2014, 101-166

Um den Programmauftrag zu erfüllen und der Programmfreiheit zu entsprechen, ist eine Einschränkung des Arbeitnehmerbegriffs bei programmgestaltenden Mitarbeitern und eine weitergehende Dispositionsfreiheit nicht erforderlich. Denn die Vielfalt kann durch befristete Rechtsverhältnisse, durch auf Produktionsdauer vereinbarte Verträge, durch sonstige Mittel des Arbeitsrechts, etwa durch Verträge im Rahmen des TzBfG und die Möglichkeit längerer Befristungen nach Manteltarifverträgen der Rundfunkanstalten, durch Verträge mit oder auch ohne sachliche Gründe für die Terminierung durchgesetzt werden.

BAG EzA 43 § 611 BGB Arbeitnehmerbegriff; Naumann, 2007, S. 47 ff. m.Nachw.; BVerfGE 59, 231

Der programmgestaltende Mitarbeiter unterliegt somit einerseits Maßgaben, die sich aus den begrenzten Einwirkungen von Art. 5 GG auf die Arbeitsverhältnisse ergeben; andererseits steht dem Schutz der Rundfunkfreiheit nur das Arbeitsrecht entgegen, wenn es den Rundfunkanstalten die für die Erfüllung des Programmauftrags nötige Freiheit und Flexibilität nimmt.

BVerfGE 59, 231; sh. dazu auch BAG AfP 2007, 289

Insoweit sind die Hürden vom BVerfG allerdings nicht niedrig angesetzt. Der Rechtsformzwang führt gerade nicht zu einer Zurücknahme des Arbeitsrechts.

Büchner ZUM 2000, 624 ff.; BAG AP 42 § 611 BGB Abhängigkeit

Programmgestaltende Mitarbeiter sind die, die typischerweise ihre eigene Auffassung zu politischen, wirtschaftlichen, künstlerischen oder anderen Sachfragen, ihre Fachkenntnisse und Informationen, ihre individuelle künstlerische Befähigung und Aussagekraft in die Sendung einbringen (z. B. Regisseure, Kommentatoren, Wissenschaftler, Künstler). Zu den nicht programmgestaltenden Mitarbeitern zählen das betriebstechnische und das Verwaltungspersonal, ferner diejenigen, die zwar bei der Verwirklichung des Programms mitwirken, aber darauf keinen oder keinen prägenden bzw. letztlich entscheidenden inhaltlichen Einfluss haben. Mitarbeiter in Presseabteilungen, in der Öffentlichkeitsarbeit, im Marketing zählen nicht zu den programmgestaltenden. Denn sie geben nur Programminhalte an andere Medien weiter.

BVerfG AfP 1982, 93; BAGE 93, 218, 224; BVerfGE 59, 231; BAGE 93, 218, LAG Rheinland-Pfalz AfP 2003, 278 – Werbespot; BAG AP 1 Art. 5 I GG Rundfunkfreiheit; AP 144 § 620 BGB – Befristeter Arbeitsvertrag; BAG ZUM-RD 2007, 506 – Mitarbeiter Pressestelle

Zu den nicht programmgestaltenden Tätigkeiten werden je nach den konkreten Umständen reine **Sprecherleistungen** zählen. Das gleiche gilt für Cutter.

BVerfG AfP 1993, 470; BAG U. v. 17.4.2013 – 10 AZR 272/12, lexitius.com 2013, 2137; U.v. 17.04.2013 – 10 AZR 668/12

Auch Mitarbeiter, die Rahmenkonzepte u. a. erstellen, fallen unter den Begriff der Programmgestaltung.

BAG AP 144, 180 § 620 BGB – Befristeter Arbeitsvertrag; BAG AP 26 § 611 BGB – Rundfunk

Wenn ein Mitarbeiter fachlich und zeitlich weisungsgebunden, örtlich festgeschrieben, in die Arbeitsorganisation eingebunden (etwa durch Schlichtpläne oder andere Umstände mit Verlust der Zeitsouveränität) tätig ist, ist der Status des Arbeitnehmers gegeben. Die Weisungsgebundenheit kann sich aus verschiedenen Umständen herleiten, ebenso die persönliche Abhängigkeit nach Zeit, Ort, Inhalt und Dauer des Rechtsverhältnisses.

Instruktiv: BAG U. v. 17.04.2013 – 10 AZR 668/12 (Cutter)

2. Status

- **Arbeitsverhältnis**

Bei programmgestaltenden Mitarbeitern kann auch entgegen der ausdrücklich getroffenen Vereinbarung ein Arbeitsverhältnis vorliegen. Voraussetzung ist: sie unterliegen weitgehenden inhaltlichen Weisungen, so dass ihnen also nur ein geringeres Maß an Gestaltungsfreiheit, Eigeninitiative und Selbständigkeit verbleibt und der Sender oder sonstige Medienarbeitgeber innerhalb eines zeitlichen Rahmens über ihre Arbeitsleistung verfügen kann. Ein Arbeitsverhältnis liegt auch vor, wenn ständige Dienstbereitschaft erwartet und/oder praktiziert wird.

Siehe BAG NZA 2013, 903; BAGE 93, 218, 224; BAG AP 37 § 611 BGB – Rundfunk; Reinecke, AfP 2014, 101-106

Die **ständige Dienstbereitschaft** kann sich in dem ausdrücklichen oder konkludenten Vertragsinhalt zur Einhaltung büromäßiger Dienstzeiten manifestieren, in Vertretungstätigkeiten, in Rügen bei Nichteinhaltung von Dienstzeiten, im unvereinbarten Einsatz bei Ausfall anderer Mitarbeiter, in der ungefragten Änderung von Tätigkeitsinhalten, -zeiten, -dauern, -orten, in der Genehmigungsbindung des Urlaubs, in der Androhung der Beendigung des Rechtsverhältnisses für den Fall der Ablehnung einer Aufgabe u. a. In solchen Handlungen zeigt sich die Ausübung arbeitsrechtlicher Direktionsrechte und somit die sog. persönliche Abhängigkeit. Sie kann auch vorliegen, wenn der Sender die Dienste zeitweilig nicht beansprucht.

LAG Saarland, 15.10.1997 – 2 Sa 16/97; BAG NZA 1995, 21; 1994, 169; Ory/Schmittmann, 2002, 79f.

Die Einbindung in ein **festes Programmschema** und die Vorgabe des Programmablaufs wirken nach der Rechtsprechung des BAG nicht statusbegründend (str.; im Schema steckt oft eine inhaltliche, generelle Weisung, ebenso in allgemeinen wie speziellen arbeitsbegleiteden Weisungen zum Programmablauf etc., die in aller Regel den Arbeitsalltag der Team-Mitarbeiter und ihre Pflichten, somit den Status und damit den Geschäftsinhalt der Vertragstätigkeit bestimmen). Vorgaben und Schemata kann sich der Mitarbeiter nicht entziehen, sie nicht selbst bestimmen. Generelle, allgemeine arbeitsbegleitende Weisungen (z.B. Sprachregelung, Kleidung etc.) sind Ausübungen des arbeitsrechtlichen Direktionsrechts.

Anders BAG AfP 2007, 289, 291 – Sportredakteur (hier wird die Fiktion von Einzelverträgen, die der Konstruktion des BAG zugrundeliegt, deutlich. Die Ablehnungsmöglichkeit ist in der Regel nur theoretisch, weil dann Einsatzverlust droht)

Die Einbindung in technische Einrichtungen, die organisatorischen Vorgaben führen in der Regel dazu, dass die Anstalt den Arbeitszusammenhang gestaltet, die Tätigkeiten darin einpasst, sie lenkt und beherrscht.

BAG U.v. 26.9.2012 – 10 AZR 336/11; U.v. 22.2.95 – 5 AZR 757/93

Bei typischer, regelmäßiger **Disposition von Mitarbeitern** für Aufgaben und Tätigkeiten als Redakteur, Reporter, ständiger redaktioneller Mitarbeiter durch Redaktions-, Moderations- oder Planungsdienste ist die Konstruktion von Einzelverträgen und die Ablehnung des AN-Status eine Fiktion. In der Regel liegt eine ausdrückliche oder konkludente Vereinbarung ständiger oder regelmäßiger Dienstleistung und damit auch ständige Dienstbereitschaft und deren Inanspruchnahme vor. Ihre Konkretisierung erfolgt dann lediglich durch Dispositionen und Disponenten. Das ist Ausübung des arbeitsrechtlichen Direktionsrechts. Wer langjährig als ständiger, „arbeitnehmerähnlicher" Mitarbeiter in Rundfunk und Fernsehen in und für Redaktionen als Redakteur, Reporter, Regisseur, Moderator, Filmemacher tägliche, wöchentliche und monatliche „Fließbandtätigkeiten" erbringt, ohne die das laufende Programm nicht zu erbringen ist, ist trotz Programmgestaltung im Status des Arbeitnehmers (Streitig, abweichende Urteile des BAG). Die Judikatur engt den Arbeitnehmerstatus ein.

Zum Direktionsrecht Linck in; Schaub u.a., Arbeitsrechts-Handbuch, 2014, § 45 Rz. 13a ff, 23 ff, 46 ff

- **Leistungsbestimmung**

Wenn die Themen der Sportnachrichten zum Beispiel durch den Redakteur vom Dienst verbindlich bestimmt werden, wird damit eine Abgrenzung der vom Mitarbeiter geschuldeten Leistung vorgenommen, wie dies bei einem freien Dienst- oder Werkvertragsverhältnis möglich und üblich sei. Auch freie Mitarbeiter werden in der Regel bestimmte Themen im Rahmen etwa des Programmauftrags als Vorgabe erhalten. Der Programmauftrag umfasst zum Beispiel auch die „Grundversorgung" der Zuschauer mit Sportinformationen (§ 6, 9 RdfStV). Zum Leistungsbestimmungsrecht einer Anstalt gehört die Vorgabe der Länge der Berichte und der Moderationen und die graphische Umsetzung der Beiträge. Der zeitliche Umfang im Rahmen der Nachrichten, etwa Begrenzung auf wenige, maximal 7 Minuten oder ein einheitliches Layout dienen der Wiedererkennbarkeit der Sendung. Die Abnahme von An- und Abmoderationen beeinträchtigt nach Ansicht des BAG nicht die Gestaltungsfreiheit. Auch freie Mitarbeiter seien hier nicht völlig frei. Durch die Prüfung der sachlichen Richtigkeit, die Einhaltung des vorgegebenen Zeitrahmens und durch die Beseitigung von Widersprüchen nehme eine Anstalt die ihr obliegenden Pflichten, zum Beispiel auch das Rügerecht, wahr. Mit einer Kontrolle der Qualität der Arbeit müsse auch der freie Mitarbeiter rechnen.

BAGE 93, 218, 225; BAG U. v. 13.5.1992 – 5a ZR 434/91

Die Argumentation ist dort wenig überzeugend, wo arbeitsrechtlich auf scheinbare „Freiheit“ freier Mitarbeiter als Kriterium abgestellt wird. In Wirklichkeit ist der freie Mitarbeiter in der Regel „unfreier“, disponibler, faktisch abhängiger als der Arbeitnehmer. Abnahmen oder die jeweilige nachträgliche „Manöverkritik“ gegenüber dem Team von „Festen“ und „Freien“ haben die faktische Funktion der Ausübung des inhaltlichen, in der Regel für die Zukunft der Arbeitsbedingungen gültigen Direktionsrechts. In der Realität der Medienarbeit sind in einem Redaktionsteam die Tätigkeiten von Planungsredakteuren, Redakteuren, Reportern, auch wenn einige als angestellte, andere als ständige freie Mitarbeiter eingesetzt werden, weitgehend identisch. Die persönliche Abhängigkeit der „ständigen Freien“ ist sogar in der Regel größer, weil sie anders als die durch MTV gebundenen Angestellten für Wochenenddienste, Dienste über die Arbeitszeit von 8 Stunden täglich hinaus oder Nachtdienste vom Sender leichter zu disponieren sind. Das ist jedoch m. E. typisch für die Ausübung des Direktionsrechts.

- **Gestaltungsfreiheit**

Freie Mitarbeiter können auch bei Interviews ein erhebliches Maß an Gestaltungsfreiheit haben. Das gilt auch, wenn die Anstalt die Interviewpartner vorschreibt oder bestimmte Fragen (daraus allein resultiere nach BAG dann kein Arbeitnehmer-Status).

BAG AP 96 § 611 BGB – Abhängigkeit

Die persönliche Abhängigkeit i.S. des Arbeitsnehmerbegriffs wird jedoch durch teilweise oder ganz gegebene inhaltliche Gestaltungsräume nicht aufgehoben.

- **Zeitliche Gebundenheit**

Die **Weisungsgebundenheit** kann nach BAG durch zeitliche Gebundenheit begründet werden. Dies liegt dann vor, wenn

a) ständige Dienstbereitschaft erwartet oder geleistet wird oder

b) wenn der Mitarbeiter in nicht unerheblichem Umfange auch ohne entsprechende Vereinbarung herangezogen wird, ihm die Arbeitszeiten und Tätigkeiten somit letztlich „zugewiesen" werden. Die ständige Dienstbereitschaft kann sich aus ausdrücklichen Vereinbarungen und aus der praktischen Durchführung ergeben. Die Einteilung eines Mitarbeiters in Dienstpläne ohne vorherige Absprache ist ein starkes Indiz für die Arbeitnehmereigenschaft.

BAG AP 37 § 611 BGB – Abhängigkeit; BAG AP 96 § 611 BGB – Abhängigkeit; BAG NZA 2012, 731; U. v. 30.10.1991 – 7 ABR 19/91 – Sportredakteur; etwas anders: BAG U. v. 20.09.2000 – 5 AZR 61/99

- **Dienstplan**

Keine einseitige Einteilung soll vorliegen, wenn der Arbeitnehmer Wünsche zur Diensteinteilung in Vordrucken angeben kann und diese Wünsche von der Arbeitgeberseite im Wesentlichen insbesondere bezüglich der Zeiträume, in denen er nicht tätig werden will, berücksichtigt werden. Dann liegt – nach BAG – keine einseitige Einteilung gegen seinen Willen vor. Wenn der Mitarbeiter einseitig von der Möglichkeit Gebrauch macht, Dienste nicht wahrzunehmen oder zu tauschen, spricht dies nach BAG gegen eine Weisungsabhängigkeit. Mit der Prüfung eines Diensttausches werde das Recht wahrgenommen, als Dienst- oder Auftraggeber zu entscheiden, welche Mitarbeiter gemeinsam tätig werden. Die Eigenschaft als freier Mitarbeiter kann sich auch daraus ergeben, wie viel Zeit der Mitarbeiter für die Auswertung der Informationsquellen und die Erarbeitung der Texte aufwendet. Die Anwesenheit zu festen Zeiten vor und während der Sendung schließt nach BAG ein freies Mitarbeiterverhältnis nicht aus. Der Arbeitgeber kann zeitliche Vorgaben geben oder den Vertragspartner verpflichten, bestimmte Termine für die Auftragserledigung einzuhalten. Daraus sei kein wesentliches Merkmal für ein Arbeitsverhältnis zu entnehmen.

BAGE 93, 218, 227; BAG AfP 2007, 292

Das ist dann zweifelhaft, wenn die „Vorgaben" einem dauerhaften bzw. langjährigen System entsprechen, welches der Arbeitgeber relativ gleichförmig gegenüber „Festen" wie „Freien" entwickelt und anwendet und sich z. B. „Feste" wie „Freie" in den Tätigkeiten, Tätigkeitsfeldern oder -zeiten mehr oder weniger systematisch abwechseln, wobei das „rollierende" System und der dauerhafte Einsatz der Mitarbeiter für die Erbringung und Aufrechterhaltung des Programms notwendig ist. Nimmt der Geschäftsherr ständig die Dienste in Anspruch und steht der Dienstleistende über längere Zeiträume hinweg täglich, monatlich oder jährlich vergleichbar einen Arbeitnehmer ständig zur Verfügung, dann fällt er unter den Begriff des Arbeitnehmers. Der gilt z.B. für Sprecher/Ansager, die vorgefertigte Texte zu sprechen haben oder Cutter, die nach genereller oder spezieller genereller oder spezieller Weisung der Redakteure Filme schneiden. Die zeitliche Bindung kann sich durch eine Reihe von Umständen manifestieren: regelmäßige Erwartung und Leistung von Arbeitszeiten, auch zu den Zeiten anderer festangestellter Mitarbeiter, regelmäßige Einplanung in Dienstpläne, Urlaubspläne, Urlaubsgenehmigungspflicht, faktische Unmöglichkeit der Ablehnung zeitlicher Dispositionen des Senders, Schichtarbeiten, Verpflichtung zur Teilnahme an täglichen, wöchentlichen bzw. regelmäßigen Redaktionssitzungen, sonstige Umstände, welche die Zeitsouveränität einschränken, verringern oder weitgehend entfallen lassen. Insbesondere z.B. die ständige Bereitschaft, bei anfallenden Ereignissen als Reporter/Redakteur, Sprecher, Moderator, Regisseur etc. für Sendungen sich bereit zu halten und sich einsetzen zu lassen. Dass muss insbesondere gelten, wenn innerhalb des Senders, von Hauptabteilung, Abteilung, Ressort, Redaktion und Team wenige formal angestellte Mitarbeiter mit einer Vielzahl sog. ständiger freier Mitarbeiter auf Dauer zusammenarbeiten, nach der Praxis der Tätigkeiten Dauerarbeitsplätze vorliegen, ohne die das vorgesehene Programm nicht durchführbar ist.

Zur Rechtsprechung Däubler/Kreuder, 2013 § 611 BGB Rz. 66-68, 119 – 122 m.N.; Erf. Komm./Preis, 2013, § 611 BGB Rz. 90-93; Dornbusch/Fischermeier/Löwisch, 2014 § 6 GewO Rz. 41 ff. – 68, 98-102; Reinicke AfP 2014, 201 stellt die Rechtsprechung des BAG und BVerfG, allerdings ohne die Kritik der Lehre, dar.

- **Andere Auftraggeber. Steuer. Sozialversicherung**

Die Weisungsabhängigkeit bzw. die persönliche Abhängigkeit wird auch dadurch relativiert oder ausgeschlossen, dass ein Mitarbeiter für andere Auftraggeber tätig ist. Vereinbaren die Parteien Rahmenvereinbarungen, so bilden diese die Grundlage für die Vertragsbeziehungen; daraus muss sich nicht zwingend ein Arbeitsverhältnis ergeben. Die Einbehaltung von Sozialversicherungsbeiträgen und Steuern und die Abführung von Arbeitgeberanteilen bedeutet noch nicht eine konkludente Vereinbarung eines Arbeitsverhältnisses. Die sozialrechtliche und steuerrechtliche Behandlung eines Mitarbeiters ist arbeitsrechtlich nicht zwingend von Belang. Für die Abgrenzung eines freien Mitarbeiterverhältnisses zu einem Arbeitsverhältnis wird primär auf die Umstände abgestellt, unter denen die Dienstleistung zu erbringen ist, nicht auf die Modalitäten der Bezahlung.

BAGAP 115 § 611–Abhängigkeit; zu weiteren Detailkriterien Götz von Olenhusen, 2002, sowie Ory/Schmittmann, 2002 S. 66 ff., auch zur Notwendigkeit einer typologischen und Gesamtbetrachtung

Bei den für ein Arbeitsverhältnis sprechenden Indizien können nach BAG Bestandsschutztarifverträge bei der Gesamtwürdigung zu berücksichtigen sein (str.).

BAG AP 37 § 611 BGB – Rundfunk; a.A. zutreffend Löwisch/Rieble, TVG, § 12a Rz. 29

Der Inhalt von Bestandsschutztarifverträgen für arbeitnehmerähnliche Personen kann dogmatisch den Arbeitnehmerbegriff generell nicht verändern oder beeinflussen. Er kann im konkreten Einzelfall nicht den Status als Arbeitnehmer abschwächen. Dadurch würde der begriffliche und rechtpolitisch gewünschte Rahmen von § 12 a TVG unzulässig erweitert. Der BAG hat sich mit diesem Einwand bisher nicht auseinandergesetzt.

Wird ein Rahmenvertrag für eine arbeitnehmerähnliche Person befristet abgeschlossen und stellt sich heraus, dass in Wahrheit ein Arbeitsverhältnis vorliegt, muss die Befristung zum TzBfG und an Befristungsnormen eines TV gemessen werden. Bei einer Kette von Rahmenverträgen steht nur die Prüfung der Befristung des jeweils letzten Rahmenvertrages zur Debatte.

Koch in: Schaub u.a., Arbeitsrechts-Handbuch, 2014 § 38 Rz. 61; BAG NZA 1990, 744

- **Mitbestimmung**

Der Status der „Arbeitnehmerähnlichen“ wird neuerdings durch die Geltung des Landespersonalrechts verbessert. Das ist in NRW seit 2012, in Baden-Württemberg durch die Novellierung des LPVGe seit 2014 der Fall. Damit gelten sie als „Beschäftigte“, sind zum PR wählbar und wahlberechtigt und ihre Rechtsverhältnisse unterliegen der Mitbestimmung und Mitwirkung (Einzelheiten siehe Teil E). Bei den „Arbeitnehmerähnlichen“, die programmgestaltend tätig sind, soll dies nur eingeschränkt gelten. Diese Ungleichbehandlung erscheint als sachlich nicht begründet. Sie reduziert ihren personalvertretungsrechtlichen Status gegenüber anderen Mitarbeitern und sollte als unsachliche Differenzierung mit Art. 3 GG nicht vereinbar sein.

C. Die Befristung

1. Das Teilzeit- und Befristungsgesetz (TzBfG)

„Lieber befristet in Arbeit als unbefristet arbeitslos“ lautete die politische Losung des Gesetzgebers, als zum 1. Mai 1985 das „Beschäftigungsförderungsgesetz“ – mittlerweile abgelöst durch das **Teilzeit- und Befristungsgesetz (TzBfG)** – in Kraft trat. Seither kann nicht nur bei Vorliegen eines Sachgrundes, sondern auch ohne einen solchen unter strengen Auflagen ein befristeter Arbeitsvertrag wirksam geschlossen werden. Die Befristung mit Sachgrund erfuhr eine Kodifizierung. Namentlich wurden die von der Rechtsprechung in jahrelanger Kleinarbeit entwickelten Fallgruppen in den Gesetzestext übernommen. Dessen Aufstellung ist keinesfalls abschließend. Die Grenzen, unter denen die Parteien des Arbeitsvertrages eine Befristung mit oder ohne Sachgrund vereinbaren können, sind nicht so eng, wie es der Normtext vermuten lässt. So ist es bei Trainern und Akteuren im Sportbereich, bei Musikern, Schauspielern, Tänzern und auch bei Medienschaffenden regelmäßige Übung, über viele Jahre hinweg Befristung an Befristung zu reihen. In Hörfunk, Fernsehen und Printbereichen werden insbesondere mit Verweis auf die Sachgründe wie „Rundfunkfreiheit“ und „Tendenzbetrieb“ längere **Befristungsketten**, zum Teil im Rahmenverträgen, die jährlich oder in zwei oder mehr Jahresabständen verlängert oder neu abgeschlossen werden, vereinbart. Von dieser Möglichkeit wird reger Gebrauch gemacht. Es wird i. d. R. nur die Wirksamkeit der letzten Befristung geprüft.

Sh. BAG NZA 2007,147; NZA 2006, 784; siehe auch BAG NZA 1990, 744

Eine Befristung mit sachlichem Grund ist der Regelfall, § 14 I 1 TzBfG. Ein **gesetzlicher Sachgrund** ist der vorübergehende Bedarf, § 14 I 1 Nr. 1 TzBfG. Um berufspraktische Erfahrungen zu ermöglichen, darf nach Abschluss einer Ausbildung eine Befristung erfolgen, § 14 I 1 Nr. 2 TzBfG; ferner für Vertretungsfälle, wegen der Eigenart der Arbeitsleistung, zur Erprobung, bei einem Grund, der in der Person des Arbeitnehmers liegt, bei Vergütung aus zur befristeten Beschäftigung bestimmten Haushaltsmitteln oder aufgrund eines gerichtlichen Vergleichs, § 14 I 1 Nr. 2-8 TzBfG. Zeit- und Zweckbefristungen mit sachlichem Grund sind zulässig. Ohne sachlichen Grund ist eine Befristung nur bis zu maximal zwei Jahren zulässig, § 14 II TzBfG, wenn nicht als rechtsmissbräuchlich einzustufen, vgl. BAG U. v. 19.03.14 – 7 AZR 527/12 (aber keine grundsätzlichen verfassungsrechtlichen Bedenken: BAG v. 19.03.14 – 7 AZR 828/12).

Das Arbeitsverhältnis ist im Allgemeinen unbefristet. Es kann aber durch Vereinbarung der **Altersgrenze** zeitlich begrenzt werden. Durch Bezugnahme auf den Brauch des Hauses kann das Ende mit dem gesetzlichen Rentenalter vereinbart sein.

2. Befristung von Arbeitsverträgen

2.1 Allgemeines

Für Arbeitsverhältnisse von bestimmter Dauer gilt, dass diese nach Ablauf ohne Kündigung enden. Deswegen findet auch der Kündigungsschutz keine Anwendung. Daran hat sich auch nach neuem Recht nichts geändert.

Befristete Arbeitsverträge sind grundsätzlich zulässig. Die gerichtliche Befristungskontrolle erfolgt prinzipiell beim zuletzt geschlossenen Arbeitsvertrag.

BAG NZA 2007, 566; zum Vorbehalt NZA 2003, 64; 2004, 925; vgl. auch Dörner NZA 2007, 57, ArbG Karlsruhe U.v. 4.10.2000 – 9 Ca 152/100

Allerdings ist die Befristung der Arbeitsverhältnisse seit Inkrafttreten des TzBfG am 1.1.2001 dort geregelt, so dass § 620 BGB insoweit für Arbeitnehmer keine sehr wesentliche Bedeutung mehr hat. Die Arbeitsverträge können nach § 3 Abs. 1 TzBfG **kalendermäßig** oder – mit sachlichem Grund – **zweckbefristet** werden. Ist der Arbeitsvertrag für einen kalendermäßig genau festgelegten Zeitraum geschlossen, so endet das Arbeitsverhältnis mit Fristablauf (§§ 620 Abs.1 BGB, 15 Abs. 1 TzBfG). Der Arbeitsvertrag endet dann ohne Kündigung mit dem Ablauf der vereinbarten Zeit, § 15 Abs. 1 TzBfG, oder mit der Zweckerreichung, frühestens jedoch 2 Wochen nach Zugang der schriftlichen Mitteilung des Arbeitgebers an den Arbeitnehmer über den Zeitpunkt der Zweckerreichung, § 15 Abs.2 TzBfG. Der Arbeitgeber ist danach verpflichtet, den Arbeitnehmer mindestens 2 Wochen vorher schriftlich den Zeitpunkt der Zweckerreichung mitzuteilen. Dadurch kann sich der Arbeitnehmer innerhalb dieser sog. Auslauffrist auf das Ende des Arbeitsverhältnisses einstellen. Diese **Auslauffrist** (vgl. auch § 622 Abs. 3 BGB) kann durch Individual- oder Tarifvertrag nicht abgekürzt, jedoch verlängert werden.

Diese **schriftliche Nichtverlängerungs- bzw. Auslaufmitteilung** ist bei den zweckbefristeten Arbeitsverträgen Voraussetzung für die Beendigung des Arbeitsverhältnisses.

Die Mitteilung über den **Zeitpunkt der Zweckerreichung** nach § 15 Abs. 2 TzBfG ist deswegen von besonderer Bedeutung, weil immer dann, wenn das Arbeitsverhältnis nach Ablauf der Zeit, für die es eingegangen ist, oder nach Zweckerreichung mit Wissen des Arbeitgebers fortgesetzt wird, es als auf unbestimmte Zeit verlängert gilt, wenn der Arbeitgeber nicht unverzüglich widerspricht oder dem Arbeitnehmer die Zweckerreichung nicht unverzüglich mitteilt. Die Mitteilung nach § 15 Abs. 5 TzBfG ist eine verspätete Unterrichtung nach § 15 Abs. 2 TzBfG und bedarf deshalb der Schriftform. Handelt es sich nicht um einen Arbeits-, sondern um einen Dienstvertrag, dann gilt nicht § 15 Abs. 5 TzBfG, sondern § 625 BGB.

Vgl. auch BAG v. 8.4.14 – 9 AZR 856/11

Der Beginn der Zweiwochenfrist hängt vom Zugang beim Arbeitnehmer ab. Es gilt die Schriftform. Eine Mitteilung per Telegramm oder Telefax ist nicht wirksam. Mit dem Tage des Zugangs der schriftlichen Mitteilung über das Ende des zweckbefristeten Arbeitsvertrages beginnt die sog. Auslauffrist. Zuweilen wird in Verträgen schon von vornherein erklärt, dass mit Abschluss des schriftlichen Vertrags zugleich die Erklärung über die Nichtverlängerung erfolge. Ob dies der tarifrechtlich normierten Mitteilungspflicht vor Vertragsende entspricht, ist zweifelhaft.

2.2 Befristungsgründe

Das vergleichsweise komplizierte und durch das TzBFG nicht einfacher gewordene **tarifliche Befristungsrecht** in den Medien wird in der Literatur meist nicht gesondert behandelt. Der Grundsatz der Vertragsfreiheit lässt befristete Arbeitsverträge zu. Das Gesetz hat die Befristungsmöglichkeiten von Arbeitsverträgen normiert, § 14 TzBfG. Die neue Regelung in § 14-21 tritt an die Stelle der Regelung in §§ 620 BGB, 1 BeschFG a.F. Es ist ein sachlicher Grund für eine Befristung erforderlich.

BAG NZA 2007, 566; 2004, 525; 2003, 64

Ausnahmsweise darf er fehlen, wenn eine kalendermäßig befristete Neueinstellung erfolgt und der Arbeitsvertrag oder seine maximal dreimalige Verlängerung nicht eine Gesamtdauer von zwei Jahren überschreitet. Von dieser Ausnahme darf durch Tarifvertrag abgewichen werden, § 14 Abs.2 S. 3 TzBfG. Die Anzahl der Verlängerungen und die Höchstbefristungsdauer darf abweichend vom Gesetz geregelt werden. Bei Arbeitnehmern, die das 58. Lebensjahr vollendet haben, bedarf der befristete Arbeitsvertrag keiner sachlichen Begründung, § 14 Abs. 3 S. 1 TzBfG. Das Gesetz erstreckt sich auch auf sog. Kleinbetriebe und auf die ersten sechs Monate des Arbeitsverhältnisses. Eine Befristung ist zulässig, wenn sie zur Vermittlung erster beruflicher Kenntnisse und Fertigkeiten nach einer abgeschlossenen Berufsausbildung erfolgt, mit einer maximalen Befristungsdauer von 2 Jahren.

§ 14 Abs. 1 S. 2 Nr. 2 TzBfG

Der Einstieg ins Berufsleben soll erleichtert werden. Die Manteltarifverträge der öffentlich-rechtlichen Rundfunkanstalten verweisen oft auf die Befristungsgründe in § 14 TzBfG. Grundsätzlich lassen sich folgende Fallgruppen unterscheiden:

Befristungen sind z. B. **zulässig**

- wegen der Eigenart der Tätigkeit
- wegen der Besonderheit des Arbeitsplatzes
- wegen des vorübergehenden Bestandes des Arbeitsplatzes
- wegen sonstiger sachlicher Gründe, z. B.BAG NZA 2007, 566, 569; 2003, 149; 2004, 64; 2004, 978. Beschäftigungsmöglichkeit entfällt nicht, wenn künftig Bedarf durch Leiharbeit gedeckt werden soll.
- auf ausdrücklich dargelegten Wunsch des Arbeitnehmers. Zum sachlichen Grund in der Person des Arbeitnehmers BAG NZA 2007, 566, 570

Das Beschäftigungsförderungsgesetz ist am 31.12.2000 außer Kraft getreten. Befristungen ab 1.1.2001 sind am Maßstab des § 14 TzBfG zu prüfen.

Die Sachgründe des § 14 Abs. 1 S. 2 Nr. 1-8 TzBfG sind nicht abschließend.

BAG NZA 2007, 566, 570; 2005, 923

Ein Sachgrund kann die vorübergehende Besetzung einer Stelle sein, wenn ein Vertrag mit einem künftigen Arbeitnehmer besteht.

BAG NZA 2007, 571; NZA 1997, 1222; 2005, 201; allgemein zur Befristung Frik NZA 2005, 386; Lembke NJW 2006, 325; BAG NZA 2006, 784; 2006, 154; 2007, 204

Ein Sachgrund kann aufgrund begrenzter Haushaltsmittel gegeben sein, § 14 Abs. 1 S. 2 Nr. 7 TzBfG.

BAG NZA 2007, 334; Löwisch NZA 2006, 457

Höchstfristen sind in den Manteltarifverträgen z. T. unterschiedlich festgelegt. Durch TV kann von § 14 Abs. 2 S. 1 TzBfG abgewichen werden.

Sh. ferner Arnold/Gräfl, § 14 Rz 102 ff.; Sievers, TzBfG, § 14Rz 348; zum öffentlichen Dienst sh. Sievers TzBfG § 22 Rz 3 ff.; zu den MTVen im Medienbereich Götz von Olenhusen, Medienarbeitsrecht für Hörfunk und Fernsehen, 2004 (Wortlaut der meisten MTVe im Anhang dort auf CD-ROM).

- **Die Eigenart der Arbeitsleistung:**

Die Rundfunkfreiheit wird als Befristungsgrund für programmgestaltende Mitarbeiter akzeptiert. In Protokollnotizen zum MTVen von Sendern wird z. T. festgelegt, was die Tarifpartner als Eigenart der Tätigkeit von bestimmten Gruppen von Arbeitnehmern ansehen.

Vgl. BAG U.v. 4.12.13 – 7 AZR 457/12

- **Die Besonderheit des Arbeitsplatzes**

Der Arbeitsplatz kann z. B. von vornherein einen bestimmten vorübergehenden Bedarf abdecken und ist objektiv nachvollziehbar nicht auf Dauer angelegt, z. B. im Bereich von bestimmten FS- oder Filmproduktionen, von Musikproduktionen, Architekten- oder Bauleistungen. Hier kommt insbesondere die sog. Projektbefristung in Frage (vgl. § 14 Abs. 1 S. 2 Nr. 1 TzBfG). Es muss ein von Daueraufgaben abgrenzbarer Aufgabenbereich vorliegen.

BAG NZA 2004, 944

Die Prognose ist Teil des Sachgrunds. Vorübergehender Mehrbedarf liegt vor, wenn prognostiziert wird, dass die Aufgabe des Projekts nur befristet zu erledigen sein wird. Das kann z. B. bei der Einrichtung eines neuen Datenverarbeitungssystems der Fall sein.

BAG NZA 2005, 357; dazu Petrovick NZA 2006, 411

- **Vorübergehender Bestand des Arbeitsplatzes**

Auch hier ist der betriebliche Bedarf entscheidend für eine etwa vorübergehende Dauer des Arbeitsplatzes. Das Archiv eines Senders kann beispielsweise zur Umstellung auf ein digitales System mehr Arbeitskräfte benötigen. Die allgemeine Unsicherheit über die zukünftig bestehende Beschäftigungsmöglichkeit rechtfertigt die Befristung nicht.

BAG U.v. 4.12.13 – 7 AZR 277/12

- **Sonstige sachliche Gründe:**

Dies ist eine Generalklausel, die eine breite Skala von Sachgründen ermöglicht. Auch hier kann die Rundfunkfreiheit eine Rolle spielen. Eine Befristung zur Erprobung ist eine weitere typische Fallgruppe. Auch Vertretungsfälle bei Krankheit, Urlaub, Schwangerschaft, Personalratstätigkeiten, Elternzeiten, Wehrdienst oder Zivildienst sind typische Anwendungsfälle.

Zur Vertretung sh. BAG NZA 2006, 781; Zur Haushaltsbefristung BAG NZA 1996, 1036

- **In der Person des Arbeitnehmers**

liegende Gründe können ebenfalls auch eine Befristung rechtfertigen, z. B. eine nur eingeschränkte Möglichkeit, eine Stelle auf Dauer auszufüllen, weil die Einberufung zum Zivildienst als Auslandsaufenthalt oder die Aufnahme eines Studiums bevorsteht. Bei Redakteuren, Sprechern oder Übersetzern aus anderen Ländern kann die notwendige Vertrautheit mit dem jeweiligen Land oder eine andere, z. B. aktuell notwendige Qualifikation einen Befristungsgrund abgeben.

Hinzu kommt außerdem auch die Möglichkeit, auf eigenen Wunsch des Arbeitnehmers eine Befristung vorzunehmen. Hier ist meist eine sehr genaue Prüfung erforderlich. Der Arbeitgeber muss im Zweifel nachweisen, dass der Arbeitnehmer nur einen befristeten Vertrag wünschte, z. B. wegen bevorstehender Einberufung zum Wehrdienst oder wegen eines bevorstehenden Auslandsaufenthaltes oder aus anderen konkreten Gründen. Der im Vertrag genannte Grund muss zutreffen. Zur sachgrundlosen Befristung siehe Koch in: Arbeitsrechts-Handbuch, 2014, § 39.

- **Schriftform**

Die Befristung bedarf der Schriftform, § 14 Abs. 4 TzBfG. Der Grund für die Befristung muß z. B. nach Ziff. 241.2 MTV SWR im Arbeitsvertrag genannt sein. Dies ist eine konstitutive Bestimmung. Das befristete Arbeitsverhältnis endet mit Fristablauf. Es bedarf keiner Kündigung. Vgl. § 15 Abs. 1 TzBfG. Bei einer sog. Zweckbefristung endet der Arbeitsvertrag mit Erreichung des Zwecks. Ein befristetes Arbeitsverhältnis unterliegt nur dann der ordentlichen Kündigung, wenn dies im Einzelvertrag oder im Tarifvertrag vereinbart ist, § 15 Abs. 3 TzBfG.

3. Mitteilungspflichten vor Beendigung des Vertrages

3.1 Einleitung

Die Nichtverlängerungsmitteilung spielt im Recht der befristeten Arbeitsverträge eine z. T. wesentliche Rolle. Von besonderer Bedeutung ist sie bekanntlich beim befristeten **Bühnenanstellungsvertrag**. Deswegen ist sie in diesem Zusammenhang in der Rechtsprechung und Literatur häufiger behandelt worden. Sie kann auch relevant werden bei normalen befristeten Arbeitsverträgen; vor allem auch im Recht anderer Medien, wenn dort befristete Verträge, etwa durch Tarifverträge, geregelt sind, ist die Mitteilung über die Beendigung von Verträgen von Bedeutung. Dies gilt insbesondere für die Verträge mit arbeitnehmerähnlichen Personen. Die Unterschiedlichkeit der Regelungen und Rechtsfolgen lässt es als sinnvoller scheinen, Voraussetzungen, unterschiedliche Funktionen und jeweilige rechtliche Konsequenzen im Gesamtzusammenhang darzustellen.

Für Arbeitsverhältnisse von bestimmter Dauer gilt, dass diese nach Ablauf ohne Kündigung enden. Deswegen findet auch der Kündigungsschutz keine Anwendung. Daran hat sich auch nach neuem Recht nichts geändert.

Befristete Arbeitsverträge sind grundsätzlich zulässig. Die gerichtliche Befristungskontrolle erfolgt prinzipiell beim zuletzt geschlossenen Arbeitsvertrag.

> BAG NZA 2007, 566; zum Vorbehalt NZA 2003,64; 2004,925; vgl. auch Dörner NZA 2007,57

Der Arbeitsvertrag endet ohne Kündigung mit dem Ablauf der vereinbarten Zeit, § 15 Abs. 1 TzBfG, oder mit der Zweckerreichung, frühestens jedoch 2 Wochen nach Zugang der schriftlichen Mitteilung des Arbeitgebers an den Arbeitnehmer über den Zeitpunkt der Zweckerreichung, § 15 Abs. 2TzBfG. Der Arbeitgeber ist verpflichtet, den Arbeitnehmer mindestens 2 Wochen vorher schriftlich den Zeitpunkt der Zweckerreichung mitzuteilen. Dadurch kann sich der Arbeitnehmer innerhalb dieser sog. **Auslauffrist** auf das Ende des Arbeitsverhältnisses einstellen. Diese Auslauffrist (vgl. auch § 622 Abs. 3 BGB) kann durch Individual- oder Tarifvertrag nicht abgekürzt, jedoch verlängert werden.

3.2 Nichtverlängerungsmitteilung. Schriftform

Die schriftliche Nichtverlängerungs- bzw. Auslaufmitteilung ist bei den zweckbefristeten Arbeitsverträgen Voraussetzung für die Beendigung des Arbeitsverhältnisses.

Die Mitteilung über den Zeitpunkt der Zweckerreichung nach § 15 Abs. 2 TzBfG ist deswegen von besonderer Bedeutung, weil immer dann, wenn das Arbeitsverhältnis nach Ablauf der Zeit, für die es eingegangen ist, oder nach Zweckerreichung mit Wissen des Arbeitgebers fortgesetzt wird, es als auf unbestimmte Zeit verlängert gilt, wenn der Arbeitgeber nicht unverzüglich widerspricht oder dem Arbeitnehmer die Zweckerreichung nicht unverzüglich mitteilt. Die Mitteilung nach § 15 Abs. 5 TzBfG ist eine verspätete Unterrichtung nach § 15 Abs. 2 TzBfG und bedarf deshalb der Schriftform. Handelt es sich beim befristeten Vertrag mit freien Mitarbeitern nicht um einen Arbeits-, sondern um einen Dienstvertrag, dann gilt nicht § 15 Abs. 5 TzBfG, sondern § 625 BGB.

Der Beginn der Zweiwochenfrist hängt vom Zugang beim Arbeitnehmer ab. Es gilt die Schriftform.

4. Befristete Verträge mit freien Mitarbeitern (Arbeitnehmerähnliche Personen)

4.1 Mitteilungspflichten

Verträge mit freien Mitarbeitern im Bereich der Medien können als befristete Verträge ausgestaltet sein. Insofern gibt es unterschiedliche Konstellationen. Wird eine arbeitnehmerähnliche Person aufgrund eines Dienst- oder Werkvertrages beschäftigt, dann können sich aus den jeweiligen Verträgen oder auch aus Rahmenverträgen selbst Mitteilungspflichten und -fristen vor Beendigung eines kalendermäßig oder zweckbefristeten Vertrages ergeben oder durch Einbeziehung von Tarifrecht in die Rahmenverträge oder andere Verträge über Freie Mitarbeit.

Von besonderem Interesse sind die bei einer Vielzahl von öffentlich-rechtlichen Rundfunkanstalten abgeschlossenen Tarifverträge für arbeitnehmerähnliche Personen. Denn hier finden sich regelmäßig tariflich normierte Mitteilungspflichten, für den Fall, dass der Sender beabsichtigt, die Tätigkeit des Mitarbeiters zu beenden oder wesentlich einzuschränken. Die Länge der Ankündigungsfristen ist regelmäßig nach der Dauer der Beschäftigungszeiten gestaffelt. Innerhalb der Mitteilungsfristen besteht bis zur Beendigung des Rechtsverhältnisses regelmäßig auch Anspruch auf die tarifvertraglichen Leistungen. Die tariflich normierten Entgelte bemessen sich dann häufig nach dem monatlichen Durchschnittseinkommen der letzten Monate.

Wortlaut eines solchen TV bei Götz von Olenhusen, 2002

Die **Einschränkungsmitteilung** ist allerdings insoweit in ihrer Wirkung wiederum begrenzt, weil letztlich eine Einschränkung der Tätigkeit bei langjährigen Mitarbeitern z. T. nur in dem Umfang zulässig ist, als der Status der Arbeitnehmerähnlichkeit nicht tangiert wird, etwa wenn das Rechtsverhältnis z.B. nach bestimmten Tätigkeitszeiten und Altersgrenzen nicht mehr beendet werden darf.

LAG Köln v. 15.1.1998 - 6 (4) Sa 1016/98. TV DW; LAG Bremen v. 7.11.1997 – 4 Sa 338/96; BAG AP 84 § 615 BGB betr. TV DW

Hinsichtlich der **Beendigungsmitteilung** als solcher ist kein Unterschied ersichtlich, ob sich die Rechtsfolgen auf ein befristetes oder unbefristetes Rechtsverhältnis zwischen der arbeitnehmerähnlichen Person und dem Sender beziehen.

4.2 Der Bestandsschutz-Tarifvertrag

Die Besonderheit, die sich aus dem Tarifvertrag über die Gewährung von Bestandsschutz beim Hessischen Rundfunk vom 01.04.1998 ergibt, liegt darin, dass bei bestimmten arbeitnehmerähnlichen Personen ein Dauerrechtsverhältnis begründet wird (§ 1, 2 TV-Bestandsschutz HR). Für die Beendigung eines solchen unbefristeten Dauerrechtsverhältnisses gelten sog. Aufkündigungsfristen (§ 11 TV-Bestandsschutz HR). Das Dauerrechtsverhältnis kann auch befristet sein. Dies gilt nach § 6 des TV für die Probezeit. Die Probezeiten können hier bis zu einer Länge von 24 bzw. 30 Monaten vereinbart werden (§ 6 Abs. 2). Bestandsschutz-TVe gibt es auch bei anderen öffentlich-rechtlichen Rundfunkanstalten (z. B. RB, NDR, ZDF).

Die **Kündigungsfrist** beträgt in diesen Fällen einen Monat zum Monatsschluss, ab dem vollendeten 24. Monat verlängert sich diese Frist auf sechs Wochen. Die Nichtverlängerungsmitteilung ist hier so geregelt, wie sie in ähnlicher Weise schon zuvor bei befristeten Arbeitsverträgen dargestellt worden ist:

Rechtzeitig vor Ablauf der Probezeit ist schriftlich mitzuteilen, ob im Anschluss daran ein unbefristetes Dauerrechtsverhältnis begründet werden soll oder nicht. Die Mitteilungsfristen sind hier gestaffelt (§ 6

Abs. 6). Bei Versäumung der Mitteilungspflicht oder Nichteinhaltung der Frist endet das befristete Rechtsverhältnis zur Probe dennoch mit Fristablauf. Allerdings wird dann eine Abfindung gewährt. Deren Höhe beträgt pro Tag der Fristversäumnis dann 1/365tel des Verdienstes des freien Mitarbeiters in den vorangegangenen 12 Monaten.

Eine spezielle Tarifregelung für arbeitnehmerähnliche Personen gilt beim ZDF. Neuerdings wird durch TVe ihre Position der eines Arbeitnehmers nach Status angenähert und eine strukturelle Eingruppierung und Einstufung in verschiedene sog. Kreise vorgenommen. Damit ist für einen begrenzten Kreis auch ein stärkerer Bestandsschutz, wenn auch z.T. bei Reduzierung und Einsparung von Vergütungen, verbunden.

- **Geltung des TzBfG seit 1.1.2001**

Das neue Recht im TzBfG ist zum 01.01.2001 in Kraft getreten. Für befristete Verträge vor diesem Datum gilt das bisher geltende Recht. Hinsichtlich der Mitteilungspflicht bei Nichtverlängerung oder Beendigung und deren Rechtsfolgen hat das neue Recht zwar keine Neuerungen gebracht. Es hat jedoch die Unübersichtlichkeit der Rechtslage nicht verringert, sondern vermehrt, weil das alte gesetzliche, vertragliche und tarifvertragliehe Recht und die neuen Gesetzesnormen in Verbindung mit Tarif- und Vertragsrecht bei der Beurteilung von „Altverträgen“ und bei der Kautelarjurisprudenz in Bezug auf neue befristete Verträge zu schwierigen und bislang nicht immer geklärten Konstellationen führen, die beträchtliche Risiken für beide Seiten, Arbeitnehmer- und Arbeitgeberseite, in sich bergen, zumal dann, wenn in der Vergangenheit bereits befristete oder unbefristete Arbeitsverträge oder unklare Rechtsverhältnisse bestanden.

5. Befristungen im Bereich der Presse

Auch im Bereich der Presse können Arbeitsverhältnisse nach allgemeinem Recht befristet werden. Insofern galten darüber hinaus die Voraussetzungen des BeschFG. Inzwischen gilt auch hier das neue Gesetz über Teilzeitarbeit und befristete Arbeitsverträge.

Zur Befristung im Tendenzbetrieb sh. Noll, S. 172 ff.

Durch Tarifvertrag kann von der Befristungshöchstdauer und von der Möglichkeit, befristete Verträge drei Mal zu verlängern, abgewichen werden, § 14 Abs. 2 Satz 2 TzBfG. Im Geltungsbereich eines solchen Tarifvertrages können zwar nichttarifgebundene Arbeitgeber und

Arbeitnehmer die Anwendung der tariflichen Regelungen vereinbaren. In Bezug auf die Manteltarifverträge für Redakteure und Redakteurinnen an Tageszeitungen und an Zeitschriften gilt jedoch, dass hier keine besonderen Tarifnormen über befristete Arbeitsverträge vereinbart worden sind.

Für das Ende von befristeten Verträgen nach den Manteltarifverträgen Tageszeitungen bzw. Zeitschriften gelten also die allgemeinen Vorschriften. Bei unbefristeten Verträgen gelten die tariflichen Kündigungsfristen gem. § 14 MTV: Insoweit bedarf es keiner vorherigen Beendigungsmitteilung.

Allerdings gibt es für das **Redaktionsvolontariat** bei Tageszeitungen besondere Vorschriften. Verträge über ein Redaktionsvolontariat werden stets befristet abgeschlossen. Dies regelt der Tarifvertrag über das Redaktionsvolontariat an Tageszeitungen vom 28.05.1990. Die Ausbildung dauert danach 2 Jahre, § 4 TV Redaktionsvolontariat bei Tageszeitungen. Eine Mitteilungspflicht vor Ende des Vertrages ist nur insoweit vorgesehen, als spätestens drei Monate vor Ausbildungsende schriftlich mitzuteilen ist, ob der Volontär als Redakteur übernommen wird. Im Falle einer Übernahme hat der Verlag mit dieser Mitteilung einen Anstellungsvertrag gem. § 2 MTV Tageszeitungen anzubieten. Der TV über das Redaktionsvolontariat bei Zeitschriften sieht in gleicher Weise eine Befristung vor (§ 2 TV Redaktionsvolontariat Zeitschriften). Auch hier ist der Vertrag auf zwei Jahre befristet (§ 5 Abs. 1 MTV). In gleicher Weise gilt hier eine Mitteilungspflicht mit einer Frist von drei Monaten vor Ende des Ausbildungsverhältnisses (§ 14 Abs. 1 TV).

Erfolgt die Mitteilung nicht oder nicht fristgerecht, so entsteht dennoch kein Anspruch auf Abschluss eines Anstellungsvertrages.

Arbeitet der Auszubildende nach Abschluss der Ausbildung aber weiter in demselben Betrieb und widerspricht der Ausbildende nicht unverzüglich, gilt ein Arbeitsverhältnis als auf unbestimmte Zeit begründet. Entsprechend § 625 BGB regelt § 17 BBiG die Rechtsstellung des Auszubildenden, wenn er nach Ende des Ausbildungsverhältnisses ohne Unterbrechung und ohne entsprechende Vereinbarung weiterbeschäftigt wird. Hierbei findet diese Vorschrift über § 19 BBiG Anwendung auf Volontäre als Personen, die eingestellt werden, um berufliche Kenntnisse, Fertigkeiten oder Erfahrungen zu erwerben, ohne dass es sich um eine Berufsausbildung im Sinne des BBiG handelt.

6. Rundfunk und Fernsehen. Befristete Arbeitsverhältnisse programmgestaltender und nicht-programmgestaltender Mitarbeiter.

6.1 „Feste Freie“ nach § 12 a TVG

Auf der Grenze zwischen freier Mitarbeit und fester Anstellung wurde durch die Regelung des § 12a TVG (siehe Text im Anhang) eine Beschäftigungsform etabliert, welche das in früheren Jahren oft mit dem umgangssprachlichen Wort „Scheinselbständigkeit“ charakterisierte Arbeitsverhältnis rechtlich fassen sollte. Trotz fehlender Arbeitnehmereigenschaft sollen danach Tarifverträge für die **Gruppe der „Festen Freien“** vereinbart werden können. Voraussetzung hierfür ist das Vorliegen mehrerer Kriterien: Neben sozialer Schutzbedürftigkeit, wirtschaftlicher Abhängigkeit und der Bindung beider Parteien über Dienst- oder Werkvertrag kommt der überwiegenden Tätigkeit für eine einzige Person (bzw. einen einzigen Arbeitgeber) entscheidendes Gewicht zu. Ermittelt wird das Vorliegen dieses Merkmals über den bei einem Auftraggeber erwirtschafteten Anteil am Gesamtentgelt des Auftragnehmers. Generell bedarf es hier einer Quote von 50 Prozent. Bei künstlerisch, schriftstellerisch und journalistisch Tätigen kann ein Anteil von einem Drittel am Gesamtentgelt ausreichen (§ 12a Abs. 3 TVG). Dabei wird ein Zusammenschluss wie die ARD als ein Auftraggeber unterstellt, auch wenn der Mitarbeiter nur für einen oder wenige Sender tätig ist. Die Dienstgeberseite ist in der Regel auf gut eingearbeitete, oft spezialisierte Fachkräfte angewiesen. Die Dienstnehmerseite stellt sich in oft jahrelanger Zusammenarbeit – zumeist mit einem einzigen Dienstgeber – auf eine länger dauernde, die Alimentation hinreichend absichernde regelmäßige und meist sachlich umgrenzte Zusammenarbeit (z. B. als Reporter, Moderator, redaktioneller Mitarbeiter, Kulturkorrespondent, Redakteur, Sprecher, Cutter) ein.

Als **Definition** ist von folgender Formel auszugehen: **„Arbeitnehmerähnliche Personen“** sind – in der Regel wegen ihrer fehlenden oder gegenüber Arbeitnehmern geringeren Eingliederung in die betriebliche Organisation – in wesentlich geringerem Maße persönlich abhängig als Arbeitnehmer. An die Stelle der persönlichen Abhängigkeit tritt das Merkmal der wirtschaftlichen Abhängigkeit bzw. wirtschaftlichen Unselbständigkeit. Außerdem muss der wirtschaftlich Abhängige seiner gesamten Stellung nach einem Arbeitnehmer vergleichbar schutzbedürftig sein. Teilweise wird die Abgrenzung zum Arbeitnehmer auch über die freiwillige Übernahme des unternehmerischen Risikos vorgenommen.

BAG NZA 2007, 699; NZA-RR 2006,616; NZA 2006, 1163; 2002, 1412; 2001, 285; 2000, 1359; 1997, 1302; 1997, 1126; s. auch BAG NZA 2007, 53; 2006, 1094; Götz von Olenhusen ZUM 1991, 557; Ory/Schmittmann 2002; Götz von Olenhusen, 2002

Der Rechtsprechung des EuGH ist bislang nicht klar zu entnehmen, ob auch die arbeitnehmerähnliche Person unter den gemeinschaftsrechtlichen Begriff des Arbeitnehmers fällt, Art. 39, ex-Art. 119 (141) EGV; Richtl. 75/117/EWG

Pottschmidt, 2007, S. 144 ff., 348 ff.

Sie ist vom Anwendungsbereich der gemeinschaftsrechtlichen Normen zwar nicht a priori ausgeschlossen, dürfte aber, jedenfalls bislang, noch nicht erfasst sein. Eine Annäherung an den arbeitsrechtlichen Status erfolgt durch TVe für Arbeitnehmerähnliche in vergleichsweise wichtigen, auch quantitativ nicht zu vernachlässigenden Bereichen, etwa bei Presse, Film und Fernsehen, Design u. a.

Vgl. Steinberg, 1998; Götz von Olenhusen, Freie Mitarbeit 2002; Pottschmidt, 2007, möchte diese Bereiche, die entgegen S. 66, 415 zahlenmäßig nicht gering sind, unter EU-Recht nicht berücksichtigen. Dortselbst detaillierte Rechtslage im EU-Recht, Deutschland S. 401 ff., Österreich S. 425 ff., Großbritannien S. 444 ff., Frankreich S. 466 ff.; für Deutschland sh. jetzt Naumann, 2007

Die Unterwerfung des Beschäftigungsverhältnisses unter einen § 12a-Tarifvertrag erfolgt durch Abschluss eines entsprechenden Vertrages zwischen Beschäftigtem und Auftraggeber bzw. durch Tarifbindung nach TVG. Die TV-Partner dürfen den Geltungsbereich für Arbeitnehmerähnliche im Rahmen des Leitbildes von § 12a TVG bestimmen.

BAG NZA 2006, 223

Im Ergebnis läuft dies darauf hinaus, dass der Kreis der arbeitnehmerähnlichen Personen z. B. im öffentlich-rechtlichen Rundfunk weitgehend durch die TV-Partner festgelegt wird. Ob das mit § 12a TVG vereinbar ist, ist fraglich. Das BAG scheint das zu bejahen (a.A. Löwisch/Rieple, § 12a Rz. 29)

6.2 Tarifrecht

a) Öffentlich-rechtliche Rundfunk- und Fernsehanstalten

Die Manteltarifverträge der öffentlich-rechtlichen Rundfunk- und Fernsehanstalten regeln die Möglichkeit, befristete Arbeitsverhältnisse abzuschließen. Eine Reihe von Anstalten orientieren sich in ihren betrieblichen MTVen dabei an dem Muster des einheitlichen Manteltarifvertrages, eMTV (Ziff.240 ff. eMTV). Die MTVe der Anstalten enthalten die Tarifnorm, wonach bei datumsmäßig befristeten Arbeitsverhältnissen vor Ablauf des Vertrages eine schriftliche Mitteilung zu erfolgen hat, ob die Absicht besteht, das Arbeitsverhältnis befristet fortzusetzen, es in ein unbefristetes Arbeitsverhältnis überzuleiten oder ob der Vertrag nach Fristablauf nicht erneuert werden soll (Ziff. 244.1 eMTV). Andere Anstalten der ARD haben inhaltlich weitgehend entsprechende Normen, die aber in den jeweiligen Betriebs-TVen anders aufgebaut sind (z. B. WDR, BR).

Einzelheiten bei Götz von Olenhusen, Medienarbeitsrecht 2004, Rz 244 ff.

Für die sich daraus ergebende **Mitteilung über die Beendigung** sind Fristen normiert (Ziff. 244.2-245 eMTV). Bei einer Vertragsdauer von mehr als einem Jahr ist die Mitteilung drei Monate vor Vertragsende vorzunehmen; bei Bühnenschaffenden und sog. Klangkörpermitgliedern mindestens 7 Monate vor dem 31.08., falls der befristete Vertrag auf mindestens 12 Monate abgeschlossen ist. Bei befristeten Verträgen mit einer Laufzeit von mehr als 6 Monaten, deren Dauer von der Durchführung eines sachlich begrenzten Vorhabens abhängig ist, beträgt die **Mitteilungsfrist** mindestens einen Monat vor Beendigung des Vorhabens. Allerdings hat die Unterlassung der Mitteilung oder Nichteinhaltung der Frist keine Auswirkungen auf das Ende des Arbeitsverhältnisses. Dieses endet gleichwohl mit Fristablauf (Ziff. 247 eMTV). Die Versäumung der Mitteilung oder der Frist löst einen **Abfindungsanspruch** in Höhe der tariflichen Grundvergütung zuzüglich Familienzuschlag aus. Diese Abfindung wird für die Zeit der Fristversäumnis berechnet. Diese tarifliche Regelung gilt im Wesentlichen, mit geringen Abwandlungen, die hier nicht im Einzelnen dargelegt werden können, für die Mehrzahl der öffentlich-rechtlichen Anstalten. Es gibt bei einzelnen Anstalten der ARD unterschiedliche Regelungen zur Befristung in den MTVen, z.T. mit Grenzen für mehrfache Befristungen. Einige Anstalten haben für Mitarbeiter in Strukturtarifverträgen, etwa für herausgehobene Mitarbeiter (Abteilungs-, Hauptabteilungsleiter) Befristungsmöglichkeiten, z.B. bis zu 5 Jahren eingeführt. Diese Funktionsbefristungen sind so konstruiert, dass sie auf einem unbefristeten Grundvertrag aufbauen. Endet der befristete Vertrag der herausgegebenen Position, gilt in der Regel der Grundvertrag weiter.

b) Private Rundfunk- und Fernsehanstalten

Nach dem MTV für die Arbeitnehmerinnen und Arbeitnehmer in Unternehmen des privatrechtlichen Rundfunks vom 15.05.1991 i. d. F. vom 20.03.1997, jetzt i.d.F. v. 26.3.2012 (MTV TPR) sind befristete Arbeitsverhältnisse in ähnlicher Weise zulässig wie bei den öffentlich-rechtlichen Anstalten, wenn auch die Tarifnormen nicht so differenziert sind wie im eMTV (vgl. § 4 MTV TPR). Eine **Nichtverlängerungsmitteilung** ist nach der Soll-Vorschrift von § 4 Abs. 3 MTV TPR auf vier Wochen vor Fristende festgelegt, wenn das befristete Arbeitsverhältnis mindestens 12 Monate besteht. Ist die Befristung nicht datumsmäßig bestimmt, beträgt – bei einer Beschäftigungsdauer von mehr als 12 Monaten – die Frist vier Wochen, bei einer Vertragsdauer von mehr als 6 Monaten 14 Tage im voraus, bei kürzerer Beschäftigungsdauer 8 Tage im voraus. Im Falle der datumsmäßigen Befristung ist das Vertragsende mit Fristablauf vorgesehen, bei nicht datumsmäßiger Befristung mit Ablauf der Ankündigungsfrist.

Eine weitgehend entsprechende Regelung enthält der MTV Lokalfunk NRW vom 03.05.1993 (§ 5), der MTV für Mitarbeiter im privaten Rundfunk in Baden-Württemberg vom 13.01.1998 (§ 5) und der MTV für Mitarbeiter im privaten Hörfunk in Bayern vom 11.03.1999 (§ 5).

Tariflich nicht festgelegt ist, welche Rechtsfolgen sich ergeben, wenn die Sollvorschrift über die Mitteilungspflicht nicht eingehalten wird. Dabei ist bemerkenswert, dass die Tarifnormen, die wir hier dargestellt haben, bei datumsmäßigen Befristungen nur als Sollvorschriften ausgestaltet sind, während bei nicht datumsmäßigen Befristungen, also bei Zweckbefristungen, die Mitteilungspflicht als allgemeine, nicht nur als Soll-Norm formuliert ist.

Bei der Nichteinhaltung der Sollvorschrift wird sich in der Regel auch kein Schadensersatzanspruch begründen lassen. Wird hingegen eine allgemeine Mitteilungsverpflichtung nicht eingehalten, sind Konstellationen denkbar, bei denen das Vertrauen auf die Weiterexistenz des Vertrages einen Schadensersatzanspruch auslösen kann. Soweit ersichtlich, liegt dazu noch keine Rechtsprechung vor; ein Schadensersatzanspruch ist gegeben, wenn der Mitarbeiter aufgrund der Umstände, insbes. der Nicht-Mitteilung auf die Fortdauer vertraute. In diesen Fällen lässt sich der Anspruch aus der Fürsorgepflicht des Arbeitgebers, aus der Obliegenheit, aus der gesetzlichen Pflicht zur Rücksichtnahme oder in ähnlicher Weise wie bei culpa in contrahendo begründen.

c) Klagefrist

Für alle befristeten Arbeitsverträge, auch in den Medienbereichen, gilt, dass die Unwirksamkeit einer Befristung spätestens binnen 3 Wochen nach dem vereinbarten Fristende mit Klage beim Arbeitsgericht geltend zu machen ist, § 17 TzBfG. Diese Klagefrist gilt übrigens nicht nur für befristete Verträge, die nach dem TzBfG befristet worden sind, sondern generell für *alle* befristeten Verträge. Es genügt also nicht ein bloßer Widerspruch beim Arbeitgeber.

6.3 Möglichkeiten der Befristung

a) Sachgrundbefristung mit Befristungsgrund „Eigenart der Arbeitsleistung“

Bei Kodifizierung der Sachgrundbefristung hatte der Gesetzgeber ausweislich der Begründung zum Teilzeit- und Befristungsgesetz bei der Aufnahme des Befristungsgrundes „Eigenart der Arbeitsleistung“ in den gesetzlichen Katalog insbesondere die Tätigkeit von Mitarbeitern im Bereich des Rundfunks, der Bühne oder der Kunst im Blick. In der Typologie der bisherigen Rechtsprechung des BAG war die Eigenart der Arbeitsleistung als solche jedoch nicht als sachlicher Befristungsgrund anerkannt. Mit der Aufnahme in den Katalog des § 14 Abs. 1 Satz 2 TzBfG wollte der Gesetzgeber offensichtlich verschiedene andere anerkannte Befristungsgründe unter einem neuen Oberbegriff zusammenfassen.

(1) Rundfunkfreiheit als Befristungsgrund

Anknüpfungspunkt für den Befristungsgrund Rundfunkfreiheit ist das mit diesem Grundrecht eng verbundene Gebot der Programmvielfalt. Bundesverfassungs- und Bundesarbeitsgericht haben bereits vor Inkrafttreten des Teilzeit- und Befristungsgesetzes den Befristungsgrund Rundfunkfreiheit anerkannt.

> BAG NZA 2003,112; 1997, 1996; 1993, 354; Koch, Arbeitsrechtshandbuch 2011, § 40 Rz. 29, BAG U.v. 22.04. 1998 5 AZR 342/97) BAG v. 4.12.13 – 7 AZR 457/12

Dieser kommt bei denjenigen Medienschaffenden in Betracht, die „typischerweise ihre eigene Auffassung zu politischen, wirtschaftlichen, künstlerischen oder anderen Sachfragen, ihre Sachkenntnisse und Informationen, ihre künstlerische Befähigung und Aussagekraft in die Sendungen mit einbringen". Dies sind klassischerweise Redakteure, Reporter, Regisseure, Moderatoren, ausübende Künstler, Wissenschaftler oder Autoren als **programmgestaltende Mitarbeiter**.

LAG Rheinland-Pfalz AfP 2003, 278 – Werbespots; BAG AP 33 § 611 BGB Rundfunk-Filmkritiker; AP 35 § 611 BGB Abhängigkeit – Hörfunk-Korrespondent; LAG Köln NZA-RR 1997, 203 – Sportreporter

Vielfach ergeben sich Abgrenzungsprobleme, da der tatsächliche Einfluss auf das Programm oft nicht ohne weiteres klar ist. Hierfür ist eine eingehende Sachverhaltsermittlung nötig. Der Bezug zu der Programmgestaltung fehlt bei **betriebstechnischem** und **Verwaltungspersonal**, aber auch bei solchen Mitarbeitern, deren Tätigkeit sich in der technischen Realisation des Programms erschöpft und ohne inhaltlichen Einfluss auf dieses bleibt. Das Verlesen von Texten als Sprecher ist keine Programmgestaltung

BAG AP 15 § 611 BGB Rundfunk; AP 74 § 611 BGB

Ein bloßer Zusammenhang der Tätigkeit des Arbeitnehmers mit der Verwirklichung des Programms genügt nicht. Demnach kann bei Anwendung und Auslegung des § 14 Abs.1 Satz 2 Nr. 4 TzBfG auch die durch Art. 5 Abs. 1 Satz 2 GG gewährleistete Rundfunkfreiheit zu berücksichtigen sein. Als allgemeines Recht schränkt das TzBfG dabei das Grundrecht der Rundfunkfreiheit ein, wird aber gleichzeitig selber durch das Grundrecht begrenzt. Somit kommt der Rundfunkfreiheit gegenüber dem Interesse des Arbeitnehmers an einer Dauerbeschäftigung kein genereller Vorrang zu.

BAG NZA 2007,147

Nicht programmgestaltende Mitarbeiter: hier ist die Rundfunkfreiheit kein Sachgrund für eine Befristung.

Arnold/Gräfl, § 14 Rz.110; BVerfG AP 1 Art. 5 I Abs. 1 GG – Rundfunkfreiheit

Von Bedeutung ist in diesem Zusammenhang die Frage, bei welchem Arbeitgeber es sich überhaupt um Rundfunkanstalten und bei welcher Art von Unternehmen es sich überhaupt um (privatrechtliche) **Tendenzbetriebe** handelt. Denn nur solche Betriebe können neben den öffentlich-rechtlichen Rundfunkanstalten für sich überhaupt das Grundrecht der Rundfunkfreiheit beanspruchen. In ihrem Kern ist die Rundfunkfreiheit nach Ansicht des BVerfG Programmfreiheit. Demnach ist durch das Grundrecht gewährleistet, dass die Grundrechtsträger Rundfunk veranstalten dürfen, ohne publizistischen Zwängen zu unterliegen. Grundsätzlich ist jede Sendung geschützt, gleichgültig ob sie von natürlichen oder juristischen Personen stammt bzw. kommerziell oder gemeinnützig ist. Anstalten, die ein eigenes Vollprogramm ausstrahlen, sind vom Schutz des Art. 5 Abs. 1 Satz 2 GG erfasst. Doch auch die Herstellung von Programmteilen ist geschützte Tätigkeit, sofern es sich dabei um eine strukturierte, auf Dauer angelegte und planmäßige Abfolge von Sendungen oder Beiträgen handelt. Die Abgrenzung hat hier zum bloßen Zulieferer zu erfolgen, der als Auftragsproduzent Werkstücke nach genauer Anweisung erstellt. Hierbei muss insbesondere die rundfunkrechtliche Verantwortung für die erstellte und ausgestrahlte Sendung Berücksichtigung finden.

Wie wichtig diese Abgrenzung ist, zeigt das Urteil des BAG vom 26.7.2006 (7 AZR 495/05). Die dort beklagte Produktionsgesellschaft stellte zwei regelmäßige Fernsehsendungen von kurzer Dauer her (1,0 und 0,75 Stunden), welche sonntags auf den Frequenzen eines Privatsenders als sogenannte **Fensterprogramme** liefen. Die Arbeitgeberin hatte den klagenden Redakteur über gut drei Jahre mit dreifacher Verlängerung befristet eingestellt. Als Befristungsgrund wurde die **Rundfunkfreiheit** angegeben. Ob sich die Produzentin der Fensterprogramme jedoch überhaupt auf diese berufen konnte, war unklar. Einerseits strahlt sie kein Vollprogramm aus, andererseits hat sie nach § 22 Abs. 1 Satz 2 LRG Rheinland-Pfalz aber die rundfunkrechtliche Verantwortung für die von ihr im Rahmen des Fensters ausgestrahlten Beiträge. Mit dieser Drittsendelizenz für ein Fensterprogramm wurde die Beklagte durch das BAG als Trägerin der rundfunkrechtlichen Verantwortung und damit auch als Grundrechtsträgerin eingestuft. Diese Entscheidung zeigt, dass auch Arbeitgeber, die nicht nur nach genauem Auftrag produzieren, sondern eigene journalistische Freiheit haben, das Bedürfnis nach Abwechslung und Vielfalt geltend machen können, selbst wenn sie ausschließlich Teilprogramme produzieren. Zu Recht wird in der Entscheidung darauf hingewiesen, dass die Gewährung der Meinungsvielfalt lediglich dem Sender des Vollprogramms, nicht aber dem Produzenten des Fensterprogramms obliegt. Insofern ist das Fensterprogramm selbst Baustein für die Programmvielfalt des Hauptsenders.

Zum Fensterprogramm Müller-Terpitz in: Gersdorf/Paal, § 31 RStV Rz. 12 ff.

Die durch die **Rundfunkfreiheit** geschützte Anstalt kann sich ihres Rechts auf flexible Beschäftigung der programmgestaltenden Mitarbeiter dadurch selber berauben, dass sie durch langfristige Beschäftigung dieser Mitarbeiter, etwa auch auf Dauerarbeitsplätzen für notwendige Daueraufgaben, auf langfristigen Personalstellen u.ä., fehlendes **Abwechslungsbedürfnis** zu Tage treten lässt. Als Hilfe dient dabei die Beantwortung der Frage, ob sich das Unternehmen bei Abschluss eines unbefristeten Vertrages in die Gefahr begeben hätte, seinen Auftrag – also die Herstellung eines vielfältigen Programms – nicht mehr erfüllen und sich auch dem wandelnden Informationsbedürfnis des Publikums nicht mehr anpassen zu können. Im konkreten Fall muss die Anstalt dies nachweisen.

(2) Der Verschleißtatbestand im Bereich der Medienschaffenden

Neben der Rundfunkfreiheit kann auch der „Verschleiß“ der Arbeitskräfte als Argument für eine nur befristete Beschäftigung herangezogen werden. Dabei ist nicht von der „Abnutzung“ als solcher, welcher alle arbeitenden Menschen unterliegen, die Rede. Vielmehr sind dies solche Arbeitsverhältnisse, in denen vom Arbeitnehmer besondere Fähigkeiten für die Erbringung der möglichst innovativen Arbeitsleistung verlangt werden, die sich mit zunehmender Zeitdauer abnutzen können. Diese Fähigkeiten könnten mit Einarbeitung, Erfahrung und Qualifikation auch zunehmen. Hierunter fallen insbesondere Arbeitsverträge im Theater-, Bühnen- und Sportbereich, aber auch im Bereich des Rundfunks. So kann beispielsweise bei künstlerisch beeinflussten Sendungen eine Neuausrichtung mit „frischen Ideen“, eingebracht durch „frisches“ Personal, nötig oder angebracht sein. Hierbei spielt vor allem das **Abwechslungsbedürfnis** des Publikums eine Rolle, welches die Fortentwicklung oder den Wechsel der Sendeformate bedingen kann.

Sh. BAG NZA 2000, 102; BAG AP 29 § 620 BGB – Bedingung

Aber auch senderinterne Gründe, eine geänderte Personal- und Programmpolitik, eine themen-, finanzen- oder resonanzbezogene Änderung, eine Veränderung von Strukturen und Präferenzen kann eine wesentliche Rolle spielen wie auch die Konkurrenzsituation der Medien, die Berücksichtigung von Einschaltquoten oder andere, auch faktische interne Einflüsse der Leitung, der Gremien, von staatlichen Institutionen oder der Öffentlichkeit.

b) Sachgrundlose Befristung

Die sachgrundlose Befristung nach dem Wortlaut des § 14 Abs. 2 TzBfG spielt im Bereich der Medien nicht die Hauptrolle, da für das Segment der programmgestaltenden Mitarbeiter die aufgeführten Befristungsgründe langfristige Kettenbefristungen ermöglichen und so der sachgrundlosen Befristung mit ihrer maximal zweijährigen Laufzeit deutlich überlegen sind. Große Bedeutung erlangt die sachgrundlose Befristung jedoch, wenn die Tarifvertragsparteien von der Öffnungsklausel des § 14 Abs. 2 Satz 3 Gebrauch machen. In diesem Fall kann per Tarifvertrag von § 14 Abs.2 Satz 1 TzBfG auch zu Ungunsten des Arbeitnehmers (§ 22 Abs. 1 TzBfG) abgewichen werden. Obgleich der Gesetzgeber das Wort „oder“ gewählt hat, stehen beide Abweichungsmöglichkeiten – maximale Anzahl der Verlängerungen wie auch Höchstdauer der Kettenbefristung insgesamt – gleichzeitig zur Verfügung. Dies erschließt sich aus der Gesetzesbegründung.

Vgl. Dörner: Der befristete Arbeitsvertrag; zu Details sh.ders., NZA 2007, 57

6.4 Unterschiede bei den verschiedenen Beschäftigungsformen

Besonderheiten ergeben sich aus der Kombination zwischen gewählter Beschäftigungsform und der Art der Befristung.

Die folgenden, wechselnden, zusammenhängenden oder mit „Formenmissbrauch“ vorkommenden Konstellationen sind denkbar:

a) Bei Anstellung mit Arbeitsvertrag

Für die Anstellung programmgestaltender Mitarbeiter mit befristetem Arbeitsvertrag sind unter Bezugnahme auf den Befristungsgrund der Rundfunkfreiheit Stückelungen in Jahres- oder gar Sechs-Monats-Abschnitte die Regel. Da sich dieser Zustand nach ständiger Rechtsprechung auch über mehrere Jahre hinziehen kann, lebt auch der per befristetem Arbeitsvertrag angestellte Medienschaffende keineswegs unbesorgt. Vielmehr muss er sogar damit rechnen, dass der Arbeitgeber nach vielfacher Befristung im letzten Moment die „Notbremse“ in Form der Nicht-Verlängerung betätigt, um aus dem befristeten Arbeitsverhältnis nicht notgedrungen ein unbefristetes werden zu lassen.

b) Bei Beschäftigung als „Feste Freie“

Bei der Beschäftigung als „Fester Freier“ nach § 12a TVG in Verbindung mit einem entsprechenden Tarifvertrag handelt es sich regelmäßig um ein **Dauerrechtsverhältnis**, welches die einzelnen mit dem betroffenen Mitarbeiter geschlossenen **Werk- und Dienstverträge** überlagert. Der Abschluss hat meist die konkrete Verpflichtung des Arbeitgebers zum Inhalt, für eine Beschäftigung des Arbeitnehmers mindestens in Höhe eines entweder zuvor festgelegten oder eines aus bisheriger Tätigkeit zu errechnenden Niveaus zu sorgen. Geschieht dies nicht, kann der Arbeitnehmerähnliche ggf. tariflich festgelegte **Ausgleichszahlungen** verlangen. Die Vereinbarung kann befristet oder unbefristet geschlossen werden. Häufig geht einer unbefristeten Beschäftigung als „Fester Freier" jedoch eine befristete Beschäftigung in gleicher Position voran. Die Beschäftigungsinhalte können ebenfalls begrenzt sein wie die Höhe der Vergütungen, die pro Jahr summenmäßig intern (oder auch vereinbarungsgemäß) limitiert sein kann. Die Vergütungen können sich auch in einem bei der jeweiligen Anstalt ggf. sogar durch TV festgelegten Vergütungsrahmen bewegen, der z. B. die Tagessätze oder die Tätigkeits- oder„Stück"-Honorare standardisiert oder normiert.

c) Bei Beschäftigung als Freier Mitarbeiter

Freie Mitarbeiter können durch Rahmenverträge befristet beschäftigt werden. Durch Abschluss eines solchen Rahmenvertrages für eine bestimmte Dauer sichert sich die Rundfunkanstalt, ihrem Abwechslungsbedürfnis nach Ablauf der Laufzeit weiterhin Rechnung tragen zu können. Es werden aber auch unbefristete Rahmenverträge abgeschlossen. Diese können durch Mitteilung der Rundfunkanstalt gekündigt werden. Die Rahmenverträge haben in der Regel keine Verpflichtung der Anstalt zur Erteilung von Aufträgen zum Inhalt. Je nach Gesetzes- bzw. Tariflage kann die Befristung des Rahmenvertrages unwirksam sein, z. B. wenn die Zahl der Beschäftigungsjahre überschritten und der angeblich „Freie" in diesen Jahren in Wahrheit wie ein Arbeitnehmer beschäftigt worden ist.

d) Fazit

Das Urteil des BAG v. 27.6.2006 – 7 AZR 495/05 weitet den Anwendungsbereich der dargestellten Befristungsmöglichkeiten mit dem **Sachgrund Rundfunkfreiheit** auch auf Veranstalter von Fensterprogrammen aus. Dieser Schritt ist nur logisch, da auch innerhalb eines Teilprogramms journalistische Akzente gesetzt werden können und es sich bei der Produktionsgesellschaft dann um einen Tendenzbetrieb handelt. Besondere Vorsicht muss jedoch bei der weiteren Ausdehnung an den Tag gelegt werden. Insbesondere müssen die an das Vorliegen des Flexibilitätsbedürfnisses geknüpften Voraussetzungen genau durchgeprüft werden. Nicht umsonst lautete die Entscheidung des BAG auf Verweisung in die Vorinstanz zur weiteren Aufklärung des Sachverhaltes. Die Rechtsprechung trägt mit der hier betriebenen Ausweitung auch den tatsächlichen Gegebenheiten Rechnung. Es ist bei den „kleinen" Veranstaltern von Fensterprogrammen längst ebenso üblich, die Mitarbeiter Kettenbefristungen zu unterwerfen oder gleich als „Freie" zu beschäftigen, wie es bei den „großen" Sendern mit Vollprogramm seit jeher gang und gäbe ist.

7. Bühne

Die **Bühnenanstellungsverträge** werden durch Tarifverträge bestimmt. Dazu gehörten die Normalverträge Solo, Tanz, Chor und Tarifverträge für technische Angestellte mit künstlerischer oder überwiegendkünstlerischer Tätigkeit (BIT) oder mit teilweise künstlerischer Tätigkeit an Bühnen (BITL). Seit 1.1.2003 gilt der **TV „Normalvertrag Bühne" (NV Bühne)** i. d. F. des Änderungs-TV v. 15.1.2006. Der NV Bühne enthält Sonderregelungen (SR) für Bühnentechniker, für Chor, Tanz. Damit wurde ein einheitlicher TV eingeführt. Im Bühnenbereich gilt z. T. außerdem der Tarifvertrag im Öffentlichen Dienst (TVD).

Der TV-Mitteilungspflicht (TVM) ist wirksam für Angestellte. Er ist in dem TV NV Bühne in verschiedenen Normen enthalten (sh. §§ 42, 61, 69, 83, 96).

Der Bühnenanstellungsvertrag ist ein befristeter Vertrag.

BAG AP 15, 27 zu § 611 BGB – Bühnenengagementsvertrag

Die Verträge legen Anfang und Ende fest. Das arbeitsrechtliche Sonderrecht der Bühne bestimmt, dass die Arbeitsverhältnisse durch Zeitablauf enden, ohne dass es einer Kündigung bedarf. Diese nach der Rechtsprechung zulässige Befristung ist auf jahrzehntelange Bühnenbräuche zurückzuführen. Die Besonderheit dieses Rechtsgebiets wird dadurch charakterisiert, dass es für die Beendigung einer Nichtverlängerungsmitteilung bedarf. Fehlt es daran, verlängert sich der Arbeitsvertrag um ein weiteres Jahr. Keiner Nichtverlängerungsmitteilung bedarf es bei den Musikern in Kulturorchestern. Bei ihnen liegen regelmäßig unbefristete Arbeitsverträge vor. Ausnahmsweise kommt hier eine Befristung in Frage (§ 3 Abs. 1 Satz 4, 41 TVK).

BAG EzA § 620 Bedingung Nr. 2; EzA § 4 TVG Bühnen Nr. 6,7

Auf **Gastspielverträge** findet der TV NV Bühne keine Anwendung (§ 1 Abs. 5 NV Bühne).

Der **Gastspielvertrag** endet durch Zeitablauf, da er nur zur Ergänzung des ständigen Personals und zur Ausgestaltung des Spielplans und damit zur Mitwirkung für eine bestimmte Anzahl von Aufführungen dient; einer Nichtverlängerungsmitteilung bedarf es deswegen nicht. Auch beim Stückdauervertrag muss keine Nichtverlängerungsmitteilung ausgesprochen werden, denn das Vertragsende ist durch die Zweckerreichung befristet. Allerdings darf diese gerade nicht wie eine außerordentliche Kündigung wirken, sondern muss deutlich vorhersehbar oder vom Arbeitgeber rechtzeitig angekündigt werden. Deswegen muss die Mitteilung über die Absetzung des Stückes die Kündigungsfristen des § 622 BGB – mindestens 4 Wochen vorher – oder eines Tarifvertrages einhalten, ansonsten endet das Arbeitsverhältnis mit Ablauf einer der Mindestkündigungsfrist entsprechenden Auslauffrist.

Die Frage, ob es überhaupt zulässig ist, Bühnenarbeitsverträge zu befristen, soll hier nicht diskutiert werden. Sie entspricht ständiger Rechtsprechung. Es geht lediglich um die Nichtverlängerungsmitteilung.

Einer **Nichtverlängerungsmitteilung** (NVM) bedarf es, wenn der Arbeitsvertrag mindestens für die Dauer eines Jahres oder einer Spielzeit abgeschlossen worden ist (§§ 2 Abs. 1 TVM). Die Nichtverlängerungsmitteilung ist auch dort erforderlich, wo ein Theater nicht tariflich gebunden ist. Der Bühnenbrauch ist also durch die tariflichen Regelungen nicht abgelöst worden.

> Die Nichtverlängerungsmitteilung (NVM) ist in § 61 NV Bühne geregelt (für Solormitglieder), in § 69 NV Bühne für Bühnentechniker, in § 82 NV Bühne für Opernchormitglieder und in § 96 NV Bühne für Tanzgruppenmitglieder (sh. § 42 NVBühne).

Die Frage ist, wie die Nichtverlängerungsmitteilung dogmatisch einzuordnen ist. Während ein Teil der Literatur und die Rechtsprechung sie als bloße Wissensäußerung mit deklaratorischer Bedeutung charakterisieren, wird nach anderer Auffassung in der Mitteilung eine **Willenserklärung** gesehen.

> BAG NZA 1994, 925; NJW 1987, 2540

Dieser Auffassung ist zuzustimmen. Denn die Mitteilung hat zur Folge, dass sich der befristete Vertrag nicht über den vereinbarten Ablaufzeitpunkt hinaus verlängert. Das Mitteilungserfordernis hat hier die Rechtsfolge, dass bei einer nicht rechtzeitig oder nicht rechtlich wirksam erfolgten Mitteilung ein neuer, auf ein Jahr bzw. eine Spielzeit befristeter Anstellungsvertrag zu den selben Bedingungen abgeschlossen wird. Überzeugend ist dargelegt worden, dass zwar in Bezug auf das bestehende Vertragsverhältnis durch die Mitteilung keine Rechtswirkung erzeugt wird, aber bezüglich eines potenziellen Anschlussvertrages.

Die **Nichtverlängerungsmitteilung** ist an Formen und Fristen gebunden. Die Schriftform ist die erste Voraussetzung. Der Zeitpunkt für den Zugang einer Nichtverlängerungsmitteilung ist abhängig davon, wie lange das Beschäftigungsverhältnis gedauert hat. Werden Form oder Frist nicht eingehalten, ist die Nichtverlängerungsmitteilung unwirksam (PN Nr. 1 zu§ 2 TVM, § 61 Abs. 2 NV Bühne).

Vor der vom Arbeitgeber ausgesprochenen Nichtverlängerungsmitteilung ist die **Anhörung des Bühnenmitglieds** erforderlich (§ 2 Abs. 5 TVM, § 61 Abs. 4 NV Bühne).

Die Wirksamkeit der Anhörung gehört zu den umstrittensten Gebieten des Bühnenarbeitsrechts. Die Rechtsprechung bejaht eine **Begründungspflicht** des Arbeitgebers. Als Regel hat sich herausgebildet, dass eine auf die individuell betroffene Person bezogene, konkrete und nachvollziehbare Begründung für die Nichtverlängerung gegeben werden muss. Das schließt auch die etwa maßgeblichen künstlerischen Gründe ein. Pauschale Begründungen reichen dafür nicht aus. Zum Begriff der Anhörung gehört eine sachliche Auseinandersetzung. Das impliziert eine Begründungs- und Informationspflicht in einer Art und Weise, wie dies auch im BetrVG vorgesehen ist (§ 102 BetrVG 1972).

BAG 10,43 § 611 BGB – Bühnenengagementsvertrag

Die **Mitteilung der Gründe** soll dem Bühnenmitglied die Chance geben, die Entscheidung des Arbeitgebers zu beeinflussen.

Bei einer nicht erfolgten, einer nicht ausreichenden oder einer rechtsmissbräuchlichen Begründung ist die Nichtverlängerungsmitteilung rechtsunwirksam. Gerichtlich überprüfbar sind diese Gründe in mehrfacher Hinsicht. Die Gründe müssen zutreffen und sachlich begründet sein. Da sich die Begründung nicht in pauschalen, womöglich rein subjektiv determinierten Darstellungen erschöpfen kann, bedarf sie der Konkretisierung, denn nur dann ist ein Bühnenmitglied in der Lage, darauf zu erwidern, den zugrundeliegenden Sachverhalt zu bestätigen, zu korrigieren oder zu widerlegen. Sonst würde die Anhörung nur eine bloße Formalität und Farce darstellen.

Dass darüber hinaus eine **gerichtliche Überprüfung** (§ 61 Abs. 8 NV Bühne) insoweit möglich ist, als bei nur vorgeschobenen Gründen die Nichtverlängerungsmitteilung rechtsmissbräuchlich ist, ist ohnehin selbstverständlich.

Der z. T. vertretenen Ansicht, dass die Gründe nicht justitiabel sind, kann nicht gefolgt werden. Dabei ist es zutreffend, die Problemkreise (Begründungspflicht, gerichtliche Überprüfung, befristeter Vertrag) zu trennen. Gleichwohl folgt aus der Notwendigkeit einer Anhörung mit konkreter Begründung, dass die dabei gegebenen Gründe auf ihre sachliche Richtigkeit hin überprüft werden dürfen. Eine künstlerisch motivierte Begründung, ein Bühnenmitglied sei nicht in der Lage, bestimmten Anforderungen gerecht zu werden, muss, um konkret genug zu sein, in der Anhörung belegt werden, um eine sachliche Erwiderung zu ermöglichen. Treffen diese Angaben aufgrund der gerichtlichen Überprüfung nicht zu, dann entfällt die Grundlage für den Grund, damit ist die Anhörung und in der Folge die Nichtverlängerungsmitteilung unwirksam. Die Anhörung kann auch aus anderen Gründen unwirksam sein. Die Ansicht, an die NVM seien keine allzu hohen Anforderungen zu stellen, ist nicht zutreffend.

a. A. HK-NV-Bühne-Braun, § 61 Rz. 38

Die notwendige Anhörung darf nicht durch eine Klausel über eine Nichtverlängerungsmitteilung im Arbeitsvertrag umgangen werden.

BAO AP 43 § 611 BOB – Bühnenengagementsvertrag

Die Nichtverlängerungsmitteilung ist auch nicht nur ausnahmsweise, sondern generell einer **gerichtlichen Kontrolle** zugänglich.

a. A. oder auf Missbrauch beschränkt HK-NV-Bühne-Braun, § 61 Rz. 7

Denn der TV NV Bühne sieht in § 61 Abs. 8 eine Klagemöglichkeit, binnen einer Ausschlussfrist von vier Monaten, berechnet ab 31.10. bzw. 31.7., vor. Die Klage ist beim **Arbeitsgericht** oder, falls ausschließlich das **Bühnenoberschiedsgericht** vorgesehen ist, bei letzterem einzureichen. Für Bühnentechniker gilt die inhaltlich identische Regelung wie für Solomitglieder (§ 69 NV Bühne). Bei Opernchormitgliedern (§ 83 NV Bühne) wird lediglich der Opernchorvorstand unterrichtet (§ 83 Abs. 3 NV Bühne). Die sehr viel schwächere Ausprägung des Status des Opernchormitglieds bei der Nichtverlängerungsmitteilung, bei dem auch die Anhörung fehlt, erscheint rechtlich als fragwürdig. Sie sind gegenüber Solisten und Tanzgruppenmitgliedern ohne Sachgrund, d. h. willkürlich (Art. 3 GG) benachteiligt. Bei Tanzgruppenmitgliedern gilt für die Nichtverlängerungsmitteilung die identische Regelung wie bei Solisten (§§ 61, 96 NV Bühne). Bei ihnen endet aber ohne Nichtverlängerungsmitteilung das Arbeitsverhältnis mit dem 65. Lebensjahr (§ 96 Abs. 9 NV Bühne).

Wird eine **Nichtverlängerungsmitteilung** aufgrund eines Intendantenwechsels ausgesprochen, genügt schon der Hinweis auf den Wechsel und damit auf die subjektive Motivation des Intendanten, Teile des künstlerischen Personals auszutauschen. Allerdings steht dem Bühnenmitglied eine nach der Dauer der ununterbrochenen Beschäftigung gestaffelte **Abfindung** und ein Zuschuss zu den Umzugskosten zu (§ 62 NV Bühne; sh. auch § 91 NV Bühne).

Zum Entfallen der Abfindung BAG NZA 2000, 1242

8. Film

Für die **Film- und Fernsehschaffenden** galt der MTV für Film- und Fernsehschaffende i.d.F. v. 1.11.2013 (MTV FF). Der typische Vertrag ist in diesem Bereich der kalendermäßig **befristete Anstellungsvertrag** (Ziff. 10.1 MTV FF). Durch TV darf vom TzBfG abgewichen werden. Bei ausnahmsweise nicht terminierten Verträgen muss den Filmschaffenden vom Filmhersteller der datierte Vertragsbeginn mindestens 6 Wochen vorher schriftlich mitgeteilt werden. Fehlt es daran, ist der Filmschaffende zum Rücktritt vom Vertrag berechtigt (Ziff. 10.2 MTV FF). Bei Mitarbeitern, die gegen Tages-, Wochen- oder Monatsgage verpflichtet sind, bedarf es der datumsmäßigen Festlegung des frühesten Zeitpunkts der Beendigung.

Sh. Götz von Olenhusen, Film- und Fernsehen, 2001 Rz 505 ff.; Gräfl/Arnold, TzKfG, § 14 Rz 115

Im Übrigen gelten für die Beendigung dieser befristeten Verträge die üblichen vertraglichen und gesetzlichen Regeln. Der Vertrag endet also mit dem vereinbarten Vertragsende.

Besonderheiten sind hier nur insoweit gegeben, als der Filmhersteller den Beginn der Vertragszeit durch schriftliche Mitteilung bis zu 7 Tage aufschieben kann, so dass sich dann das Ende der Vertragszeit um die entsprechende Zeit verschiebt. Ebenso darf der Filmhersteller die **Vertragsdauer** aus produktionsbetrieblichen Gründen verlängern, soweit dadurch nicht anderweitige, ihm schriftlich bekannt gegebene

Verpflichtungen des Filmschaffenden beeinträchtigt werden (Ziff. 10.3,10.4 MTV FF).

Sh. Götz von Olenhusen, Filmarbeitsrecht, 1991, Anm. z. Ziff. 10.3, 10.4

Es bedarf im Filmbereich keiner Nichtverlängerungsmitteilungen.

Der **TV für auf Produktionsdauer beschäftigte Film- und Fernsehschaffende (FFS)**: Manteltarifvertrag seit 1.7.2014, Gagen-TV seit 1.1.2014, TV für Kleindarsteller seit 1.7.2014.

Der **MTV für die technischen Betriebe für Film und Fernsehen,** gültig seit 01.08.2000 bzw. 1.1.2003, jetzt i.d. F. v. 1.1.2010 (eMTV VTFF), geht für die hier erfassten technischen Berufe und Unternehmen von dem Regelfall des unbefristeten Arbeitsverhältnisses aus. Soweit hier in § 13 Abs. 6 eMTV VTFF die Befristungsregelung normiert ist, entspricht diese Tarifnorm, wonach die Einstellung für eine bestimmte Zeit kalendermäßig oder auf einen bestimmten Auftrag festgelegt sein muss, dem Regelfall der Zeit- bzw. Zweckbefristung. Die Tarifnorm, wonach ein befristetes Arbeitsverhältnis in ein unbefristetes übergeht, wenn es über die bei der Einstellung festgelegten Zeit hinaus fortgeführt wird, entspricht nicht der Regelung des § 625 BGB (§ 13 Abs. 6 b eMTV VTFF). Danach kann der Arbeitgeber die Rechtsfolgen durch Widerspruch vermeiden. § 625 BGB ist jedoch tarifdispositiv. Durch den Tarifvertrag kann also in zulässiger Weise auf die bloße Fortführung des Vertrages abgestellt werden.

Auch der **Bundestarifvertrag für Filmtheater (BTV)** vom 31.07.1998 i. d. F. v. 27.1.2009 sieht die Möglichkeit von Befristungen vor. Allerdings werden Arbeitsverhältnisse grundsätzlich auf unbestimmte Zeit begründet. Das gilt nicht für Arbeitsverhältnisse, die zeitlich auf ein Vierteljahr oder der Sache nach begrenzt sind, sowie für Arbeitsverhältnisse auf Probe bis zu 4 Wochen (§ 6 BTV). Der **BTV Kino** wurde zum 30.6.2014 gekündigt.

Für diese befristeten Verträge in Filmtheatern gelten die allgemeinen Vorschriften. Nichtverlängerungsmitteilungen sind also hier nicht normiert. Der MTV Filmtheater (auch genannt **MTV CinemaxX**) vom 12.12.2000 i. d. F. v. 1.1.2013, der bestimmte Filmtheater betrifft, die im Arbeitgeberverband Dienstleistungsunternehmen zusammen geschlossen sind (CinemaxX AG, Flebbe GmbH & Co., UFA Theater GmbH & Co.), ging grundsätzlich vom unbefristeten Arbeitsverhältnis aus. Im Übrigen verweist die Tarifnorm auf die Gesetzeslage, d. h. auf Befristungen aus sachlichem Grund oder nach dem TzBfG. Allerdings darf die Zahl der in einem befristeten Arbeitsverhältnis beschäftigten

Mitarbeiter die Quote von 10 % der Gesamtzahl der Mitarbeiter des Betriebes nicht übersteigen. Die Frage ist, ob ein befristeter Arbeitsvertrag, der unter Verstoß gegen diese Quotenregelung abgeschlossen worden ist, wirksam ist. Man wird dies bejahen müssen, aber in der Konsequenz auch annehmen, dass die Befristungsklausel dann nicht als wirksam vereinbart gelten kann.

Außer BTV für Filmtheater mit HDF-Kino gibt es Haustarifverträge mit Cinestar und UCI fürs Bundesgebiet.

Außerhalb einer Befristung aus sachlichem Grund ist eine Befristung nach dem TzBfG nur einmal zulässig (§ 2 Abs. 2 MTV Filmtheater), vgl. § 14 TzBfG.

D. Rechtsfolgen falscher Statuszuordnung und Etikettierung

1. Bereicherungsanspruch

Wird der Arbeitnehmerstatus eines freien Mitarbeiters rückwirkend festgestellt, darf der Arbeitgeber nach Ansicht des BAG die Rückzahlung überzahlter Honorare verlangen. Der Arbeitnehmer hat dann Anspruch auf Eingruppierung und Einstufung gemäß den tarifvertraglichen Vorschriften. Ist er aber als freier Mitarbeiter höher bezahlt worden als dies die tariflichen Ansprüche vorgeben, dann umfasst der Bereicherungsanspruch des Arbeitgebers rückwirkend die Differenz zwischen tariflicher Vergütung als Arbeitnehmer und (vertraglicher oder tariflicher) Vergütung als arbeitnehmerähnlicher freier Mitarbeiter. Diese Ansprüche folgen nach Auffassung des BAG aus § 812 BGB.

BAGE 87, 349 = NZA 2007, 321; vgl. dazu auch Lampe RdA 2003, 18; BAG NZA 2002, 624; Hohmeister NZA 1999, 1009 (str).

In der Praxis dienen sie faktisch als Abwehrmittel zur Vermeidung von Statusklagen, sie „zementieren" damit oft die Neigung zur „Flucht" des Arbeitgebers ins freie Mitarbeiterverhältnis. Zur Versicherungspflicht BB 2001, 316.

- **Verfallsfristen**

Der Lauf von Verfallsfristen, etwa tarifliche Ausschlussfristen wie in Ziff. 811 MTV SWR, beginnt, wenn feststeht, dass das Vertragsverhältnis ein Arbeitsverhältnis war. Dann beginnt die Frist von 12 Monaten, Ziff. 811 MTV, spätestens 2 Monate nach Beendigung des Arbeitsverhältnisses zu laufen. Die Überzahlung könne der Arbeitgeber in der Regel erst im Zeitpunkt der Rechtskraft oder der außergerichtlichen Klärung des Status erkennen und dürfe sie dann nach Ansicht der Judikatur zurückverlangen (str.).

BAGE 66, 29; 79, 285; 87, 210

Bei der **Rückabwicklung** darf nur die Differenz von Forderungen und Leistungen verlangt werden.

Nach der neuen Rechtsprechung gilt Folgendes: Macht der Arbeitnehmer den für ihn zutreffenden Status nur für Gegenwart und Zukunft geltend, aber nicht für Vergangenheit, entfällt ein solcher Bereicherungsanspruch des Arbeitgebers. Der Arbeitnehmer genießt dann **Vertrauensschutz**. Der Sender darf dann nicht mit Gegenforderungen aus „Überzahlung" von Honoraren aufrechnen (Differenz zwischen Tarifentgelt und höherem Honorare als „Freier Mitarbeiter"). Die „Scheinselbstständigkeit" ist durch Gesetz vom 19.12.1998 (BGB I, 3843) geregelt (Änderungen durch Gesetz vom 20.12.99, BGBl. I, 2 und vom 23.12.2002, BGBl I, 4621). Für arbeitnehmerähnliche Selbständige gilt nach § 2 Nr. 9 SGB VI Versicherungspflicht.

BAG NZA 2007, 321; s. auch BSG NZA 2006, 1264; LAG Schleswig NZA-RR 2005, 656; BAG NZA 2005, 1432; Armgardt NJW 2006, 2070 (zur BGH-Rsprg. bei Gesetzesverstoß)

2. Rechtsmissbrauch

Ein Beschäftigter darf sich grundsätzlich darauf berufen, in einem Arbeitsverhältnis zu stehen. Das gilt dann nicht, wenn er sich unter dem Gesichtspunkt des widersprüchlichen Verhaltens rechtsmissbräuchlich verhält. „Wer durch seine Erklärung oder durch sein Verhalten bewusst oder unbewusst eine Sach- oder Rechtslage geschaffen hat, auf die sich der andere Teil verlassen durfte oder verlassen hat, darf den anderen Teil in seinem Vertrauen nicht enttäuschen. Es würde gegen **Treu und Glauben** verstoßen und das Vertrauen im Rechtsverkehr untergraben, wenn es erlaubt wäre, sich nach Belieben mit seinen früheren Erklärungen und seinem früheren Verhalten in Widerspruch zu setzen. Das widersprüchliche Verhalten ist rechtsmissbräuchlich, wenn für den anderen Teil ein schützenswerter **Vertrauenstatbestand** geschaffen worden ist oder wenn besondere Umstände die Rechtsausübung als treuwidrig erscheinen lassen."

BAG NZA 2003, 341; NZA 2007, 321

Aus der Entgegennahme von Honorarzahlungen durch einen Arbeitnehmer oder durch die vertragliche Niederlegung, der Mitarbeiter wünsche ausdrücklich freie Mitarbeit, ergibt sich kein besonderes Vertrauen des Medienunternehmens, der Kläger werde ein etwaiges Arbeitsverhältnis nicht geltend machen. Etwas anderes kann nur dann der Fall sein, wenn dem Mitarbeiter der Abschluss eines Arbeitsvertrages angeboten worden ist, dies aber abgelehnt wurde.

BAG NZA 1997, 818; NZA 2007, 321

Gleichwohl kann objektiv aufgrund der Kriterien der Arbeitgeber gehalten sein, das Rechtsverhältnis der faktischen Beschäftigungslage richtig als Arbeitsverhältnis einzuordnen.

Denn sonst würden die objektiven Rechtsverstöße des Arbeitgebers (gegen steuerrechtliche, sozialversicherungsrechtliche bzw. grundlegende Normen wie KSchG etc.) sanktions- und folgenlos bleiben. Zwar ist darum ggf. der Arbeitnehmer nicht zur Klage berechtigt, der Arbeitgeber aber zu Konsequenzen in Bezug auf richtigen Status verpflichtet.

3. Bereicherungsanspruch (Einzelheiten)

Die Zulässigkeit einer Klage aus § 812 BGB wegen (etwaiger) Bereicherung des Arbeitnehmers setzt nach § 253 Abs. 2 Nr. 2 ZPO die Aufgliederung und Zuordnung der geltend gemachten Überzahlungen auf bestimmte Zeiträume voraus. Das Unternehmen muss sich dann zum Umfang des **Bereicherungsanspruchs** erklären, ob die Überzahlungen abschließend für die geltend gemachte Zeit des Bestehens eines Arbeitsverhältnisses verlangt werden.

BAG NZA 2007, 323; NZA 2002,1328; NZA 2005, 814

Der Arbeitgeber muss dann für zurückliegende Zeiträume den Arbeitnehmerstatus beweisen.

Eine solche Widerklage eines Arbeitgebers wegen Überzahlung ist als Eventualwiderklage auch bei einer Statusklage des Arbeitnehmers zulässig. Die **Darlegungs- und Beweislast** für die Anspruchsgrundlagen nach § 812 BGB trägt der Arbeitgeber, einerseits für das Vorliegen eines Arbeitsverhältnisses in der Vergangenheit, sowie für die Überzahlung als Differenz zwischen Honorar des „freien Mitarbeiters" und des in Wahrheit geschuldeten Tarifgehalts. Hierbei sind u. U. auch tarifliche (nicht gezahlte) Mehrarbeitsvergütungen, ersparte Zahlungen auf betriebliche Altersversorgung, Zuschüsse zu Versorgungswerken u. a. bei der Saldierung zu berücksichtigen.

BGH NJW 1996, 2306

Dass der Arbeitgeber auch andere „Vorteile" hat wie z. B. eine geringere Zahl von nach PersVG bzw. BetrVG zu berücksichtigenden, der Mitbestimmung etc. unterliegenden Mitarbeitern, sei am Rande erwähnt. Die „Fehletikettierung" kann dazu führen, dass Mitarbeiter, die als Programm-Mitarbeiter geführt werden, bei der Anmeldung von Kosten des Unternehmers bei der KEF mitgerechnet und damit die Kosten fürs Programm künstlich und nicht korrekt „hochgerechnet" werden, mit eventuellen Folgen für die Kostenberatungen, insbesondere Rundfunkgebührenermittlungen der KEF. Das Problem scheint bislang auch durch Forderungen der EU-Kommission nach richtigen Abgrenzungen und Transparenz der öffentlich-rechtlichen Anstalten bei der Differenzierung ihrer nichtwirtschaftlichen und wirtschaftlichen Tätigkeiten noch nicht gelöst zu sein.

Die **Darlegungs- und Beweislast** des Dienstgebers gilt auch für die Erweiterung der Widerklage auf einen Zeitraum, für den der Arbeitnehmer seinen Arbeitnehmerstatus nicht zur gerichtlichen Feststellung beantragt. Der mit der Widerklage geltend gemachte Anspruch muss nicht unmittelbar von dem Klaganspruch abhängig sein (str.)

BGH NJW 1996, 2306

Der **Rückzahlungsanspruch** wegen überzahlter Honorare nach Feststellung des Arbeitnehmerstatus hängt dem Umfang nach davon ab, ob der Arbeitnehmer die Tätigkeiten als freier Mitarbeiter ausgeübt hat. Aber auch dann, wenn diese Tätigkeiten im Rahmen eines (etwa gesonderten) Arbeitsverhältnisses durchgeführt wurden, ist eine **konstitutive Vergütungsvereinbarung** (z. B. abweichend von einem TV für arbeitnehmerähnliche Personen einer ARD-Anstalt) nicht von vornherein ausgeschlossen. Hier kommt es also im Wesentlichen auf die maßgeblichen Umstände z. B. der Vergütungsregelung oder sonstige Vertragskonditionen ausdrücklicher, konkludenter bzw. faktischer Art an. In einem solchen Fall kann z. B. geltend gemacht werden, dass die Leistungen mit Rechtsgrund erfolgten (§ 812 BGB), weil von Anfang der Beschäftigung an oder später eine konstitutive Vereinbarung getroffen und praktiziert worden ist.

Vgl. BAG NZA 2007, 324; sh. auch Vogelsang, in: Arbeitsrechts-Handbuch, § 2011, § 8 Az. 46 m. Nachw.

Der **Bereicherungsanspruch** kann nach § 814 BGB ausgeschlossen sein. Erforderlich ist die positive Kenntnis der Rechtslage zum Zeitpunkt der Leistung. Nicht ausreichend ist die Kenntnis der Tatsachen, aus denen sich das Fehlen einer rechtlichen Verpflichtung ergibt. Der Leistende muss wissen, dass er nach der Rechtslage nichts oder einen geringeren Betrag schuldet. Das ist der Fall, wenn er aus den ihm bekannten Tatsachen auch eine im Ergebnis unzutreffende rechtliche Schlussfolgerung zieht. Dabei genügt eine „Parallelwertung in der Laiensphäre“.

BAG NZA 2005, 814; 2006, 1064

Dabei muss ausreichen, wenn dauerhaft bzw. mit System Direktiven, Dienstanweisungen oder Einzelweisungen der Intendanten, der Direktion oder anderer arbeitsrechtlich als Vorgesetzte fungierender Personen, die eine bestimmte Handhabung bei „Freien"-Tätigkeiten etc. vorschreiben, unbeachtet bleiben.

Beruht die Unkenntnis auf **grober Fahrlässigkeit**, wird dadurch der Rückforderungsanspruch nicht ausgeschlossen. Aus internen Grundsätzen der Rundfunkanstalt, des Verlages etc. bzw. aus der praktischen Handhabung für die Einordnung von Tätigkeiten in Arbeitsverhältnisse und freie Mitarbeit kann geschlossen werden, das Unternehmen habe Kenntnis von der Notwendigkeit richtiger Statusfeststellung und fehlenden Zahlungsverpflichtung gehabt. Die Einordnung kann allerdings nach den internen Grundsätzen nicht immer völlig eindeutig sein (so die Fallkonstellation BAG NZA 2007, 224). Die Zusammensetzung der Tätigkeiten z. B. aus Archivarbeit und Sprecherrolle ist selten oder sogar „einmalig". Kennt z. B. ein Hauptabteilungsleiter die wesentlichen Umstände der Tätigkeiten sowie die rechtlichen Grundsätze zur Einordnung, so soll eine Kenntnis von der tatsächlichen Arbeitnehmerstellung nach Ansicht des BAG nicht ausreichen. Der Vertrauensschutz des Arbeitnehmers wird aber nicht dadurch ausgeschlossen, dass in der Sphäre des Arbeitgebers maßgebliche Grundsätze des Arbeitsrechts missachtet werden.

Durch die Vereinbarung und Behandlung des Rechtsverhältnisses als freie Mitarbeit wird beim Mitarbeiter ein **Vertrauenstatbestand** geschaffen. Grundsätzlich ist das Vertrauen des Arbeitnehmers schützenswert, wenn und obwohl sich die Zusammenarbeit tatsächlich als Arbeitsverhältnis erweist. Der Arbeitgeber handelt rechtsmissbräuchlich, wenn er dem Mitarbeiter die erhaltenen Vorteile zu entziehen versucht. Anders liegt es, wenn der freie Mitarbeiter eine Klage erhebt und für einen bestimmten Zeitraum rückwirkend die Einordnung des Rechtsverhältnisses als Arbeitsverhältnis geltend macht. Dann gibt er zu erkennen, dass er das Rechtsverhältnis nicht nach den Regeln der freien Mitarbeit, sondern nach Arbeitsrecht behandelt wissen will. Wenn der Arbeitgeber entsprechend diesem Anliegen verfährt und das Rechtsverhältnis auch vergütungsrechtlich als Arbeitsverhältnis behandelt, kann der Arbeitnehmer insoweit rückwirkend keinen Vertrauensschutz geltend machen.

BAG NZA 2007, 324

Der Arbeitnehmer muss sich abschließend erklären, für welche Zeit er von einem Arbeitsverhältnis ausgeht. Dabei kommt es nicht darauf an, ob er die Arbeitnehmereigenschaft für einen bestimmten Zeitraum zum Streitgegenstand erhebt oder ob er überhaupt eine selbständige Statusklage betreibt. Maßgebend ist: welche Vorteile will er nachträglich ab wann aus der Arbeitnehmerstellung ziehen. Mit einer **Rückabwicklung** braucht er nur für solche Zeiträume zu rechnen, für die er ein Arbeitsverhältnis geltend macht. Er würde rechtsmissbräuchlich handeln, wenn er im Anschluss an eine gerichtliche Entscheidung einen anderen Zeitpunkt geltend macht. Mit der zwingend gebotenen Festlegung auf eine **bestimmte Bestandsdauer** ist der Verzicht auf weiter zurückliegende Zeiten verbunden.

BAG NZA 2007, 324.

Das BAG will damit offenbar komplizierte Rückabwicklungen vermeiden. Praktisch werden damit zugunsten von Arbeitgebern rechtswidrige Zustände sanktioniert und partiell folgenlos gelassen, wenn der Arbeitgeber bewusst höhere als tarifliche Bezüge der freien Mitarbeiter in Kauf nimmt und vereinbart, bzw. bezahlt. Diese „Spielräume“ werden deswegen weiterhin genutzt. Eine rechtspolitisch „saubere“ Lösung wäre die Zuweisung der „Arbeitnehmerähnlichen“ ins Arbeitsrecht der Arbeitnehmer mit entsprechendem Sozial- und Kündigungs- bzw. Bestandsschutz.

Der Grundsatz von **Treu und Glauben** erlaubt es nach BAG nicht, das gesamte Rechtsverhältnis und den jeweils hierausgezogenen Nutzen einer ausgleichenden Billigkeitskontrolle zu unterwerfen.

BAG aaO.

Wenn der Kläger erklärt, er mache den Arbeitnehmerstatus für eine bestimmte Zeit nicht geltend, dann verstößt die Rückzahlungsforderung des Arbeitgebers insoweit nach BAG gegen Treu und Glauben.

BAG NZA 2007, 324

Die Rechtsprechung vermeidet komplizierte Rückabwicklungen, ist pragmatisch orientiert und dogmatisch nicht überzeugend.

Die Höhe des **Bereicherungsanspruchs** kann auch von der Eingruppierung abhängen. Das Unternehmen ist allerdings insoweit darlegungs- und beweispflichtig. Verlangt der Arbeitgeber, also z. B. die Rundfunkanstalt, die Rückzahlung von angeblich überzahlten Honoraren, muß das Unternehmen die allgemeinen Grundsätze des Bereicherungsrechts beachten, wonach die Tatsachen darzulegen und zu beweisen sind, aus denen rückwirkend bei hypothetischer Eingruppierung und Einstufung die zutreffende **Eingruppierung** (und Einstufung) des Arbeitnehmers folgt. Ob Zahlungen ohne Rechtsgrund erfolgt sind oder inwieweit das Unternehmen zur Leistung verpflichtet war, ergibt sich erst aufgrund der Eingruppierung (so die Rechtsprechung, str.), § 818 III BGB.

BGH NJW 1995, 662

Auch in solchen Fällen kann sich der Arbeitnehmer auf einen Wegfall der Bereicherung berufen.

BAG NZA 2005, 814

Insofern kann eine **Umkehrung der Darlegungs- und Beweislast** bei kleineren und mittleren Arbeitseinkommen und einer gleichbleibend geringen Überzahlung des laufenden Arbeitsentgelts gegeben sein. Macht der Mitarbeiter geltend, er hätte als Arbeitnehmer behandelt werden müssen, darf er seine monatliche/jährliche Vergütung nach dem MTV der Rundfunkanstalt berechnen, dabei die jährlichen Sonderzuwendungen, Überstunden- und Samstags- bzw. Sonntags-Vergütungen usw. mit berechnen. Beim Vergleich der Vergütungen „Freier" und Arbeitnehmer nach Tarifrecht sind dann nicht nur das Monatsgehalt als solches zu vergleichen, sondern sämtliche (fiktiven) Vergütungen nach Tarifrecht, wie wenn der Betreffende ein „echter" Arbeitnehmer im betreffenden Zeitraum gewesen und nicht als „Freier" behandelt worden wäre, Weihnachts- und Urlaubsgeld etc. Hier treten oftmals Beweisschwierigkeiten auf.

Tarifliche **Ausschlussfristen** beginnen erst zu laufen, wenn fest steht, dass das Vertragsverhältnis kein freier Dienstvertrag, sondern ein Arbeitsverhältnis war.

BAG NZA 2005, 814

Somit wird den Unternehmen die Möglichkeit relativ später Geltendmachung ungeachtet der ab falscher Eingruppierung laufenden kürzeren tariflichen Ausschlussfristen eröffnet.

Die Rechtsprechung des BAG zu § 812 BGB bei solchen falsch eingeordneten Rechtsverhältnissen ist nicht unstrittig: Nach anderer, z. T. in der Literatur vertretenen Auffassung ist richtig von folgender Rechtslage auszugehen: Ist ein Vertrag aufgrund der Erbringung der jeweiligen Arbeitsleistungen faktisch durchgeführt worden, ist er wie ein wirksamer Arbeitsvertrag zu behandeln.

Schaub, Arbeitsrechts-Handbuch, 2004, § 35 Rdz. 34

Eine rückwirkende Abwicklung findet nach dieser Gegenmeinung nicht statt. Die Auffassung, dass für die Vergangenheit von Nichtigkeit des Vertrages auszugehen sei, überzeugt nicht. Die Vertragspartner haben eine vertragliche Rechtsgrundlage begründet. Es besteht nach zutreffender Ansicht mindestens ein sog. **faktisches Arbeitsverhältnis** mit konkretem Inhalt. Damit lässt sich die Rückabwicklung nach Bereicherungsgrundsätzen nicht begründen. Denn auch ein faktisches Arbeitsverhältnis ist ein Rechtsgrund. Durch „Realofferte" und Annahme entsteht ein Arbeits- und Rechtsverhältnis, damit ein Rechtsgrund.

Schaub, Arbeitsrechts-Handbuch, 2004, § 25 Rdz. 36; BAG U. v. 26.9.2012 – 10 AZR 336/11 – Cutterin

In der Regel liegt ferner ausschließlich oder konkludent eine Einigung über die Verpflichtung des Medienmitarbeiters über eine Dienstleistung und eine konstitutive Einigung über die vom Unternehmen festgelegte angemessene Vergütung vor, z. B. über einen pauschalen Tagessatz bei Zugrundelegung der betriebsüblichen Arbeitszeit und/oder über andere Konditionen. Deswegen ist keine Vergütungsvereinbarung zu fingieren (§ 612 Abs.1 BGB). Da die Parteien eine konkrete Tätigkeit zum Vertragsgegenstand gemacht und dafür eine Vergütung, ggf. aufgrund fehlerhafter Rechtsbeurteilung, vereinbart haben, ist diese Vergütung zugrunde zu legen. Diese Vereinbarung ist trotz Fehlerhaftigkeit des Geschäfts ex tunc nicht anders zu bewerten und nicht rückzuabwickeln. Es liegt keine Zahlung ohne Rechtsgrund vor. § 812 BGB ist daher nicht anwendbar.

Sh. Larenz/Canaris, Schuldrecht II. 2. § 73 I. 2c, III. 2c. Vgl. ebenso Kurtz, Praxishandbuch Theaterrecht, 1999, 3. Teil, Rdz. 193, 116; das BAG wendet § 812 BGB an (siehe oben); siehe dazu auch Vogelsang in: Arbeitsrechtshandbuch, § 8 Rz. 46, der zuerst auf die getroffene Vergütungsvereinbarung abstellt, dann aber doch dem BAG zu § 812 BGB folgen will.

Die dem Dienstgeber zugekommenen Vorteile aus „falscher Etikettierung", aus Formenmissbrauch und Verstoß gegen zwingende (Schutz-)Normen des Arbeitsrechts werden zum Nachteil des Arbeitgebers bei Konstruktion eines Bereicherungsanspruchs des Arbeitgebers nach § 812 BGB auch nicht rückabgewickelt. Eine nachträgliche Unterstellung unter die auf diese Weise umgangene Mitbestimmung nach LPVG oder BetrVG und die retrospektive Anerkennung tariflicher Rechte wird in der Regel daran scheitern, dass z. B. die fehlende

Vergütung für Mehrarbeit für den Mitarbeiter schwer, wenn nicht fast unmöglich geltend zu machen ist, weil sie wegen Unmöglichkeit nachträglicher Restitution oder an Beweisschwierigkeiten scheitern wird. Der Anreiz für Arbeitgeber, durch erhöhte Honorare den Abschreckungseffekt von nachträglichen Honorarrückforderungen zu nutzen, sehenden Auges das Arbeitsrecht zu unterlaufen und darauf zu bauen, dass das Auftragsvergabemonopol oder -oligopol feste freie Mitarbeiter das Prozessrisiko scheuen lässt, liegt auf der Hand. Die Judikatur des BAG ist keine dogmatisch „saubere", der Einhaltung der Rechtsordnung dienende Lösung.

Dass durchaus ein Rechtsgrund vorliegt, muss z. B. insbesondere dann gelten, wenn der Arbeitgeber den Mitarbeiter auf einem (Dauer) Arbeitsplatz oder in einem Bereich beschäftigt, auf dem oder in dem zuvor ein Festangestellter die nun einem oder mehreren „Freien" übertragenen Tätigkeiten ausgeübt hat. Dann ist dem Arbeitgeber nicht nur die unzutreffende „Etikettierung" und falsche Vertragshandhabung, d. h. der „Formenmissbrauch" bekannt; sondern er trifft ja bewusst eine Vereinbarung über Tätigkeiten, Vertragsmodalitäten und Vergütung. Erst recht muss das gelten, wenn der Arbeitgeber in punkto Vergütung (Tageshonorar), Arbeitsinhalt, Modalitäten etc. vom Tarifvertrag für Arbeitnehmerähnliche des Unternehmens abweichend konstitutive Vereinbarungen trifft oder z. B. Vergütungshöhen, Überstundenvergütungen, Wochenendbezahlungen u. a. in einer vom TV für arbeitnehmerähnliche Personen abweichenden Weise festlegt und durchführt.

Sh. Götz von Olenhusen, Medienarbeitsrecht für Hörfunk und Fernsehen, 2004, S. 62. Vgl. auch Armgardt NJW 2006, 2070 zum Gesetzesverstoß und § 817 BGB.

Engagiert z. B. der Arbeitgeber einen freien Mitarbeiter und erhöht er etwa nach einer gewissen Zeit das Tageshonorar, ggf. auch über den sonst üblichen oder tariflichen Tagessatz hinaus, der Arbeitnehmerähnlichen gezahlt wird, dann muss darin eine konstitutive Vereinbarung und damit ein Rechtsgrund für den Leistungsaustausch zu sehen sein. Daher lässt sich auch in solchen Fallkonstellationen die bisherige Rechtsprechung des BAG nicht halten, wonach bei falscher Statuszuordnung gemäß § 812 BGB über dem Tarifgehalt liegende Einnahmen des angeblichen freien Mitarbeiters zurückverlangt werden dürften, wenn es um Rückabwicklung nach falscher Statuszuordnung geht.

Verstößt der Arbeitgeber mit System gegen Schutznormen des Arbeitsrechts, sollte er nicht die Vorteile von Rechtsverstößen behalten dürfen, zugleich aber finanzielle Lasten und prozessuale Risiken auf den Arbeitnehmer verlagern können.

> Zum Vertrauensschutz von Arbeitgeber und Arbeitnehmer Vogelsang, in: Arbeitsrechts-Handbuch, 2011, § 8 Rz. 44-46 m.N.

Das gilt erst recht bei Fallkonstellationen, in denen der Arbeitgeber bewusst scheinbare freie Mitarbeiter nicht als Angestellte beschäftigt, obwohl ihm bekannt ist, dass nach der BAG- und BSG-Rechtsprechung der Arbeitnehmer-Status vorliegt (Beispiele: Mitarbeiter in öffentlich-rechtlichen Anstalten im Marketing, in der Programm-Presse, in Orchestern, in Verwaltungsbereichen). Praktisch werden oft jahrelang mangels bewilligter Planstellen solche Rechtsverhältnisse als „ständige Freie“ geduldet oder praktiziert. In derartigen Fällen darf eine Freistellung des Arbeitgebers von arbeitsrechtlichen Pflichten nicht zugelassen werden.

E. Mitbestimmung und Tendenzschutz

1. Betriebliche Mitbestimmung im öffentlich-rechtlichen Rundfunk

1.1 Personalvertretungsrecht der öffentlich-rechtlichen Medien

Für die Rundfunkanstalten des öffentlichen Rechts gelten hinsichtlich der Mitbestimmung die Personalvertretungsgesetze der Länder. Für zwei ARD-Anstalten gelten besondere Regelungen:

- **MDR**: Hier gilt das BPersVG. Das ergibt sich aus § 38 MDR-StV.
- **NDR**: Auch hier gilt das BPersVG, § 39 NDR-StV.
- **NRW**: LPVG NRW i.d.F.v. 1.2.2012. Das novellierte LPVG hat die Geltung des Gesetzes auf arbeitnehmerähnliche Personen und Lehrbeauftragte an Hochschulen erweitert, § 5 Abs. 1 LPVG. Sie sind zum Personalrat wahlberechtigt und wählbar. Der Personalrat z.B. des WDR ist für Freie i.S. von § 12a TVG zuständig. Für sie gelten jetzt auch Regeln der Mitbestimmung des PR.
- **SR**: Das SPersVG enthält in den §§ 119-112 besondere Bestimmungen über den SR. Leiter der Dienststelle ist der Intendant. Als Angehörige der Dienststelle gelten auch die ständigen freien Mitarbeiter, für welche Sozialversicherungsbeiträge geleistet werden. Dies sind die sog. ständigen festen freien Mitarbeiter, die ausdrücklich im Sinne von § 5 SPersVG zur Gruppe der Angestellten zählen. Damit bestimmen sie auch die Zusammensetzung der Personalvertretungen mit. § 111 legt fest, dass nicht wählbar zum Personalrat sind: Der Intendant, sein ständiger Vertreter, die Direktoren, der Justitiar, Angehörige der Anstalt mit selbständiger Entscheidungsbefugnis in Personalangelegenheiten, Volontäre. Die Beteiligung des Personalrats mit beratender Stimme im Rundfunk- und Verwaltungsrat ist normiert, § 112 SPersVG. Bei der Festlegung besonderer Arbeitsregeln für Mitarbeiter im Programmbereich hat der Personalrat mitzuwirken. Für Angelegenheiten der Programm-Mitarbeiter bildet der Personalrat einen Ausschuss. Dieser hat Zweifelfragen oder Meinungsverschiedenheiten mit dem Intendanten einvernehmlich zu klären, § 112 SPersVG.

- **SWR**: Das LPersVG BW enthält besondere Bestimmungen für den SWR. Das Gesetz ist mit Abweichungen anwendbar (§ 98 ff. LPersVG BW). Da der Dienstort des Intendanten Stuttgart ist, ist das LPersVG BW anzuwenden (§ 38 SWR-Staatsvertrag). Beim SWR mit 3 Sitzen wird an jedem eine Dienststelle gebildet: Baden-Baden, Stuttgart, Mainz. Landesstudios oder Außenstellen, wie Studio Konstanz, Freiburg, Ulm können keinen eigenen PR bilden. Für das Studio Berlin und die Auslandsstudios, die mehrere Dienststellen betreffen, ist der PR Baden-Baden zuständig. Es gibt 3 örtliche PR und einen GPR in Stuttgart. Beim SWR war und ist der Kreis der Beschäftigten im Sinne des Personalvertretungsrechts festgelegt: Dazu zählen nur diejenigen Arbeitnehmer, welche durch schriftlichen Arbeitsvertrag unbefristet oder auf Zeit fest angestellt sind. Nicht dazu zählten arbeitnehmerähnliche Personen, die auf Produktionsdauer beschäftigt sind. Nicht dazu zählten bislang ferner Mitglieder der Geschäftsleitung. Problematisch ist die Ausnahmeregelung für auf Produktionsdauer Beschäftigte. Diese sind sehr häufig befristet angestellte Mitarbeiter. Diese zählen aber als befristete Angestellte nach § 100 Abs. 1 zu den Beschäftigten im Sinne des LPersVG. Nach § 4 sind auch geringfügig Beschäftigte solche im Sinne von LPersVG. Dann muss dies erst recht für Angestellten gelten, welche auf Produktionsdauer beschäftigt sind (sh. Ziff. SWR). Zur Wahlberechtigung vgl. auch § 11 LPersVG BW. Mit der Neufassung des LPVG BW sind auch arbeitnehmerähnliche Personen wahlberechtigt. Auch für sie ist jetzt der PR des SWR zuständig, siehe LPVG BW 2014. Das betrifft auch ihre Einbeziehung in die Mitwirkungs- und Mitbestimmungsrechte des PR, § 4 I 1 LPVG BW, siehe ferner §§ 11, 70 ff. LPVG BW. Daher ist auch bei Kündigungen u.a. ständiger freier Mitarbeiter die Mitbestimmung des PR erforderlich, § 71 LPVG BW. Das soll für programmgestaltende „Freie“ nicht gelten. Diese Differenzierung ist fragwürdig. Sie ist nach Art. 3, 20 GG m.E. nicht haltbar. Es handelt sich nicht um eine sachgerechte Differenzierung i.S. der Rechtsprechung. Während in den Tendenzbetrieben bei redaktionell/programmlich Tätigen die Mitbestimmung gilt, soll dies bei den nicht als Tendenzunternehmen geltenden öffentlich-rechtlichen Anstalten anders sein. Sachgerecht ist nur eine Gleichbehandlung der Angestellten und Arbeitnehmerähnlichen. Nach dem WDR ist eine lang währende Forderung der Verbände und Gewerkschaften in diesem Punkte für zwei wichtige ARD-Anstalten jedenfalls ansatzweise erfüllt. Wegen der im Verhältnis zu Angestellten vergleichsweise hohen Zahlen ständiger freier Mitarbeiter ((§ 12a TVG) wird sich in Sachen Mitarbeitervertretung, Wählbarkeit, Wahlberechtigung und der Mitwirkung und Mitbestimmung einiges ändern.

- **ZDF**: Es gilt das RhPfPersVG (Besonderheiten §§ 112,120).

1.2 Die Aufgaben der Personalvertretung

Der Intendant ist Leiter der Dienststelle. Der Personalrat hat die Aufgabe, die unterschiedlichen Mitbestimmungsmöglichkeiten wahrzunehmen. Die Gesamtpersonalräte sind i. d. R. zuständig für Angelegenheiten, die mehrere Dienststellen gemeinsam betreffen und nicht von den einzelnen Personalräten innerhalb ihrer Dienststelle geregelt werden können. Nach dem LPersVG BW ist damit eine abweichende Regelung über die Zuständigkeit getroffen worden (§§ 105, 85 Abs. 8). Auch nach dem BPersVG gibt es Gesamtpersonalräte, vgl. § 55 BPersVG. Zum Geltungsbereich des BPersVG gehören Rundfunkanstalten, die wie DLF und DW dem Bundesrecht unterliegen.

Die Zusammensetzung der PR und GPR ergibt sich aus den Ländergesetzen bzw. aus dem BPersVG. Bei Mehrländeranstalten sind auch Gesamtpersonalräte und örtliche Personalräte eingerichtet.

a) Allgemeine Aufgaben

Der Aufgabenkatalog der Personalräte ist den Ländergesetzen bzw. dem BPersVG zu entnehmen. Insofern gilt, dass der PR prinzipiell die Aufgaben hat, die sich aus § 68 allgemein ergeben. Dazu gehören insbesondere:

- Anträge zu Maßnahmen, welche die innerdienstlichen, sozialen oder persönlichen Belange der Mitarbeiter betreffen;
- Überwachungspflicht in Bezug auf die Einhaltung von Gesetzen, Verordnungen, TV, DV und Verwaltungsanordnungen;
- Bearbeitung von Anregungen und Beschwerden und ihre Verhandlung mit dem Intendanten;
- Förderung von Schwerbehinderten;
- Eingliederung ausländischer Beschäftigter.

b) Mitbestimmung

Im Übrigen ist bei der Entscheidungsbefugnis des Personalrats zu differenzieren:

- Dem Personalrat kommt ein Mitbestimmungsrecht zu bei Einstellungen, bei Übertragung einer höher oder niedriger zu bewertenden Arbeit, bei Versetzungen, bei sozialen Angelegenheiten. Vgl. im Einzelnen § 75 ff. LPersVG BW, § 75 BPersVG. Eine Besonderheit gilt bei Beschäftigten, die überwiegend wissenschaftlich oder künstlerisch tätig sind und bei Beschäftigten, die maßgeblich und verantwortlich an der Programmgestaltung beteiligt sind. Bei ihnen bestimmt der Personalrat in den Fällen von § 76 Abs. 1 LPersVG BW (Mitbestimmung in Personalangelegenheiten) und § 79 Abs. 3 Nr.15 nur mit, wenn sie es selbst beantragen. Hier realisiert sich der Grundsatz, dass Personalpolitik vorweggenommene Programmpolitik ist. Einigen sich Personalrat und Intendant nicht, darf die **Einigungsstelle** nur eine Empfehlung an den Intendanten beschließen. Dieser entscheidet dann endgültig (§ 103 Abs. 2 Satz 2 LPersVG BW). Die Mitbestimmung erstreckt sich auf soziale Belange, Arbeitszeiten, Pausen, Ordnung in der Dienststelle, Verhalten der Beschäftigten. Bei fehlender Zustimmung des PR ist die Maßnahme unwirksam. Bei Differenzen ist die Einigungsstelle anzurufen, vgl. § 71 PersVG, § 55 WDR-Gesetz.

  Der Ausschluss der Mitbestimmung ist in zahlreichen Länder-Personalvertretungsgesetzen festgelegt: in personellen und bestimmten weiteren Angelegenheiten von Beschäftigten der höchsten Gehaltsgruppe und mit übertariflicher Vergütung, sh. z. B. § 90 Nr. 7a BPersVG betr. DW, NDR i.V.m. § 39 NDR-STV; § 78 I f BayPVG; § 106 I S. 3 HessPVG betr. HR; § 117 II 2 PersVG RhPf betr. ZDF). Auch eine antragsabhängige Mitbestimmung findet sich in zahlreichen Personalvertretungsgesetzen.

  Sh. die Übersicht und Analyse im Detail bei Brandt: Tendenzschutz in öffentlich-rechtlichen Rundfunkanstalten, 2008.

c) Mitwirkung

Bei den im Programmbereich des SWR Beschäftigten tritt bei Personalangelegenheiten (§§ 76 Abs. 1, 79 Abs. 3 Nr.15 BPersVG) die **Mitwirkung** an die Stelle der Mitbestimmung.

Dies betrifft Beschäftigte der höchsten Gehaltsgruppe des Tarifvertrages des SWR. Mitwirkung bedeutet, dass die Befugnisse des PR reduziert sind. Vgl. § 72 LPersVG BW.

Auch bei den Anstalten nach **Bundesrecht** findet sich eine ähnliche Einschränkung gem. § 77 Abs. 1 BPersVG. Diese betrifft Beschäftigte mit überwiegend wissenschaftlicher oder künstlerischer Tätigkeit.

d) Die Anhörung der Personalvertretung

Bei bestimmten Maßnahmen ist der PR vorher anzuhören. Das gilt z. B. bei grundlegenden Änderungen von Arbeitsverfahren und Arbeitsabläufen, § 78 Abs. 5 BPersVG und Landespersonalvertretungsrecht. Ein **Anhörungsrecht** ist vorgeschrieben, bevor ein Mitarbeiter fristlos entlassen oder aus wichtigem Grund gekündigt wird, vgl. § 77 Abs. 3 LPersVG-B; § 79 Abs. 3 BPersVG. Für die Anhörung gilt, dass der PR vollständig über die Umstände, welche die Kündigung begründen sollen, informiert wird. Der PR hat seine Bedenken unter Angabe der Gründe unverzüglich, spätestens innerhalb von 3 Arbeitstagen schriftlich dem Intendanten mitzuteilen. Unterbleibt eine Anhörung oder ist sie fehlerhaft, ist eine Nachholung nicht möglich (BVerwG PersV 1985, 296). Die Anstalt trifft also hinsichtlich der Mitteilungspflicht der gleiche Pflichtumfang wie bei der ordentlichen Kündigung. Auch grundlegende Änderungen von Arbeitsverfahren bedürfen der Anhörung, § 78 V BPersVG. Die Anhörung ist Voraussetzung für die Wirksamkeit.

e) Die Vertretung des Personalrats – Aufsichtsgremien

Der Personalrat ist in den Aufsichtsgremien der Anstalten teilweise mit Sitz und Stimme, teilweise nur mit beratender Stimme vertreten (vgl. die Rundfunkgesetze, z. B. WDR-Gesetz, ZDF-Staatsvertrag, siehe dazu jetzt BVerfG B.v. 25.3.2014 – 1 BvF 1/11, 1 BvF 4/11 zur Zusammensetzung des Verwaltungsrats des ZDF, NVwZ 2014, 867).

BVerfG
1 BvF 1/11,
1 BvF 4/11

1.3 Die sog. innere Rundfunkfreiheit

Bei einer Reihe von Rundfunkanstalten ist die sog. innere Rundfunkfreiheit durch bestimmte Regelungen ansatzweise gesichert. Im öffentlich-rechtlichen Rundfunk finden sich innerbetrieblich Normbereiche. Es gibt Regelungen aufgrund von Dienstanweisungen. Diese Regeln, die sog. **Redakteursbeteiligung**, sind unabhängig vom Personalvertretungsrecht. Die Programm-Mitarbeiter sind der insoweit privilegierte Personenkreis. Z. T. werden auch die sog. ständigen freien Mitarbeiter mit einbezogen. In Redakteursversammlungen oder **Redakteursausschüssen** werden bestimmte innerbetriebliche Programmkonflikte ausgetragen. Im Einzelnen sind die Regelungen so unterschiedlich und von so verschiedener Struktur und Effektivität, dass an dieser Stelle auf die ausführliche Darstellung von Stock (2001) zu verweisen ist. Durch Redakteursausschüsse und Redakteursversammlungen sollen spezifische Programmkonflikte beraten und gelöst werden. Ihre an und für sich im Sinne eines funktionalen Grundrechtsverständnisses nützliche Funktion ist in der Praxis bei den Sendern von unterschiedlicher Qualität und eher geringer Bedeutung. Die normative Ausgestaltung der Funktion der Redakteursausschüsse in den Sendern hat bisher de facto nicht dazu geführt, dass sie in Konflikten eine höhere Bedeutung haben als etwa die der Personalräte oder tatsächlich zu Institutionen geworden wären, welche auch und gerade im Interesse der Qualität der Medienprodukte einen gewissen redaktionellen Spielraum gewährleisten. Eine Strukturveränderung wäre mit verstärkter innerer Rundfunkfreiheit nicht verbunden. Denn die Ansätze dafür sind in den Binnenstrukturen dieser Medien z. T. vorhanden. Sie sind sogar geeignet, die Instrumente der Vielfalt – und Qualitätssicherung – besser auszutarieren, ohne die satzungsgemäße Programmverantwortung zu tangieren.

Sh. Stock, 2001, sh. auch Herzog in: Dürig, Art. 5 I, II GG Rz.158 ff., a.A. Beater, Medienrecht, Rz 541; zu einem Programmkonflikt innerhalb einer Anstalt LAG Köln 22.6.2012, open Jur 2012, 86881. Er betrifft die Auseinandersetzung eines freien Mitarbeiters mit einem Redakteur. Wie die Redaktionsstatutenbewegung der 1970er Jahre ist auch die innere Rundfunkfreiheit auf Dauer kein wirksames Vehikel geworden. In der Konkurrenz zu PR und BR konnten sie selten wirksam werden.

2. Mitbestimmung in privaten Medienunternehmen

2.1 Das Betriebsverfassungsrecht

Die privaten Rundfunkunternehmer fallen unter das **Betriebsverfassungsrecht**. Insoweit kann auf die allgemeinen Kommentierungen zum BetrVG verwiesen werden. Durch das BetrVG wird die Zusammenarbeit zwischen Arbeitgeber- und Arbeitnehmerseite im Betrieb geregelt. In den privaten Rundfunkunternehmen können die Interessen der Arbeitnehmer durch einen Betriebsrat wahrgenommen werden. Dem Betriebsrat sind gesetzliche Beteiligungsrechte eingeräumt, die sich auf personelle, soziale und wirtschaftliche Angelegenheiten beziehen. Die Beteiligung unterscheidet **Mitbestimmung** des Betriebsrats und **Mitwirkung**. Mitbestimmung besteht bei personellen Einzelmaßnahmen. Dies ist z. B. geregelt in § 99 BetrVG. Der Betriebsrat darf bei bestimmten Einstellungen, Ein- oder Umgruppierungen und Versetzungen seine Zustimmung verweigern, § 99 Abs. 2 BetrVG. Bei Nichtarbeitnehmern kommt u. U. eine Beteiligung des BR in Frage, wenn der Betreffende in die Betriebsorganisation eingegliedert wird.

BAG AP 6 § 99 BetrVG 1972

Das Mitbestimmungsrecht des BR bezieht sich auf die Auswahl der Arbeitnehmer für Berufsbildungsmaßnahmen, § 98 III BetrVG.

BAG AfP 2006, 495; BAGE 111, 350

Die Mitbestimmung kann wegen der Tendenz des Arbeitgebers und des Tendenzbezugs entfallen.

BAG AfP 2006, 495

2.2 Der Tendenzschutz

a) Tendenzunternehmen

Für Medienunternehmen, die unter § 118 I Nr. 2 BetrVG (siehe Anhang) fallen, gelten einige Besonderheiten. Mitwirkungs- und Mitbestimmungsrechte des BR sind eingeschränkt in Unternehmen und Betrieben, welche unmittelbar und überwiegend Zwecken der Berichterstattung oder Meinungsäußerung nach Art. 5 Abs. 1 Satz 2 GG dienen. Diese **Tendenzschutzregelung** gilt für alle sog. Tendenzunternehmen.

AfP 1991, 692; Koch, in: Arbeitsrechtshandbuch, 2011, § 214 Rz. 12 ff.

Der Tendenzschutz ist also zunächst dahingehend orientiert, dass die publizistische Grundrichtung eines Massenmediums möglichst unbeeinflusst bestimmt und verwirklicht werden kann. Es muss sich jeweils um Unternehmen handeln, die eine geistig-ideelle Zielsetzung haben.

Zeitungs- und Zeitschriftenverlage, Rundfunkbetriebe und Nachrichtenbüros sind in der Regel **Tendenzbetriebe**.

BAG AP 50, 51 § 118 BetrVG 1972; BAG AfP 2006, 495; BAGE 103, 329; BAGE 27, 322

Die Tendenz des jeweiligen Medienunternehmens ergibt sich zunächst aus Sinn und Zweck des jeweiligen Mediums. Das Medienunternehmen hat eine grundsätzliche Tendenzbestimmungsfreiheit. Diese realisiert sich z. B. in bestimmten **Richtlinien-Kompetenzen**. Hinsichtlich der Mitbestimmung bedeutet dies in der Praxis, dass zwar die

Grundsatznormen §§ 1-3 BetrVG anwendbar, dass jedoch die Beteiligungsrechte des BR vor allem bei personellen Angelegenheiten eingeschränkt sind (§§ 92-105 BetrVG).

Private Rundfunkunternehmen, die wegen ihrer geistig-ideellen Zielsetzung unter dem Schutz der grundrechtlichen Rundfunkfreiheit stehen, fallen also unter § 118 Abs. 1 Ziff. 2 BetrVG (vgl. auch § 130 BetrVG). Die Rechtsprechung, die sich vorwiegend mit der Presse befasste hatte, kann unter Berücksichtigung der speziellen Verhältnisse der Rundfunkfreiheit auch für Rundfunkunternehmen angewendet werden. Die unter der Perspektive des Sozialgedankens normierten Arbeitnehmer-Beteiligungsrechte treten gegenüber der Rundfunkfreiheit zurück.

Ein Rundfunkunternehmen dient auch dann überwiegend Zwecken der Berichterstattung und Meinungsäußerung, wenn das Programm neben 10 % Wortbeiträgen und 50 % moderierten Musikbeiträgen auch 40 % Musiksendungen enthält, für die, überwiegend in der Nachtzeit, die Mitarbeiter der Technik verantwortlich sind.

Filmherstellungsbetriebe sind in der Regel keine Tendenzbetriebe; das gleiche gilt für Filmverleih- und Filmvertriebsunternehmen.

Die Frage ist, ob ein von einem privaten Medienunternehmen ausgegliedertes Medienunternehmen der sog. Neuen Medien unter den Tendenzschutz fällt. Das Tochterunternehmen fällt unter § 118 I BetrVG; wenn die Zwecke gemischt sind, entscheidet der überwiegende Zweck. Entscheidend sind insbesondere die tendenzbezogenen Programmteile.

b) Tendenzträger

Der Tendenzschutz ist bei den sog. Tendenzträgern zu berücksichtigen. Wer Tendenzträger ist, kann im Einzelnen strittig sein. Soweit Mitarbeiter leitende Angestellte sind, greift das BetrVG ohnehin nicht ein (§ 5 Abs. 3 BetrVG). Tendenzträger sind in jedem Fall Redakteure. Entscheidend wird aber unabhängig von der jeweiligen Bezeichnung innerhalb des Betriebes, in den Einzelarbeitsverträgen oder im Tarifvertrag sein, ob der jeweilige Mitarbeiter an der sog. Tendenzverwirklichung mitwirkt. Soweit Programm-Mitarbeiter betroffen sind, die in relevanter Weise, durch redaktionelle, moderierende, textliche oder sonstige Beiträge auf das Programm einwirken, sind diese als Programm-Mitarbeiter Tendenzträger.

BAG AP 47, 32 § 118 BetrVG 1972; Dzilal/Hohenstatt NZA 2004, 1084; BAG AP 46, 56 § 118 BetrVG 1972; BAG AfP 2006, 495

Auch bei Tendenzträgern ist die Mitbestimmung in personellen Angelegenheiten lediglich eingeschränkt. Die Mitbestimmung bei Ein- oder Höhergruppierungen wird durch § 118 BetrVG nicht berührt.

c) Tendenzbezogene Maßnahmen

Das Mitbestimmungsrecht in personellen Angelegenheiten (relevant vor allem für Zustimmung nach § 99 Abs. 2, das Widerspruchsrecht gem. § 102 Abs. 5 BetrVG) entfällt bei personellen Maßnahmen, welche tendenzbedingt sind. Die Tendenzbedingtheit einer personellen Maßnahme ist jeweils im Einzelnen zu prüfen.

BAG AP 3 § 99 BetrVG 1972

Das gilt z. B. auch für Versetzungen.

BAG AfP 2006, 495; BAGE 56, 71

Die Anhörungs- und Unterrichtungsansprüche des BR bleiben auch bei tendenzbedingten Maßnahmen, die sich gegen Tendenzträger richten, erhalten, §§ 99 Abs.1, 102 Abs.1BetrVG. Das Anhörungsrecht des BR bei Kündigungen ist auch bei tendenzbedingten Maßnahmen gegeben. Deswegen sind dem BR vom Arbeitgeber sämtliche Gründe, die eine beabsichtigte Kündigung tragen sollen, mitzuteilen. Gegenüber einer solchen Information und Anhörung darf der BR Bedenken vortragen und Widerspruchsgründe geltend machen. Allerdings darf er einer durch die Tendenz bedingten Kündigung nicht auf der Grundlage von § 102 Abs. 3 BetrVG widersprechen. Kündigt der Arbeitgeber z. B. wegen Rationalisierung aus betriebsbedingten Gründen oder verhaltensbedingt, z. B. wegen mangelhafter Leistungen, ohne dass diese Gründe mit der Tendenz des Unternehmens zu tun hätten, darf der BR widersprechen. Er darf also z. B. gegenüber einer betriebsbedingten Kündigung den Widerspruch darauf stützen, dass der Arbeitgeber keine oder keine ordnungsgemäße Sozialauswahl getroffen habe. Die Anhörung ist auch bei **außerordentlichen Kündigungen** von Tendenzträgern vorgeschrieben, § 102 Abs. 1 BetrVG.

Das Mitbestimmungsrecht greift nur dann nicht ein, wenn es sich um eine nicht tendenzbezogene Maßnahme handelt. Maßnahmen des Arbeitgebers, die ohne programmlichen Tendenz-Bezug sind, fallen aus dem Geltungsbereich von § 118 Abs. BetrVG heraus.

Strittig ist die Frage, ob die Rundfunkfreiheit, die es gewährleistet, frei von fremdem Einfluss über die Einstellung und über die Beschäftigung von Redakteuren oder anderen Programm-Mitarbeitern bestimmen zu können, den Einfluss des Betriebsrats auf **Arbeitszeitmaßnahmen** umfasst. In der Rechtsprechung wird darauf abgestellt, ob Beteiligungsrechte des Betriebsrats die Tendenzverwirklichung im konkreten Einzelfall ernsthaft beeinträchtigen bzw. ob eine Regelung, bei der der Betriebsrat mitbestimmt, die Realisierung der Tendenz ernstlich gefährdet oder unmöglich macht. Entscheidend wird also auf die konkrete Verletzung, nicht mehr auf eine nur abstrakte Gefährdung abgestellt. Mitbestimmungsfrei sind die regelmäßige Wochenarbeitszeit, Einführung von Redaktionskonferenzen, Zeitvorgaben für Berichterstattungen.

§ 118 Abs. 1 BetrVG ist eine grundrechtsgestaltende Regelung. Deren Auslegung und Anwendung führt nicht dazu, dass es auf das Gewicht der durch die fraglichen Mitbestimmungsrechte geschützten Belange der Arbeitnehmer ankommt. Soweit für die Auslegung grundrechtsgestaltender Regelungen auch das Sozialstaatsprinzip heranzuziehen ist, darf dies nicht in eine Beschränkung der **Rundfunkfreiheit** umschlagen. Arbeitgeberentscheidungen aus anderen als Tendenzgründen, z. B. zu dem Zweck, den regelmäßigen Einsatz der Redakteure dem technisch-organisatorischen Sendeablauf anzupassen oder die Art der Arbeitsleistung zu regeln, sind der Mitbestimmung des BR zugänglich, weil damit keine Einflussmöglichkeit auf die Tendenz gegeben ist.

Bei **tendenzbezogenen personellen Einzelmaßnahmen** steht dem BR nur ein **Informationsrecht** zu. § 100 Abs. 1 BetrVG betreffend die vorläufige Durchführung personeller Einzelmaßnahmen hat nur noch Bedeutung für die Fälle, in denen der Arbeitgeber die Maßnahme vor Ablauf der Wochenfrist durchführen will, welche dem BR zur Stellungnahme zur Verfügung steht. Die vorläufige Durchführung durch den Arbeitgeber muss aus Sachgründen dringend erforderlich sein.

Bei der **Einstellung** eines Redakteurs spricht eine tatsächliche Vermutung dafür, dass es sich um eine tendenzbedingte personelle Maßnahme in Bezug auf einen Tendenzträger handelt.

Bei der **Versetzung** von Tendenzträgern ist das Beteiligungsrecht des BR eingeschränkt. Der Arbeitgeber muss den BR über die geplante Einzelmaßnahme informieren, nicht aber seine Zustimmung einholen.

Die **Eingruppierung** eines Redakteurs ist abhängig von der Zustimmung des BR, § 99 BetrVG.

Die Beteiligung bei Betriebsänderungen ergibt sich aus §§ 111-113 BetrVG (siehe dazu Bauer, FS Wissmann, 2005, 215). Zu den komplexen Konstellationen beim Betriebsübergang und zum Nachteilsausgleich siehe Koch, Arbeitshandbuch, 2011, §§ 117-119; Götz von Olenhusen/Puff NZA-RR, 2009, 1-18.

Ein BR darf Presseerklärungen abgeben (§ 2 I BetrVG). Simitis/Kreuder NZA 1992, 1009; BAG NZA 1992, 315.

3. Der Wirtschaftsausschuss

Ein Wirtschaftsausschuss ist in Tendenzbetrieben nicht zu errichten (vgl. §§ 106-110 BetrVG).

Allerdings kann es vorkommen, dass etwa in einem Konzern, der als Tendenzbetrieb anzusehen ist, Betriebe, z. B. Tochterfirmen, vorhanden sind, die als tendenzfrei zu charakterisieren sind. In solchen Betrieben würde dann wiederum § 118 BetrVG nicht gelten. Hier wären z. B. Wirtschaftsausschüsse einzurichten.

4. Das Auskunftsrecht des Betriebsrats

Der Tendenzschutz des § 118 Abs. 1 Satz 1 BetrVG steht dem Auskunftsrecht bzw. dem Einsichtsrecht des BR in Bruttolohn- und -gehaltslisten dann nicht entgegen, wenn das Einsichtsrecht für die in einer Abteilung eines Tendenzunternehmensbeschäftigten Arbeitnehmer begehrt wird, deren Tätigkeit rein technischer Natur ist.

Der BR ist allgemein vom Arbeitgeber zu unterrichten, § 80 II BetrVG.

BAG AP 56 § 80 BetrVG 1972

In einer Reihe weiterer Vorschriften ist die Unterrichtungspflicht normiert, vgl. §§ 99, 102 I, 105, 106, 108, 110, 111.

Dies kann durch Vorlage von Unterlagen oder durch Einsicht, z. B. in Gehaltslisten, geschehen.

5. Redaktionsstatute

In Verlagen darf durch Vereinbarung etwa in Redaktionsstatuten die Beteiligung über den Rahmen von § 118 BetrVG hinaus ausgedehnt werden. Sie verstoßen nicht gegen Art. 5 I GG.

BAG AP § 3 BetrVG 1972 – Mannheimer Morgen; vgl. auch BAG NZA 1999, 837 – Zeitungsverlag

Ob Redaktionsstatute durch Betriebsvereinbarung abgeschlossen werden dürfen, ist strittig.

DKK- Wedde § 118 Rz. 104;GK – Fabricius/Weber § 118 Rz 35

Ist das Redaktionsstatut Teil der Arbeitsverhältnisse, kann mangels Kündigungsabrede nur eine Änderungs- oder Beendigungskündigung in Betracht kommen.

BAG AP 3 § 3 BetrVG 1972; sh. auch Löffler/Ricker, Handbuch des Presserechts, § 38

Die dafür vorgebrachten Gründe können arbeitsrechtlich überprüft werden. Eine außerordentliche Kündigung eines Statuts wird kaum einmal in Frage kommen. Eine ordentliche nur bei zwingenden Gründen.

F. Die Nebentätigkeit. Wettbewerbsverbot und Konkurrenzklauseln

Grundsätzlich gilt, dass ein Medienmitarbeiter wie jeder sonstige Arbeitnehmer Anspruch auf Nebentätigkeit hat. Anspruch und Grenzen können durch Tarifvertrag geregelt werden oder auch im Arbeitsvertrag.

Außerdienstliche Nebentätigkeiten sind von jeher vor allem im **Öffentlichen Dienst** geregelt. Im **Medienbereich** wird mit Rücksicht auf die Öffentlichkeitswirkung und die Werbewirksamkeit von Mitarbeitern eine vergleichsweise ausführliche gesonderte Regelung in Tarifverträgen oder in Arbeitsverträgen getroffen. Ein Verbot oder eine Einschränkung zur Ausübung von Nebentätigkeiten lässt sich auch aus anderen Vorschriften herleiten.

§§ 60, 61 HGB, 17, 18 UWG; Götz von Olenhusen/Stechl, UFITA 1992, 61; ausführlich Linde: Arbeitsrechtshandbuch § 42.

Das **Recht zur Nebentätigkeit** besteht grundsätzlich. Es kann durch Einzelvertrag oder durch Tarifvertrag eingeschränkt werden. Die Tarifverträge der öffentlich-rechtlichen Anstalten enthalten detaillierte Einschränkungen.

Vgl. Ziff. 390 ff. MTV SWR. Siehe auch § 13 MTV Tageszeitungen; sh. zur Nebentätigkeit bei öffentlich-rechtlichen Anstalten ausführlich Götz von Olenhusen: Medienarbeitsrecht für Hörfunk und Fernsehen, 2004

Beschränkungen können sich auch aus der Einhaltung der Höchstarbeitszeit ergeben. Die in § 3 ArbZG vorgesehenen Höchstarbeitszeiten dürfen nicht überschritten werden. Haupt- und Nebentätigkeit müssen wegen der arbeitgeberübergreifenden Geltung bei der Ermittlung der Gesamtarbeitszeit zusammengerechnet werden.

Goul/Khanian MDR 2006, 68

Nebentätigkeiten sind während des gesetzlichen Mindesturlaubs nicht gestattet, § 8 UrlG. Die Erholung des Arbeitnehmers während des Urlaubs soll damit gewährleistet werden.

Schaub/Preis 2008, § 42 Rz 9

1. Nebentätigkeit, Nebenerwerb oder Nebenbeschäftigung

Unter **Nebentätigkeit** wird diejenige verstanden, die zusätzlich zu einer vollen Arbeitsvertragstätigkeit wahrgenommen, zeitlich während der Haupttätigkeit nicht erbracht wird und nach Umfang und zeitlichem Aufwand den Arbeitnehmer weit weniger in Anspruch nimmt. Dazu gehören entgeltliche und unentgeltliche Tätigkeiten, auch Tätigkeiten in einem Ehrenamt. Die Begriffe sind in den Mantel-Tarifverträgen der öffentlich-rechtlichen Rundfunkanstalten relativ weit gefasst. Deswegen fallen nicht nur Nebenbeschäftigungen aufgrund Arbeits-, Dienst- oder Werksvertrag unter nebenberufliche Tätigkeiten. Nebentätigkeit ist der Oberbegriff. Entscheidend ist die Abgrenzung zwischen **Haupt- und Nebenberuf**. Damit ist jede Tätigkeit neben der arbeitsvertraglich geschuldeten des Hauptberufs gemeint.

Braun DB 2003, 2282

Wesentlich sind die Merkmale der jeweiligen vertraglichen Tätigkeit als Redakteur, Regisseur, Maskenbildner, Verwaltungsangestellter usw. Es ist auf die materiell-rechtliche Funktion abzustellen, die sich aus dem Vertrag, den Tarifmerkmalen, dem Berufsbild usw. ergibt. Zum Teil können auch Arbeitsbeschreibungen zur Abgrenzung dienen.

Eine Nebentätigkeit bedarf im Prinzip keiner Zustimmung (Art. 12 Abs. 1 GG). Der Arbeitnehmer darf sich auf das Grundrecht der Berufsfreiheit stützen. Anders nur, wenn die Nebentätigkeit geeignet ist, mit der (Haupt-) Arbeitspflicht in Konflikt zu geraten. Es besteht allerdings nur bei konkreter Kollision mit der Haupttätigkeit die Pflicht, die Nebentätigkeit dem Arbeitgeber anzuzeigen.

Kornbichler AuA 2003, 16; Braun DB 2003, 2282, 2284

Die kollidierende Nebentätigkeit wird an die Zustimmung des Arbeitgebers gebunden, wenn sie entgeltlich ausgeübt wird.

LAG Hamburg LAGE § 1 TVG Nr. 1 Nebentätigkeit, vgl. auch Ziff. 391 MTV SWR

2. Zustimmungserfordernis

Der tarifgebundene Arbeitnehmer darf die Nebentätigkeit im Hinblick auf seine vertraglichen Verpflichtungen nur mit **Zustimmung** des Arbeitgebers ausüben. Der Bezug zum Inhalt des Hauptvertrages wird damit hergestellt. Es sind nur mit den arbeitsvertraglichen Pflichten identische oder entsprechende Tätigkeiten zu unterlassen. Nach den Tarifverträgen ist die Zustimmung zu beantragen. Manche Tarifverträge beschränken die Zustimmung in der Regel auf ein Jahr. Ob das zulässig ist, ist zweifelhaft. Denn der Anspruch auf Ausübung oder Zustimmung zur Nebentätigkeit ist zeitlich nicht von vornherein befristet.

Die Zustimmung zur identischen Nebentätigkeit darf nur versagt werden, wenn begründete Besorgnis besteht, dass die **Interessen der Anstalt** beeinträchtigt werden.

BAG NZA 2002, 99; 2000,723

Es müssen konkrete Interessenkollisionen gegeben sein oder absehbar bevorstehen. Die Nebentätigkeit kann z. B. die Haupttätigkeit gefährden oder unmöglich machen oder zu stark belasten. Dann kann die Zustimmung versagt werden. Eine **Konkurrenztätigkeit** darf nicht ausgeübt werden. Ein Redakteur darf z. B. nicht Manuskripte einer Sendung einem anderen Sender, ohne vorherige Zustimmung des Arbeitgebers anbieten. Entscheidend ist jeweils der **Pflichtenkreis**. Auch andere Interessen sind zu berücksichtigen. Wenn z. B. der Redakteur einer Sendereihe über Auto und Verkehr in seiner Freizeit Werbung für eine bestimmte Automarke gegen Entgelt machen möchte, kann dies den Interessen der Anstalt zuwiderlaufen. Der öffentliche Eindruck, dass in den Sendungen bestimmte Produkte bevorzugt werden, darf nicht entstehen. Wer mit dem Einkauf von Filmen befasst ist, darf in der Regel nicht in Nebentätigkeit für einen Filmhändler arbeiten. Ein Mitarbeiter des Marketing ist nicht gehindert, in Nebentätigkeit als Autor oder Mitarbeiter von anderen Medien tätig zu sein. Eine Nebentätigkeit eines Hörfunksprechers kann unerlaubt sein, wenn bei einem mit einem Sender in Wettbewerb stehenden Anbieter von Fernsehprogrammen Nachrichtentexte aus dem Off gesprochen werden.

Zur Mitteilungspflicht BAG NZA 2010, 693; Singer Anm. zu BAG NZA 2002, 965 BAG AP 5 § 611 BGB Nebentätigkeit (betr. MTV NDR)

3. Fallgruppen im Rundfunk nach MTVen

Die Zustimmung zur Nebentätigkeit kann nach bestimmten heute auch oft tariflich normierten **Fallgruppen** verweigert werden:

- Beeinträchtigung der vertraglich geschuldeten Arbeitsleistung,
- Entstehung einer Konkurrenzlage durch Geschäfte im Geschäftszweig des Arbeitgebers,

  Vgl. Hunold NZA-Rd 2002, 505, 508

- Ausübung i.V.m. einer Dienstreise, soweit durch die Nebentätigkeit für die Anstalt eine Kostenausweitung eintritt,
- Verwendung von nicht allgemein zugänglichen Arbeitsplanungen oder Arbeitsergebnissen anderer Mitarbeiter des Arbeitgebers,
- Vermarktung der Rundfunkpopularität, insbesondere in der Werbung,
- Überschreitung der täglichen Gesamtarbeitszeit von 10 Stunden oder Verkürzung der Ruhezeit auf weniger als 11 Stunden,
- Bei sachwidriger oder nachteiliger Beeinflussung des Arbeitnehmers bei dienstlicher Tätigkeit, insbesondere wegen wirtschaftlicher Interessen.
- Ausgeschlossen sind Nebentätigkeiten für Personen oder Unternehmen, mit denen die Anstalt Geschäftsbeziehungen unterhält und dadurch Interessenkonflikte entstehen könnten; ausgenommen sind Unternehmen, an denen eine oder mehrere ARD-Rundfunkanstalten beteiligt sind.
- Ausgeschlossen sind Nebentätigkeiten, wenn diese bestimmungsgemäß zur Verbreitung in Rundfunkprogrammen oder zur Herstellung solcher Programme genutzt oder erbracht werden, ausgenommen ARD-Programme.

  Details sh. Götz von Olenhusen, Medienarbeitsrecht, 2004

Ein Anspruch auf Zustimmung zur Nebentätigkeit besteht mangels Besorgnis einer Interessenbeeinträchtigung.

  BAG AP 5 § 611 BGB – Nebentätigkeit

Wird ein schriftlicher Antrag auf Zustimmung nicht innerhalb von 3 Wochen abgelehnt, gilt die Zustimmung als erteilt (so in manchen TV geregelt). Der Arbeitgeber ist zur Bescheidung einer Antrags binnen angemessener Frist verpflichtet.

4. Nebentätigkeiten freier Mitarbeiter

Grundsätzlich dürfen freie Mitarbeiter Nebentätigkeiten ausüben. Allerdings sind vertragliche Einschränkungen gerade dann zulässig, wenn ein Konkurrenzverhältnis besteht oder entstehen könnte. Die tarifliche Ausgestaltung des Nebentätigkeitsrechts verdankt sich den Einflüssen und Vorbildern des öffentlichen Dienstrechts. In den letzten Jahren sind die **Fallgruppen** insbesondere für Arbeitnehmer in den MTVen ausgeweitet und differenziert worden, orientiert an besonderen Arbeits- und Verwertungsbedingungen der Anstalten und Fallkonstellationen. Die Funktionen der öffentlich-rechtlichen Medien und die Verwertungsmöglichkeiten der beruflichen Fähigkeiten, der Erfahrungen und der durch die Medien möglichen Zusatznutzen bei der Verwertung von Arbeitskraft erfordern gewisse Einschränkungen der Nebentätigkeit in Bezug auf den Hauptberuf. Dabei gerät das grundsätzliche Recht auf freie Entfaltung der Persönlichkeit, der Berufsfreiheit (Art. 2, 12 GG) bei der direkten oder indirekten Verwertung von Werk- und Dienstleistungen der Anstalten, bei der Nutzung ihrer Mittel, bei der Nutzung der durch die Medienberufe sich ergebenden Folgeerscheinungen (Popularität, Vermarktungspotentiale) in einen **Interessenwiderstreit** mit Interessen der Unternehmen. Diese Konfliktsituation wird noch durch den Konkurrenzdruck innerhalb des dualen Systems verstärkt.

Die öffentlich-rechtlichen Anstalten neigen dazu, auch bei arbeitnehmerähnlichen Personen die Regeln des Nebentätigkeitsrechts strikter anzuwenden, d. h. auch insoweit das Recht, das für Arbeitnehmer gilt, auf sie zu übertragen. Das erscheint als nicht sachgerecht; rechtlich ist das nur dann möglich, wenn z. B. die Tarifregeln für Arbeitnehmer in einem Rahmenvertrag oder anderem Individualvertrag vereinbart werden oder wenn der einzelne Arbeitsvertrag die zu Nebentätigkeits- und Konkurrenzeinschränkungen vertraglich und nach vertraglich zu berücksichtigenden gesetzlichen Normen einhält. Wenn ein freier Mitarbeiter z. B. nicht von dem Rundfunkunternehmen vollzeitlich in Anspruch genommen wird, läuft eine Einschränkung von Nebentätigkeit auf eine nicht zulässige Begrenzung des Grundrechts hinaus. Sie würde vertraglich nur aufgrund plausibler Gründe haltbar sein. Bei der Tagespresse sind z. B. Einschränkungen freier Mitarbeiter üblich und zulässig, dass sie Nachrichten und Beiträge zuerst im Blatt des Vertragspartners veröffentlichen bzw. diesem als erstem anbieten müssen, bevor diese in einem anderen Blatt erscheinen dürfen. Die Rechtsprechung will bei Arbeitnehmerähnlichen die §§ 74 ff HGB anwenden.

5. Rechtsfolgen unzulässiger Nebentätigkeit

Bei unzulässiger Ausübung einer Nebentätigkeit kommen verschiedene Sanktionsmöglichkeiten in Betracht. Zunächst kann der Arbeitgeber die Erfüllung der Arbeitspflicht verlangen, wenn die Nebentätigkeit dazu führt, dass der Arbeitnehmer seiner (Haupt-) Arbeitspflicht nicht mehr ordnungsgemäß nachkommt. Entsteht dem Arbeitgeber infolge der unzulässigen Nebentätigkeit ein **Schaden**, so kann er darüber hinaus den Ersatz dieses Schadens von seinem Arbeitnehmer verlangen.

Des Weiteren berechtigt eine unzulässige Nebentätigkeit den Arbeitgeber zur **Rüge** oder **Abmahnung**, in schwerwiegenderen Fällen auch zu einer ordentlichen verhaltensbedingten **Kündigung**. Im Falle eines besonders gravierenden Verstoßes kann im Einzelfall sogar eine außerordentliche fristlose Kündigung, regelmäßig nach vorheriger Abmahnung, gerechtfertigt sein.

Unabhängig davon steht dem Arbeitgeber stets das Recht zu, dem Arbeitnehmer die weitere Ausübung der unzulässigen Nebentätigkeit zu untersagen.

Bei Schwarzarbeit gilt jetzt SchwarzARbG 2004, BGBl I, 1842

6. Wettbewerbsverbote

Von dem Bereich der Nebentätigkeiten zu trennen sind Wettbewerbstätigkeiten des Arbeitnehmers. Dazu gehören – dem Rechtsgedanken des § 60 HGB entsprechend – alle Tätigkeiten des Arbeitnehmers, die geeignet sind, mit den unternehmerischen Interessen des Arbeitgebers zu kollidieren. Der Arbeitgeber ist naturgemäß daran interessiert zu verhindern, dass der Arbeitnehmer das im Rahmen des Arbeitsverhältnisses erworbene Wissen im Rahmen einer Konkurrenztätigkeit anwendet. Deshalb kommt den Wettbewerbsverboten des Arbeitnehmers – die sich zeitlich auch über die Dauer des Arbeitsverhältnisses hinaus erstrecken können – in der Praxis große Bedeutung zu.

6.1 Wettbewerbsverbote während des Arbeitsverhältnisses

§ 60 HGB normiert ein während des Arbeitsverhältnisses bestehendes Wettbewerbsverbot für den Handlungsgehilfen. Die Rechtsprechung sieht in dieser Vorschrift die Konkretisierung eines allgemeinen Rechtsgedankens, der seine Grundlage in der „Treuepflicht“ des Arbeitnehmers findet (vgl. BAG AP 7, 8 zu § 611 BGB Treuepflicht). Dies bedeutet, dass die in § 60 HGB niedergelegten Grundsätze auch auf alle anderen Arten von Arbeitsverhältnissen übertragbar sind. Daher begründet bereits der Arbeitsvertrag an sich für die Dauer seines Bestehens ein umfassendes Wettbewerbsverbot. Einer gesonderten Absprache zwischen Arbeitnehmer und Arbeitgeber bedarf es dazu nicht.

Das **Wettbewerbsverbot** beinhaltet das Verbot, den unternehmerischen Interessen des Arbeitgebers durch den Betrieb eines Gewerbes zuwiderzuhandeln. Dabei kommt es nicht darauf an, ob der Arbeitnehmer dem Arbeitgeber tatsächlich Konkurrenz macht. Es genügt, dass die andere Tätigkeit oder Beteiligung als solches mit den unternehmerischen Interessen des Arbeitgebers kollidiert.

Zulässig ist die Vorbereitung eigener künftiger Geschäfte, Mieten von Räumen, Kauf einer Internet-Domain u.ä.

> LAG Köln NZA-RR 2005, 595; zu Konkurrenzgeschäften ohne Auswirkung BAG NZA 2010, 693

Verstößt ein Arbeitnehmer, der nicht kaufmännischer Angestellter im Sinne des HGB ist, gegen das Wettbewerbsverbot, so findet nach Maßgabe der Rechtsprechung die Vorschrift des § 61 HGB keine Anwendung. Die Ansprüche des Arbeitnehmers sollen anhand der allgemeinen Regeln bestimmt werden. Danach ergibt sich ein Herausgabeanspruch des Arbeitgebers nach den Grundsätzen der Geschäftsführung ohne Auftrag. Daneben kommen vertragliche und evtl. auch deliktische Schadensersatzansprüche und Unterlassungsansprüche in Betracht. Darüber hinaus berechtigen die getätigten Konkurrenzgeschäfte den Arbeitgeber zu einer ordentlichen oder außerordentlichen Kündigung (ausnahmsweise auch ohne vorherige Abmahnung).

6.2 Wettbewerbsbeschränkungen nach Ende des Arbeitsverhältnisses

Nach Beendigung des Arbeitsverhältnisses unterliegt der Arbeitnehmer keiner gesetzlichen Wettbewerbsbeschränkung mehr. Er darf daher grundsätzlich mit seinem ehemaligen Arbeitgeber in Wettbewerb treten. Grenzen ergeben sich dabei lediglich aus § 3 UWG, §§ 823 I, 826 BGB.

> Besonderheiten im gekündigten Arbeitsverhältnis: Leuchten NZA 2011, 391; Neighbour AuA 2011, 89.

Es ist jedoch möglich und zulässig, die Wettbewerbstätigkeit des Arbeitnehmers für die Zeit nach Beendigung des Arbeitsverhältnisses durch eine **vertragliche Vereinbarung** zu beschränken. Eine gesetzliche Regelung über die Ausgestaltung eines solchen vertraglichen Wettbewerbsverbotes findet sich in §§ 74 ff. HGB. Diese Regelungen sind aufgrund der Verweisung in § 110 GewO auch auf die vom Wortlaut nicht erfassten Arbeitnehmer anzuwenden.

Die Wirksamkeitsvoraussetzungen eines **vertraglichen Wettbewerbsverbotes** sind den §§ 74 ff. HGB zu entnehmen. Von Bedeutung ist insbesondere die Vereinbarung einer sog. **Karenzentschädigung** zugunsten des Arbeitnehmers, die für jedes Jahr des Verbots mindestens die Hälfte der von dem Arbeitnehmer zuletzt bezogenen vertragsgemäßen Leistungen beträgt. Daneben muss das Wettbewerbsverbot dem Schutz eines „berechtigten geschäftlichen Interesses" des Arbeitgebers dienen. Dies setzt voraus, dass das Wettbewerbsverbot im konkreten Fall notwendig ist, um den Schutz von Geschäfts- und Betriebsgeheimnissen gewährleisten zu können oder um den Einbruch in den Kunden- und Lieferantenstamm zu verhindern. Somit ist ein Wettbewerbsverbot nicht gerechtfertigt, wenn der Arbeitgeber lediglich das Ziel verfolgt, die Stärkung der Konkurrenz zu verhindern.

Aus dem Grundsatz der Tarifautonomie ergibt sich, dass die Regelung eines Wettbewerbsverbotes durch **Tarifvertrag** grundsätzlich zulässig ist. Regeln die Tarifpartner das Recht für nichtkaufmännische Angestellte umfassend, so haben diese Regelungen Vorrang vor den §§ 74 ff. HGB.

Für freie Mitarbeiter gelten die §§ 74 ff. HGB nicht. Auf Arbeitnehmerähnliche werden sie analog angewendet.

BAG NZA 1997, 1284

6.3 Der Verrat von Betriebsgeheimnissen

Die Vorschrift des § 17 UWG setzt die Preisgabe von **Geschäfts- oder Betriebsgeheimnissen** durch im Unternehmen beschäftigte Personen – also insbesondere Arbeitnehmer, Angestellte und Lehrlinge – unter Strafe. Ein Geschäfts- oder Betriebsgeheimnis ist jede im Zusammenhang mit einem Betrieb stehende Tatsache, die nur einem eng begrenzten Personenkreis bekannt ist und die nach dem bekundeten Willen des Betriebsinhabers, der auf einem ausreichenden wirtschaftlichen Interesse beruht, geheim gehalten werden soll. Der Straftatbestand kann nur dann verwirklicht werden, wenn zum Zeitpunkt der Preisgabe der Informationen ein Dienstverhältnis besteht. Nach Ablauf des Beschäftigungsverhältnisses kann der ehemalige Beschäftigte lediglich vertragliche Geheimhaltungspflichten verletzen. Für die sog. Flucht in der Öffentlichkeit oder **„Whistleblowing"** gelten Einschränkungen. Zunächst muss innerbetrieblich auf Abhilfe gedrungen werden.

Müller-Glöge/Preis/Schmidt: Erfurter Komm. § 611 BGB Rz. 716; siehe Übersichten Ohly, GRUR 2014,1; Ann, GRUR 2014, 12: Mulle, Whistleblowing und Arbeitsrecht, 2013; Müller, NZA 2002, 424-437

G. Sorgfaltspflichten. Standesrecht. Rechte, Pflichten und Haftung des Journalisten

1. Die Sorgfaltspflicht der Medienmitarbeiter

Mit den **Kommunikationsfreiheiten** der Medienmitarbeiter nach Art. 5 GG korrespondieren spezielle Pflichten. Dazu gehört primär die Pflicht, die übermittelten Medieninhalte auf Wahrheitsgehalt, Richtigkeit, Vollständigkeit und (seriöse) Herkunft zu überprüfen. Die Landespressegesetze, Landesmediengesetze, Rundfunkstaatsverträge und der Mediendienste-Staatsvertrag verlangen die jeweils nach den Umständen des Einzelfalles gebotene **Sorgfalt**. Gleiches gilt für Autoren von anderen Medienprodukten, etwa Büchern und für Presseagenturen.

BGH NJW 1996, 1131; BVerfG NJW 2004, 589. Einzelheiten bei Soehring/Hoene § 2; Gerhardt/Steffen: Kleiner Knigge des Presserechts.

Je nach Informationsgehalt, Zeitbudget und Medium kann die Pflicht zur Prüfung unterschiedlich ausgestaltet sein.

Die aktuelle Berichterstattung verlangt nicht absolute **Wahrheit**. Auch **Verdachtsberichterstattung** ist zulässig. Hier sind besondere Vorsichtsmaßregelungen zu beachten. Dazu zählen insbesondere **Anhörung** des Betroffenen, **Folgenabschätzung** und **Güterabwägung**.

BGH AfP 1987, 497; BGH NJW 2000, 1036; Söder in: Gersdorf/Pael, 2014, § 923 Rz 237 ff.

Sonderfall: Verdachtsberichterstattung

Audaciter columniare, semper aliquid haeret (Plutarch)

Die Verdachtsberichterstattung ist aus der Berichterstattung, insbes der Justizberichterstattung oder aus dem investigativen Journalismus nicht mehr hinweg zu denken. Der effektive Rechtsschutz gegen Verdächtigungen, seine Reichweite und Grenzen sind nach wie vor ein umstrittenes Gebiet. Der begründete oder unbegründete Verdacht, der Blick auf fragwürdige Ereignisse oder Aktionen einer Person oder Institution in Vergangenheit und Gegenwart sind wesentliche Aufgabe von Presse und Medien. Auf kaum einem anderen Gebiet des Kommunikationsrechts treffen unterschiedliche verfassungsrechtliche Positionen so scharf und zumeist antagonistisch aufeinander, so dass eine „Konkordanz“ der Grundrechtspositionen unvermeidlich, aber stets nicht einfach ist.

Siehe dazu aus strafrechtlicher Sicht Schlüter: Verdachtsberichterstattung. Zwischen Unschuldvermutung und Informationsinteresse. München 2011; zivilrechtliche Darstellung bei Soehring/Hoene, Presserecht, 2013.

Es gibt nach Ansicht des LG Hamburg kein Prinzip freier „Gerüchtsberichterstattung“.

HH-Ko MedienR/Kröner, Baden-Baden, 33, Rz. 58 ff.; Breutz/Weyhe, ebd., 39, Rz. 77 ff.; Keil, Verdachtberichterstattung. Frankfurt am Main 2013; Sajuntz, NJW 2014, 25; Söder in: Gersdorf/Paal, 2014 § 823 Rz. 237-259

Das allgemeine Persönlichkeitsrecht in seinen unterschiedlichen Ausprägungen – Ehrenschutz, Recht am eigenen Bild, Anspruch auf Anonymität und Schutz gegen Indiskretionen – findet sich vor allem in privatrechtlichen und strafrechtlichen Rechtsnormen. Wie mit den grundgesetzlich garantierten Rechten auf Schutz der Persönlichkeit, auf ein faires Verfahren, im Umgang mit dem „ewigen Gedächtnis“ von Archiven und dem Internet zu verfahren ist, gehört zu den sensibelsten Bereichen des Medienrechts.

Die Thematik hat die Gerichte immer wieder beschäftigt. In einer Reihe von Entscheidungen sind die Probleme gerade auch im Zusammenhang mit Berichterstattungen über sog. **inoffizielle Mitarbeiter (IM)** von der Rechtsprechung entschieden worden. Die Entscheidung des Bundesgerichtshofs vom 11.12.2012 (VI ZR 315/10) hat erneut Anlass gehabt, die Voraussetzungen und Grenzen näher abzustecken.

Das Urteil des Bundesgerichtshofs vom 11.12.2012, VI ZR 315/10 – „IM Christoph“.

In dem Fall nahm der Kläger, ehemals Professor an der Universität Leipzig und Fraktionsvorsitzender der PDS im Sächsischen Landtag, die Zeitungen DIE WELT und BILD auf Unterlassung in Anspruch. Dort war im Jahre 2004 über den Verdacht berichtet worden, der Kläger hätte seit 1970 als „IM Christoph“ mit dem Ministerium für Staatssicherheit der ehemaligen DDR zusammengearbeitet und insbesondere seine damalige Freundin und jetzige Ehefrau bespitzelt. Das erstinstanzliche Gericht verurteilte den beklagten Verlag der Zeitungen zur Unterlassung. Die Berufung blieb erfolglos. Der BGH hat die Sache zurückverwiesen. Das Urteil zeigt das vom BGH angewendete Prüfungsprogramm am konkreten Fall sozusagen in „Reinkultur“ und ruft den Instanzgerichten u.a. die Traditionslinien der Judikatur in Erinnerung. Das Berufungsgericht hatte in den angegriffenen Äußerungen einen Eingriff in das Allgemeine Persönlichkeitsrecht gesehen. In der Presse war auf unterschiedliche Art und Weise der Vorwurf der Zusammenarbeit mit dem MfS als Spitzel erhoben worden. Dies wertet der BGH zusammen mit dem Berufungsgericht als Tatsachenbehauptung, die das Bild des Klägers in der Öffentlichkeit tangieren könne. Dies entspricht der ständigen Rechtsprechung der Obergerichte.

Entscheidend ist, dass eine Rechtswidrigkeit nur dann bejaht wird, wenn das Schutzinteresse des Betroffenen die Belange der Beklagten überwiegt (BGH ZUM-RD 2013, 63; ZUM 2012, 675). Das eröffnet faktisch und rechtlich auszufüllende Begriffe und Wertungsräume.

Abgewogen wird dabei das Interesse des Klägers (Art. 2 Abs. 1, Art. 1 Abs. 1 GG, Art. 8 Abs. 1 EMRK) gegen die Meinungs- und Medienfreiheit (Art. 5 Abs. 1 GG, Art. 10 EMRK). Zunächst wird der Wahrheitsgehalt der Tatsachenbehauptungen geprüft. Art. 5 Abs. 1 S. 1 GG schützt nicht bewusst unwahre Tatsachenbehauptungen bzw. nicht solche, deren Unwahrheit im Zeitpunkt der Äußerung schon feststeht. Alle übrigen Tatsachenbehauptungen mit Meinungsbezug sind grundrechtlich geschützt, auch wenn sie sich später als unwahr herausstellen (BGH Urteil vom 11.12.2012 – VI ZR 315/10; BGH ZUM 2009, 61). Nicht näher ausgeführt wird, wie sich dieser Kontext von Tatsachen in Beziehung zu Meinungen näher darstellt. Hier liegt eine Lücke in den sonst präzisen Gründen vor. Denn die „Melange“ zwischen Fakten- und Meinungsinhalt macht die Trennung oft besonders schwierig und hat in der Vergangenheit dazu geführt, dass zuweilen erst das BVerfG ex cathedra den Sinn einer Äußerung verbindlich festzustellen wusste, was eigentlich Aufgabe der Tatsacheninstanzen ist; damit erklärt sich das BVerfG zum Teil zur obersten Tatsacheninstanz, vor allem in Fällen mit Bezug zu Art. 1 und Art. 5 GG.

Für die Wahrheit der Tatsachenbehauptungen sind die auf Unterlassung in Anspruch genommenen Medien beweispflichtig. Der BGH hat hier aber noch die Anforderungen an die Beweiswürdigung näher ausgeführt. Der Tatrichter darf und müsse sich in faktisch zweifelhaften Fällen „mit einem für das praktische Leben brauchbaren Grad von Gewissheit begnügen, welcher den Zweifeln Schweigen gebiete, ohne sie völlig auszuschließen“. Zweifel, gegründet auf nur theoretische Möglichkeiten, seien nicht von Bedeutung. Unter diesen Perspektiven hat der BGH als Revisionsgericht die Beweiswürdigung als unvollständig, sowie als Verstoß gegen Denk- und Erfahrungssätze gerügt. Die Anforderungen an die richterliche Überzeugung seien überspannt worden. Das Landgericht hätte fehlerhaft eine mathematische, jede Möglichkeit eines abweichenden Geschehensablaufs ausschließende Gewissheit verlangt. Das Berufungsgericht hatte sich der strikten und vom BGH als fehlerhaft angesehenen Beweiswürdigung des Landgerichts angeschlossen. Die Vordergerichte hatten angenommen, die erheblichen Verdachtsmomente würden nicht zwingend darauf hinweisen, dass der Kläger Kenntnis von der Identität seiner Gesprächspartner des MfS gehabt habe.

Für die Beklagten sprach, dass sich der Kläger selbst vor der Berichterstattung an die Öffentlichkeit wandte, um seine Reaktion auf Vorwürfe bekannt zu geben. „Die Presse konnte über seine Reaktion aber nur dann sinnvoll berichten, wenn sie zugleich die gegen ihn erhobenen Vorwürfe darstellte." (BGH Urteil vom 11.12.2012). Das kann dazu führen, dass der Persönlichkeitsschutz im Rahmen der Abwägung gegenüber der Berichterstattungsfreiheit zurückzutreten hat. Da sich der Kläger mit den für seine Stasi-Vergangenheit sprechenden Verdachtsmomenten öffentlich auseinandersetzte, konnte dies auch zum Gegenstand einer Presseberichterstattung gemacht werden.

Die komplexe Problemlage spitzt sich darauf zu, ob eine Tatsachenbehauptung mit bislang ungeklärtem Wahrheitsgehalt untersagt werden darf oder nicht. Hier knüpft die Rechtsprechung an eine ältere bekannte Tradition an. Das betreffende Medium muss zuvor genügend sorgfältig zum Wahrheitsgehalt recherchiert haben (BVerfG ZUM-RD 2009, 565; BGH ZUM 2009, 61).

In der Folge führt der BGH (VI ZR 315/10, Rz 24) aus:

„Erforderlich ist ein Mindestbestand an Beweistatsachen, die für den Wahrheitsgehalt der Information sprechen und ihr damit erst 'Öffentlichkeitswert' verleihen. Die Darstellung darf keine Vorverurteilung des Betroffenen enthalten, also durch eine präjudizierende Darstellung den unzutreffenden Eindruck erwecken, der Betroffene sei der ihm vorgeworfenen Handlung bereits überführt. Auch ist vor der Veröffentlichung regelmäßig eine Stellungnahme des Betroffenen einzuholen. Schließlich muss es sich um einen Vorgang von gravierendem Gewicht handeln, dessen Mitteilung durch ein Informationsbedürfnis der Allgemeinheit gerechtfertigt ist (vgl. Senatsurteil vom 7. Dezember 1999 – VI ZR 51/99, BGHZ 143, 199, 203 f. mwN).

Vor der Veröffentlichung muss sich das Medium darüber klar werden, ob es sich um einen gravierenden Vorgang handelt, der durch ein Informationsbedürfnis der Allgemeinheit fundiert und gerechtfertigt ist. Gerade diese „offenen" Kriterien zeigen allerdings, dass hier die Textierung schwierig ist: Eine Darstellung, die nicht präjudizierende Eindrücke enthält, muss also oft auf wertende Äußerungen weitgehend verzichten bzw. alles, was dargestellt wird, mit großen Vorbehalten versehen bzw. die Umstände nennen, die den Verdacht wiederum in Frage stellen. Auch damit kann je nach Wortwahl oder Auswahl ein positiver oder negativer Eindruck im Publikum vermittelt werden.

Was der BGH zur Pflicht zur sorgfältigen Recherche ausführt, ist deswegen bemerkenswert, weil die Sorgfaltspflichten bei Medien höher angesetzt werden als bei Privatleuten. Auch hier gilt die sehr pauschale Anforderung, dass, je schwerwiegender eine Persönlichkeitsbeeinträchtigung ist, umso höhere Anforderungen an die Sorgfaltspflichten zu stellen sind. Die Rechtsprechung zeigt, dass diese relativ allgemeinen Prinzipien im konkreten Fall normativ und rechtspraktisch zu erheblichen Unsicherheiten bei der Formulierung der Texte, aber auch bei der Prognose von Gerichtsentscheidungen führen müssen. Hinzu kommt, dass die Ansichten der Branche, wie die Entscheidungspraxis des Presserats zeigt, nicht selten von der der Judikatur abweichen. Im konkreten Falle hatte der Pressesprecher des Bundesbeauftragten allerdings erklärt, aus den gefundenen Stasi-Unterlagen gehe zweifelsfrei hervor, dass der Kläger als IM für den Staatssicherheitsdienst tätig gewesen sei. Diese Stellungnahme bestätigte die Berichterstattung eines Nachrichtenmagazins und einen anderen Auskunftsbericht. Da den Äußerungen amtlicher Stellen wie dem Bundesbeauftragten ein gesteigertes Vertrauen entgegengebracht werden darf, dieser also eine privilegierte Quelle darstellt, dürfen Auskünfte einer solchen Bundesoberbehörde auch von den Medien als Quelle entsprechend glaubwürdig berücksichtigt werden. Dies wirkt sich auf die vorherige Sorgfaltspflicht aber auch auf die Beweiswürdigung der Gerichte ex ante aus.

Im Ergebnis hat dies dazu geführt, dass der Bundesgerichtshof den Fall zu Recht an das Berufsgericht zurückwies. Er hat dabei darauf hingewiesen, dass die Unterlagen des Staatssicherheitsdienstes der freien Beweiswürdigung unterliegen und dass ihnen ein hoher Beweiswert zukommen kann. Liest man nicht nur zwischen den Zeilen dieser BGH-Entscheidung, dann wird im Ergebnis die Klage letztlich nicht mehr erfolgreich sein. Die Auseinandersetzung mit den Instanzgerichten versteht man im Vergleich mit sonstigen BGH-Entscheidungen als recht scharfe Zurechtweisung.

Zu den Pflichten bei der **Recherche** gehört es, alle erreichbaren Quellen zu nutzen, um einen möglichst objektiven Darstellungsinhaltzu gewinnen. Zu den Pflichten zählt des Weiteren,bei aus dubiosen Quellen entstammenden, oder sonstwie zweifelhaften Informationen nachzurecherchieren.Es gilt der Grundsatz: Je schwerer der Verdacht, je höher der evtl. belastende Eingriff in Rechte Dritter, umso höher ist das erforderliche Maß an Sorgfalt und Recherche. Dabei ist die **Prüfungspflicht** bei fragwürdigen Quellen umso höher, während sie bei anerkannten Quellen wie Agenturen, Urteilen oder behördlichen Mitteilungen, geringer ist. Nicht jede zutreffende Nachricht darf veröffentlicht werden. Dies gilt vor allem dann, wenn schutzwürdige Belange eines Betroffenen das Informationsinteresse der Öffentlichkeit überwiegen könnten, gerade bei Bereichen aus geschützten Sphären, wie der Intim- oder der Privatsphäre. Der Journalist darf sich auf die **Wahrnehmung berechtigter Interessen** berufen. Dieser Grundsatz ist schon in § 193 StGB niedergelegt worden. Mit diesem Grundsatz korrespondiert aber ebenfalls die notwendige Sorgfaltspflicht. Auch Agenturen unterliegen dieser Pflicht.

BAG NJW 2004, 589

Dabei kann davon ausgegangen werden, dass publizistische **Mindeststandards**, wie z. B. die des Pressekodex des deutschen Presserats, einzuhalten sind. Eine Überspannung des Zumutbaren wird nicht verlangt.

BVerfG NJW- RR 2000, 1209

Für die Verdachtsberichterstattung gelten somit besondere Grundsätze:

Schlüter. Verdachtsberichterstattung, 2011; Götz von Olenhusen, MR 2013, 119; Rinschl, AfP 2013, 1.

Die Berichterstattung aus Ermittlungs- und Strafverfahren muss besonders sorgsam zwischen Persönlichkeitsrechten und Pressefreiheit abwägen (BGH ZUM 2013, 565; ZUM 2012, 675.).

Bei der Veröffentlichung intimer und privater Detail aus Strafverfahren wird Zurückhaltung und Ausgewogenheit verlangt.

Siehe BGH ZUM 2013, 565, kritisch dazu Götz von Olenhusen, UFITA 2014, 85-105. zu Kachelmann/BILD; siehe auch Bisges., UFITA 2013, 371

1.1 Pressekodex

Die **publizistischen Grundsätze des deutschen Presserates** vom 12.12.1973 in der geltenden Fassung und die damit verbundenen Richtlinien für die publizistische Arbeit nach den Empfehlungen des deutschen Presserates sind ein Kodex berufsständischer Pflichten und Wertevorstellungen (abgedruckt im Anhang). Man kann dies als Konkretisierung des **Standesrechts der Presse** oder weiter gefasst als Berufsethik der Presse bezeichnen. Der deutsche Presserat hat diese publizistische Selbstkontrolle auch auf Internetangebote von Verlagen erstreckt. Für **Onlinedienste** gilt die sog. **freiwillige Selbstkontrolle Multimedia-Diensteanbieter** mit speziellen Verhaltensgrundsätzen für die redaktionelle Arbeit. Diese orientiert sich stark an § 11 Abs. 2 MDStV. Mediendienste, müssen anerkannten journalistischen Grundsätzen entsprechen und Nachrichten vor der Verbreitung mit der nach den Umständen gebotenen Sorgfalt auf Inhalt, Herkunft und Wahrheit prüfen. Im Übrigen wird im Wesentlichen auch hier durch eine Verweisung auf den Pressekodex Bezug genommen. Zum Pressekodex gehört auch eine **Beschwerdeordnung**. Verletzungen des Kodex können zu berufsständischen Maßnahmen, z. B. zu Rügen führen. Zentrale Vorschrift ist Ziff. 2 des Pressekodex:

„*(1) Zur Veröffentlichung bestimmte Nachrichten und Informationenin Wort und Bild sind mit der nach den Umständengebotenen Sorgfalt auf ihren Wahrheitsgehalt zu prüfen. Ihr Sinn darf durch Bearbeitung, Überschrift oder Bildbeschriftung weder entstellt noch verfälscht werden. Dokumente müssen sinngetreu wiedergegeben werden. Unbestätigte Meldungen, Gerüchte und Vermutungen sind als solche erkennbar zumachen.*

(2) Symbolfotos müssen als solche kenntlich sein oder erkennbar gemacht werden."

Unlautere **Recherchemethoden** sind verboten. Unwahre Meldungen müssen nachträglich richtig gestellt werden. Unbegründete Behauptungen und Beschuldigungen, vor allem **Ehrverletzungen**, sind unzulässig; das Privatleben und die Intimsphäre sind zu achten (Ziff. 8, 9). Des Weiteren gilt auch hier der Grundsatz der **Unschuldsvermutung** (Ziff. 13):

„*Die Berichterstattung über Ermittlungsverfahren, Strafverfahren und sonstige förmliche Verfahren muss frei von Vorurteilen erfolgen. Die Presse vermeidet deshalb von Vorbeginn und während der Dauer eines solchen Verfahrens in Darstellung und Überschrift jede präjudizierende Stellungnahme. Ein Verdächtiger darf vor einem gerichtlichen Urteil nicht als Schuldiger hingestellt werden. Über Entscheidungen von Gerichten soll nicht ohne schwerwiegende Rechtfertigungsgründe vor deren Bekanngabe berichtet werden.*"

KG ZUM - RD 2007, 115 – Unterweltgröße

Dem Pressekodex lassen sich **Gebote und Verbote** entnehmen, die im Folgenden anhand ausgewählter Problemlagen der neueren Rechtsprechung ausschnittsweise dargestellt werden. Die wichtigsten „Regeln" des Pressekodex betreffen Wahrheitspflicht, Schutz der Menschenwürde, Sorgfaltspflicht und Schutz vor Verfälschungen, Reichweite und Grenzen der Recherche, Schutz der Privatsphäre und der informationellen Selbstbestimmung, Ehrenschutz, Schutz vor Gewalt, Brutalisierung, Diskriminierung, Vorverurteilung, Jugendschutz u. a.

Sh. zu Details Dietrichs: Der deutsche Presserat, 2002; Schweizer in: Rehbinder (Hg.): FS Herrmann, 2002, S. 137; Schwetzler, 2005 m. w. Nachweisen; Mast, ABC des Journalismus, 2000.

Der Pressekodex ist **keine Rechtsnorm**, aber ein wichtiger Auslegungs- und Sorgfaltsmaßstab der Branchenbeteiligten. Gerichte werden häufig oder in aller Regel auf den Kodex und die Entscheidungen des Presserats in Konfliktfällen als ein Entscheidungskriterium zurückgreifen. Beschwerdeentscheidungen der Presseratssitzungen haben wegen der Besetzung durch Vertreter von Arbeitgeber- und Arbeitnehmerseite eine durch Sachkunde, Berufsfunktionen und Erfahrung geprägte und ausgewiesene Autorität. Die Entscheidungen können und sollen daher in der Regel auch bei der Auslegung und Bewertung im Äußerungsrecht beachtlich sein, weil sie in der Regel die sachkundige Ansicht primär damit befasster und ausgesprochener Verkehrskreise widerspiegeln und Journalismus als „literature in a hurry", als ein „Mikrokosmos mit eigenen Gesetzen" (Bourdieu) besonderen Produktions- und Rezeptionsbedingungen unterliegt.

Die Sanktionen sind nach der **Beschwerdeordnung** allenfalls Hinweis, Mißbilligung, nichtöffentliche oder öffentliche Rüge (§ 12 Abs. 3 Beschwerdeordnung). Öffentliche Rügen sind nach Ziff. 16 in der betroffenen Zeitung oder Zeitschrift abzudrucken. Rundfunk- und Online-Normen verweisen auch auf den Pressekodex. Die Sorgfaltspflicht wird im Übrigen nicht unmittelbar aus Art. 5 Abs. 1 GG hergeleitet. Verfassungsrechtlich sind Art. 1 Abs. 1 und Art. 2 Abs. 1 GG maßgeblich für den Pflichtenkreis des Journalisten. Dogmatisch sind im Zivilrecht damit Schutz- und Sorgfaltspflichten zum Schutze von Persönlichkeitsrechten und Rechtsgütern angesprochen. Auch die Mediengesetze der Länder orientieren sich an diesem Pflichteninhalt. Die **publizistische Sorgfalt** (vgl. § 276 BGB) ist maßgeblich für verschuldensabhängige Ansprüche, insbesondere solche auf Schadensersatz für materielle oder immaterielle Schäden. Im Bereich der Mediengesetze können Pflichtenverstöße zu Aufsichtsmaßnahmen der Landesmedienanstalten führen bis hin zu Bußgeldern oder gar Lizenzentzug. Für Unterlassungsansprüche wird kein Verschulden vorausgesetzt (vgl. §§ 12, 862, 1004 BGB). Auch beim Gegendarstellungsrecht ist die Einhaltung der Sorgfaltspflicht grundsätzlich ohne Belang. Eine Gegendarstellung ist abzudrucken, auch wenn der Presse kein Verschulden bei der Darstellung zur Last zu legen ist, es sei denn die Unrichtigkeit der Gegendarstellung ist offenkundig.

1.2 Wahrheitspflicht

Die **Wahrheitspflicht** bezieht sich auf Nachrichten- bzw. Tatsachenbehauptungen. Eine sog. objektive absolute Wahrheit wird nicht verlangt. Die Presse muss nicht Maßstäbe gerichtlicher Wahrheitsfindung anwenden. Es genügt die Einhaltung der Sorgfaltspflichten bei dem Bemühen um wahrheitsgemäße Berichterstattung.

BGH NJW 1997, 1148 Stern-TV, NJW 1987,2225 – Chemiegift; OLG Saarbrücken, NJW 1997, 1376 – Rotlichtfürst; BGH U.v. 11.12.2012 – IM Christ

Der **Sorgfaltsmaßstab** richtet sich auch nach der Schwere des Eingriffs. Je größer die Intensität der Gefahr, umso höher ist die aufzuwendende Sorgfalt (st. Rsp.)

Die Korrektur zu diesem vergleichweise sehr strengen Kriterium bildet die Zumutbarkeit. Das öffentliche Informationsbedürfnis, die Aktualität und die spezifischen Bedingungen aktueller Medienarbeit können das Maß an zumutbaren Prüfungspflichten relativieren. Der Pflichtenkreis erstreckt sich auch auf fremde Inhalte, wenn man sich diese zu Eigen macht. Entscheidend ist die Art und der Umfang der Identifikation mit Äußerungen Dritter.

BGH NJW 2002, 1308 – Sektenbeauftragter; BGH NJW 1996, 1131 – Lohnkiller; OLG München NJW RR 1996, 1487 – Sex-Pabst; BGH AfP 1987, 597 – Sorgfalt

Der Journalist muss sich also u. U. in gewissem Umfang von Aussagen **distanzieren**. Das kann direkt und indirekt geschehen.

BGH NJW 1997, 1148 – Stern-TV

Die sorgfältige Recherche über den Wahrheitsgehalt einer Mitteilung gehört zu den Grundprinzipien. Die Recherchepflicht erstreckt sich auch auf **Zitate**. Die Faustregel lautet: „Nicht nur das Zitat, sondern auch das Zitierte muss stimmen".

Vgl. Steffen in: Löffler, Presserecht, § 6 LPG Rdz. 169

Das relevante Material muss also durch eine möglichst umfassende und sorgfältige Recherche zusammengetragen werden. Dazu gehört auch die Prüfung von Quellen, die Zuverlässigkeit der Quellen muss evtl. überprüft werden, und die **Rückfrage** bei infrage kommenden Personen, insbesondere beim Betroffenen ist in der Regel notwendig.

Auf amtliche Untersuchungsergebnisse und Rechnungshofberichte, amtliche z.B. polizeiliche Mitteilungen darf sich der Medienmitarbeiter in aller Regel verlassen.

OLG Stuttgart AfP 1990, 145 – Birkel

Auf die Feststellungen eines rechtskräftigen Urteils darf man vertrauen. Bei fremden Presseberichten kann hingegen eine erhöhte Pflicht, etwa die Pflicht zur Nachrecherche, bestehen. Auf renommierte Nachrichtenagenturen wie AP, dpa, AfP, epd, KNA etc. darf der Journalist sich regelmäßig verlassen.

BVerfG AfP 2000, 272; 2003, 539 – Haarfarbe

1.3 Anhörung des Betroffenen

Der Grundsatz der **Anhörung** des Betroffenen folgt aus dem Gebot der **Fairness**. Dies ist auch in Art. 103 Abs. 1 GG festgelegt. Die Anhörung kann ausnahmsweise entbehrlich sein, wenn nach den Umständen keine nennenswerte Aufklärung zu erwarten ist, wenn der Betroffene sich schon geäußert hat oder wenn er sich nicht äußern will.

BVerfG NJW 2004, 589

§ 3 Abs. 4 LandesmedienG Baden-Württemberg verlangt, dass der **Betroffene** „nach Möglichkeit" **gehört** werden sollte. Hier ist eine Abwägung erforderlich, je größer der Eingriff, umso mehr wird eine Anhörung erforderlich sein. Wenn der Betroffene innerhalb angemessener Frist nicht erreichbar ist, kann dies entfallen. Hier spielt auch die Gefahr des Verlustes des Informationswertes oder überwiegendes Interesse der Öffentlichkeit an sofortiger Berichterstattung eine Rolle. Zu den Pflichten kann auch gehören, dass **Fachleute befragt** werden, etwa Mediziner oder Juristen. Gerade bei Urteilen über Waren kann die Einholung von fachlichem Rat erforderlich sein. Auch für medizinische Berichte wird in der Regel eine höhere publizistische Sorgfaltspflicht verlangt.

1.4 Die Sorgfaltsverpflichteten

- **Autoren und Redakteure**

Die Einhaltung der publizistischen Sorgfalt trifft in erster Linie den Urheber des jeweiligen Medienbeitrags. Des Weiteren ist der **verantwortliche Redakteur**, sei es als Verantwortlicher bei der Prüfung des Inhalts, sei es als Autor, zur Prüfung und zur Freihaltung des Mediums von Rechtsverletzungen verpflichtet.

Sh. die Impressumsnormen der Landespressegesetze

- **Verleger und Rundfunkveranstalter**

Verleger und Rundfunkveranstalter haften nicht unmittelbar für inhaltliche Richtigkeit der Beiträge. Sie haften aber für die Verletzung von Überwachungs- und Organisationspflichten (§§ 831 Abs. 1, 278 BGB). Kann der jeweilige Inhaber des Unternehmens die Mitarbeiter nicht hinreichend auswählen und kontrollieren, hat er eine **eigene Prüfungspflicht**. Das gilt vor allem bei besonders schwerwiegenden Berichten (Sensationsstorys, Kriminalberichterstattung, Berichte mit Prangerwirkung, Warenkritik, Enthüllungsberichte, dokumentarische Berichte etc.) und bei der absehbaren Gefahr gravierender bzw. nicht wieder gutzumachender Schäden.

Vgl. auch OGH MR 2007, 129 – Udo Jürgens (zur Pranger-Wirkung)

Die Sorgfaltspflichten stehen selbständig nebeneinander. Jeder Beteiligte unterliegt spezifischen Pflichten. Wenn mehrere haften, haften sie als Gesamtschuldner (§§ 840, 421 BGB). Allerdings ist bei den Unterlassungsansprüchen keine gesamtschuldnerische Haftung gegeben.

OLG Koblenz WRP 1985, 45 – Weinhandel

Die Unterlassung kann von jedem Beteiligten gesondert verlangt werden. Rechtlich spielt der häufige kollektive Charakter der Produktion von Medienprodukten wenn überhaupt eine untergeordnete Rolle, weil der Betroffene in der Lage sein soll, sich an klare Verantwortlichkeiten zu halten.

Auch **Anzeigen** und **Leserbriefe** unterliegen der Prüfung auf Inhalte.

OLG Bamberg AfP 2002, 239 – Schlankheitskapseln;
OLG München ZUM 2001, 529 – Anwaltswerbung
Zur Haftung des Verlages für den Inhalt von Druckwerken sh.OGH MR 2007, 144 – öst. Juristenkalender

Hier kann es z. B. im Impressum eine speziell ausgewiesene Verantwortung geben. Diese Sonderverantwortung muss dann aber klar ersichtlich sein.

1.5. Berichterstattung über ein anhängiges Strafverfahren

Verwertung von Vernehmungsprotokollen?

Bei Straftaten muss zwischen einer Berichterstattung über noch nicht abgeschlossene Verfahren und abgeschlossene Verfahren unterschieden werden. Die zeitlichen Abschnitte Ermittlungsverfahren, Strafverfahren und Verhandlungen und die Zeit nach Urteil und die zeitlichen Distanz spielen somit eine wichtige Rolle, ebenso Art und

Weise, Zeitpunkt und Medium der aktuellen oder späteren Berichterstattung und Kommentierung. Die Rechtsprechung verlangt in solchen Fällen eine „ausgewogene“ Berichterstattung als Mindesterfordernis und entsprechende „Zurückhaltung“. Eine Prangerwirkung soll auch vermieden bleiben.

Im Ergebnis läuft dies darauf hinaus, dass „*bis zu einem erstinstanzlichen Freispruch oftmals das Recht auf Schutz der Persönlichkeit und Achtung des Privatlebens gegenüber der Freiheit der Berichterstattung überwiegen*“ könne. Die Maßstäbe für Ausgewogenheit und Zurückhaltung sind in diesem Feld nicht leicht zu konturieren, berücksichtigt man, dass zur Pressefreiheit nicht nur die sog. Meinungstendenz zählt, sondern auch, wenn auch in geringerem Maße, die Freiheit zur Auswahl bei den zu berichtenden Tatsachen. Der BGH unterscheidet richterliche, nichtöffentliche Vernehmungen und solche, die außerhalb der Hauptverhandlung liegen, von anderen Vernehmungen. Wenn eine Veröffentlichung noch vor Beginn der Hauptverhandlung in einem frühen Stadium des Verfahrens erfolgt, sind Zurückhaltung bei Mitteilungen aus dem privaten Lebensbereich und die Unschuldsvermutung von besonderem Gewicht.

Allerdings können selbst **wahre Tatsachenbehauptungen** aus einer Einlassung, wenn darüber berichtet wird, das Persönlichkeitsrecht, z.B. des Beschuldigten, des Opfers von Zeugen oder anderen Dritten verletzen. Zu prüfen ist, ob damit evtl. ein Persönlichkeitsschaden angerichtet zu werden droht, der unverhältnismäßig sein kann (z.B. bei Berichten aus Intim- und Privatsphären).

BGH VI ZR 93/12 – Kachelmann

Der Fall Kachelmann – Urteil des BGH v. 19.03.2013 – Kachelmann/BILD.de

In dem Fall ging es um den vom LG Köln stattgegebenen Anspruch gegen eine Online-Berichterstattung während des Strafverfahrens gegen den bekannten Fernseh-Wettermoderator, der sich wegen eines Vergewaltigungsvorwurfs vor dem LG Mannheim verantworten musste, auf dem Internet-Portal www.Bild.de. Das Landgericht Köln verurteilte, es zu unterlassen, zu veröffentlichen oder sonst zu verbreiten: Die Ex-Freundin des Wettermoderators habe „auf ihn gewartet mit hochgezogenem Strickkleid“, „wie üblich habe sie Handschellen und eine Reitgerte bereitgelegt“, wenn dies geschieht, wie auf BILD.de im Artikel vom 13.06.2010 mit der Überschrift „Der K. Krimi: Neue Indizien aus der Tatnacht?“. Das OLG Köln gab der Berufung von BILD nicht statt (ZUM 2012, 330). Die Revision wurde zugelassen.

Das Urteil des BGH hat die vorangegangenen Urteile korrigiert und dem Kläger keinen Unterlassungsanspruch zuerkannt. Das mag überrascht haben. Das Urteil geht zunächst davon aus, dass die zitierten angegriffenen Äußerungen über Sexualpraktiken das allgemeine Persönlichkeitsrecht berührten und beeinträchtigten. Es folgt als dann der schon fast formelhaften Rechtsprechung zur Abwägung des Rechts des Klägers auf Schutz seiner Persönlichkeit und Achtung seines Privatlebens mit dem Recht der Beklagten auf Meinungs- und Medienfreiheit (Art. 1 Abs. 1, Art. 2 Abs. 1 GG, Art. 8 Abs. 1 EMRK, Art. 5 Abs. 1 GG, Art. 10 EMRK). Der Grundsatz sei: *„Der Eingriff in das Persönlichkeitsrecht ist nur dann rechtswidrig, wenn das Schutzinteresse des Betroffenen die schutzwürdigen Belange der anderen Seite überwiegt.“*

Der BGH rechnet Straftaten zum Zeitgeschehen. Dessen Vermittlung ist Aufgabe der Medien. Damit wird ein Interesse der Öffentlichkeit an näherer Information über Tat und Täter begründet. Hebt sich die Begehungsweise und die Schwere der Tat von „gewöhnlicher Kriminalität“ ab, sei das Interesse der Öffentlichkeit umso stärker. Dies gelte besonders bei schweren Gewaltverbrechen. Der BGH formuliert, dass in der Regel ein über bloße Neugier und Sensationslust hinausgehendes Interesse über Tat, Hergang, die Person des Täters, dessen Motive und über die Strafverfolgung Anerkennung verdiene.

Ein Unterlassungsanspruch wurde im Online-Fall Kachelmann deswegen abgelehnt, weil nach Verlesung des Protokolls über die haftrichterliche Vernehmung in der öffentlichen Hauptverhandlung für den geltend gemachten Anspruch die erforderliche Wiederholungsgefahr entfallen sei. Der BGH stellt dazu fest: *„Wer in der Vergangenheit in seinen Rechten verletzt wurde, hat keinen Anspruch darauf, dass ein Verhalten unterlassen wird, das sich inzwischen als nicht mehr rechtswidrig darstellt.“* Denn eine künftige Veröffentlichung würde nur in anderer Form in die Öffentlichkeit tragen, was die Presse aus Anlass der Verlesung des Vernehmungsprotokolls in der öffentlichen Hauptverhandlung zulässigerweise berichtete. Von der damaligen tagesaktuellen Berichterstattung gehe keine derartig schwerwiegende Stigmatisierung in einer solchen Breitenwirkung aus, dass eine dauerhafte oder lang anhaltende soziale Ausgrenzung zu befürchten wäre. Daher würde das Berichterstattungsinteresse nicht eingeschränkt. Die Kenntnis der Einlassung eines Angeklagten sei für die Beurteilung des Verfahrensverlaufs, das Verständnis der Beweiserhebungen und die Würdigung der Beweisergebnisse von erheblicher Bedeutung. Hier scheint das Moment der **Ausgewogenheit der Prozessberichterstattung** den

Ausschlag zu geben, weil diese die Wiedergabe der Einlassung des Angeklagten verlangte oder gegebenenfalls unverzichtbar machte, bezogen auf aktuelle Berichterstattung. Aber wie vereinbart sich das mit gebotener Zurückhaltung der Medien, wie immer man diese bei Lauf eines Verfahrens auch bestimmen mag? Ein in der Hauptverhandlung verlesenes Protokoll kann, so ein Fazit, für aktuelle Berichterstattung verwendet werden. Nach BGH ist auch eine Online-Archivierung zulässig.

Siehe Götz von Olenhusen, Medienfreiheit und Persönlichkeitsschutz in der Onlineberichterstattung, UFITA 2014/I, 85 ff.

Kritisch ist schon angemerkt worden, dass die Begründung des BGH widersprüchlich anmuten könnte, weil dem Persönlichkeitsrecht zunächst überwiegendes Gewicht zugemessen wird, während dies nach der Verlesung des Protokolls der Vernehmung des Beschuldigten dann nicht mehr der Fall sein soll. Offenbar will der BGH hier konkret strittige Berichterstattung als Tagesaktualität in diesem Falle trotz der Persönlichkeitsbeeinträchtigung für zulässig erachten. Eine Grenze wird dann darin gesehen, dass eine Berichterstattung in der Zukunft mit demselben Inhalt wieder rechtswidrig sein würde bzw. sein könnte. Aber ab welchem Zeitpunkt? Wie bemisst sich die Distanz und der Zeitraum? Und was darf berichtend oder sachlich kommentierend und wertend noch wiederholt bzw. archiviert und gegebenenfalls aus dem Archiv, aus Veröffentlichungen der Medien, aus Werken, aus Lexika zitiert werden und in welchem Rahmen und Umfang? Die Judikatur ist hier bisher nicht eindeutig.

BGH VI ZR 330/11 – Apollonia

Dabei ist die Rechtsprechung über Altmeldungen aus **Online-Archiven** zu berücksichtigen.

BGH ZUM 2013, 399 – Apollonia betr. Online-Archivberichte des SPIEGEL aus 1983/4. Siehe zu den zeitlichen Grenzen auch BGH ZUM-RD 2013, 63; EGMR K&R 2012, 187

Zwar muss ein Hinweis auf den evtl. Freispruch erfolgen. Wenn jedoch **Archivmeldungen** dem Zugriff offen stehen, dann haben sie auch eine nicht unerhebliche Wirkung oder auch Breitenwirkung, oder können sie haben, was dann wiederum zu einer folgenden Stigmatisierung führen könnte, wie immer die auch zu definieren wäre. Sie sind jedoch nach der Judikatur im Wege einer derartigen Bereithaltung in einem online-Archiv als zeitgeschichtlich relevante Berichte über Strafverfahren auch ohne Anonymisierung in der Regel zulässig. Es gibt demnach keine vollständige „Immunisierung vor der ungewollten Darstellung persönlichkeitsrelevanter Geschehnisse“ (BGH), auch wenn das Resozialisierungsinteresse zu berücksichtigen ist. Originaldokumente dürfen in dem von der Rechtsprechung konkretisierten Rahmen als Zeitdokumente der interessierten Öffentlichkeit bereitgehalten werden.

Siehe BGH GRUR 2013, 200 – Apollonia

1.6. Berichterstattung über Produkte

Unternehmen können sich auf ein Unternehmenspersönlichkeitsrecht berufen. Produkte und Unternehmen müssen aber Kritik hinnehmen.

BGH NJW 2005, 279; 2002, 1192 – Käse; OLG Karlsruhe AfP 2002, 533; BGHZ 91, 117 – Mordoro, BGH NJW 2009, 1872 – Fraport

Für **Warentests** müssen die Kriterien der Sachkunde, Objektivität und Neutralität beachtet werden.

OLG Karlsruhe AfP 2003, 346; BGH NJW 1997, 2593; OLG Köln AfP 2011, 849

Boykottaufrufe können unzulässig sein, wenn sie über die Einflussnahme durch sachliche Äußerungen hinausgehen.

OLG München AfP 2002, 235; sh. auch OLG München NJW 2004, 224 – Kirch

Die zielgerichtete **Behinderung** eines Konkurrenten ist hingegen nach § 4 Nr. 10 UWG unerlaubt.

Vgl. auch BGH NJW 1983, 62 – Kopiergeräte; NJW 1985, 60 – Brancheninformation

1.7. Unternehmensschutz und Medienrecht

Der Schutz des Unternehmens gegenüber Angriffen in der Presse ist durch eine Reihe von Rechtsgrundlagen möglich. Die Geschäfte eines Unternehmens können durch falsche Tatsachen Behauptungen, durch kritische, herabsetzende oder in sonstiger Weise abträgliche Meinungsäußerungen beschädigt werden. Auch ein Unternehmen ist gegen Beleidigung und Verleumdung geschützt (§ 823 Abs. 2 BGB i.Verb.m. §§ 185 ff. StGB). Der eingerichtete und ausgeübte **Gewerbebetrieb** ist auch geschützt als sonstiges Recht und durch das allgemeine Persönlichkeitsrecht, § 823 Abs. 1 BGB. Ein Schutz gegen unwahre Tatsachenbehauptungen, etwa Kreditgefährdung, wird über § 824 BGB gewährleistet. Das Unternehmen kann sich außerdem gegen sittenwidrige Schädigungen zur Wehr setzen, § 826 BGB.

Das **Recht auf Gegendarstellung** folgt den üblichen Regeln der Landespressegesetze (vgl. z. B. § 11 LPG Baden-Württemberg). Der Unternehmensschutz kann auch durch das **Wettbewerbsrecht** erfolgen; Schutz gegen Boykott (§§ 26 Abs. 1, 35 GWB), gegen Diskriminierung (§ 26 Abs. 2 GWB), gegen unlauteren oder täuschenden Wettbewerb (§§ 1, 3 UWG), gegen unternehmensschädigende Tatsachenbehauptungen (§ 14 UWG). Einen wettbewerbsrechtlichen Schutz wird man dann in Betracht ziehen können, wenn eine Wettbewerbshandlung vorliegt und eine Wettbewerbsabsicht. Es muss zwischen den Streitparteien ein Konkurrenzverhältnis bestehen.

Die **Kreditgefährdung** (§ 824 BGB) kann z. B. durch Tatsachenbehauptungen oder Werturteile verwirklicht werden.

> Warentest V: BGH NJW 1998, 1923; BGH GRUR1969, 304 – Kredithaie; s. auch BGH NJW 1994, 1281; Kritisch dazu mit Recht Beater Rz. 1470. Sh. auch BGH NJW1998, 1399 – Bilanz-Analyse Pro 7

Mitteilungen über Lautsprecherboxen z. B. können Tatsachenbehauptungen und daher angreifbar sein. Normalerweise sind allerdings die wertenden Ergebnisse vergleichender Warentests Meinungsäußerungen.

> BGH NJW 1987, 2222 – Warentest IV

Erforderlich ist eine **unmittelbare Betroffenheit** des Unternehmens. Eine solche fehlt bei Systemvergleichen und bei allgemeiner Systemkritik.

> OLG Hamburg NJW 1988, 3211 – Zucker als Schadstoff

Allerdings kann auch eine nur indirekte Erwähnung eine Betroffenheit indizieren.

> BGHNJW 1992, 1312 – Fernsehbericht über Korruptionsprozess; BGH NJW-RR 1989, 924 – Filmbesprechung

Entscheidend ist, ob auf ein ganz bestimmtes Unternehmen abgezielt wird.

Durch die **Wahrnehmung berechtigter Interessen** kann sich eine Einschränkung dieses Tatbestandes ergeben. Die Wahrnehmung berechtigter Interessen kann sich aus der Meinungs-und Pressefreiheit ergeben. Die Voraussetzung ist allerdings, dass die Presse sorgfältig geprüft hat. Auch muss eine Abwägung unter der Perspektive von Art. 5

Abs. 1 GG erfolgen. Dabei ist von Bedeutung, dass seriöse Quellen verwendet worden sind.

BGH NJW 1966, 2010 – Teppichkehrmaschine; BGH NJW 1987, 2225 – Umweltskandal

Die Auskunft eines anerkannten Spezialisten wird in der Regel eine **seriöse Quelle** sein. In Frage kommt auch die Anknüpfung an staatliches Verwaltungshandeln. Allerdings muss unter Umständen auch ein Hinweis darauf erfolgen, dass es sich um einen bloßen Verdacht handelt. Dabei ist fraglich, ob Namensnennungen immer oder nur ausnahmsweise zulässig sind. Aus der Tragweite des Vorgangs können sich Einschränkungen ergeben.

BGH GRUR 1997, 234 – Gynäkologe; NJW 1994, 2614 – Pleite gemacht

Aus besonderen Umständen können sich auch besondere Sorgfaltspflichten ergeben. Derartige Fälle sind z. B. bei Preisvergleichen mit Warentests gegeben.

BGH NJW 1986, 981– Warentest III

Der Fall einer Dokumentation des Testverlaufs findet sich bei OLG Köln AfP 1995, 498 – Handyscanner.

Bei Zweifeln muss mit der Berichterstattung ggf. sogar bis zur Klärung gewartet werden. Unter Umständen kann bei einer entsprechenden Abwägung und einem konkreten Verdacht dennoch berichtet werden, doch müssen dann in aller Regel die Zweifel erwähnt werden. Erforderlich ist dann regelmäßig, die Stellungnahme des Produzenten zum Testergebnis einzuholen. Wenn dieser nicht antwortet, ist dies kein Freibrief, um die Richtigkeit der Meldung zu unterstellen.

Bei **unternehmensschädigenden Werturteilen** kann das Recht am Unternehmen tangiert sein. Hier ist allerdings auch bei Werturteilen die Meinungsfreiheit nach Art. 5 GG einzubeziehen.

OLG München MDR 1994, 28 – Molkerei; BGH NJW 1984, 1556 – Mordoro

Bei vergleichendem **Warentest** ist es notwendig, dass Neutralität, Objektivität und Sachkunde gegeben ist. Eine bloße „Bemühung" um diese Faktoren reicht in der Regel nicht aus.

In den Fällen der sog. **Gastronomiekritik** ist ein weitergehender Spielraum der Meinungsfreiheit von der Rechtsprechung angenommen worden. Allerdings gilt als eine wesentliche Grenze auch hier die sog. Schmähkritik.

BGH NJW 1987, 1082 – Brutaler Reinfall

Hatte der Kritiker zu sehr deftiger Wortwahl gegriffen: z.B. „radikal vor sich hin dämmernde Bedienung", „hirnloses Chaos", dann kann die Grenze überschritten sein.

OLG München NJW 1994, 1984; OLG Frankfurt NJW 1990, 2002 – Gastrokritik

Ein Schutz ist auch gegen **Boykottmaßnahmen** gegeben.

OLG Frankfurt NJW RR-1988, 52 – Plakat gegen Pelzbranche

Der Unternehmensschutz über das allgemeine Persönlichkeitsrecht (§ 823 Abs. 1 BGB) liefert in der Regel nur einen geringen Schutz. Hier geht es meist darum, dass sich das Unternehmen gegen sog. **Schmähkritik** zur Wehr setzen kann.

BVerfG MDR 1991, 403 – Flohmarkt; BGH NJW 1994, 124 – Plakataktion FCKW; BVerfG NJW 2013, 3021

Das allgemeine Persönlichkeitsrecht kann einen **Vertraulichkeitsschutz** begründen. Das ist bereits im bekannten Verfahren Springer/Wallraff entschieden worden.

BGHZ 80, 25 – Der Aufmacher;
BVerfGE 66, 116 – Der Aufmacher

Ein Schutz gegen die sog. Prangerwirkung kann auch bei der Verbreitung wahrer Tatsachen gegeben sein.

OLG Düsseldorf NJW-RR 1993, 1242

Hier muss die persönliche Äußerung von Tatsachen und Meinungen auf ihren Sachbezug genau geprüft werden. Wann der Betroffene stigmatisiert und nur „an den Pranger" gestellt wird, lässt sich auch der Formel des BVerfG nur annähernd entnehmen.

Die Verbreitung von unwahren Tatsachen über ein Unternehmen oder über Personen ist durch das allgemeine Persönlichkeitsrecht ebenfalls zu erfassen.

2. Bildberichterstattung: Recht am eigenen Bild

Das **Recht am eigenen Bild** ist eine spezielle Form des allgemeinen Persönlichkeitsrechts. Rechtsgrundlage ist das Kunsturheberrechtsgesetz (KUG). Es regelt das Verbreiten, nicht die Herstellung von Bildern. Seit der Einführung von § 201a StGB ist die Verletzung des höchstpersönlichen Lebensbereichs durch **Bildaufnahmen** strafbar. Bildnisse dürfen nur mit Einwilligung des Abgebildeten verbreitet oder öffentlich zu Schau gestellt werden. Die **Einwilligung** gilt im Zweifel als erteilt, wenn der Abgebildete dafür, dass er sich abbilden ließ, eine Entlohnung erhielt. Nach dem Tode des Abgebildeten bedarf es bis zum Ablauf von 10 Jahren der Einwilligung seiner Angehörigen (§ 22 KUG).

Nicht verfassungsrechtlich geschützt ist das Interesse an der **Vermarktung** der eigenen Person.

BVerfG NJW 2003, 1303; anders OLG München AfP 2003, 363 – Boris Becker; vgl. auch BGH AfP 2002, 435. Zur speziellen Rechtslage bei der Berichterstattung über sportliche Leistungen und Sportereignisse Laier, 2007; Ladeur GRUR 1989, 885; Rehbinder ZUM 1989, 337

Das Vermarktungsrecht wird auf **Verstorbene** ausgeweitet.

BGH AfP 2000, 356 – Marlene; NJW 2002, 2317; vgl. auch OLG München GRUR AfP 2000, 341 – Marlene Dietrich nackt

Es ist auf 10 Jahre begrenzt, was die Vermögensansprüche angeht.

BGH NJW 2007, 684 – Kinski; dazu kritisch N. Reber GRUR 2007, 492; vgl. auch BGH NJW 2000, 2195; 2000, 2201

Der Schutz der Persönlichkeit wird auf Abbildungen erweitert, die Einblick in die Privatsphäre ermöglichen.

BVerfG AfP 2006, 347 – Wohnhäuser in Mallorca; AfP 2000, 76

BVerfG
1 BvR 507/01
Mallorca

Der Ausweitung der subjektiven Persönlichkeitsrechte, auch in punkto **Kommerzialisierung**, entspricht die Ausweitung der „für Prominente“ geschützten Räume auch innerhalb der Öffentlichkeit als „Privatsphäre“. Das führt zu der merkwürdigen Konsequenz, dass ein durch das Publikum mit produzierter Marktwert, ein „Preis der Persönlichkeit“, wiederum auf Kosten der Presse- und sonstigen Kommunikationsfreiheit eingegrenzt wird. Die Ausweitung des Diskretionsschutzes, sozusagen seine Verdinglichung bei der Abbildung von Werken oder Ferienhäusern ist ein weiteres Indiz für ein deutlich verändertes Regime im Kräftefeld Person – Medium – Gesellschaft.

Die Beeinträchtigung fehlt, wenn die Abbildung nur das wiedergibt, was für den Betrachter vor Ort ohne Weiteres zutage liegt.

BGH AfP 1989, 660; OLG Brandenburg NJW 1999, 3339;
OLG Bremen NJW 1987, 1420; OLG Celle MDR 1980, 311

Eine andere Situation ist auch gegeben, wenn der Betroffene seine Wohn- und Lebensverhältnisse bekannt gemacht hat.

BGH AfP 2004, 119

2.1 Erkennbarkeit

Die abgebildete Person muss **erkennbar** sein.

BGH NJW 2000, 2201; zur Erkennbarkeit von Romanfiguren
BGH ZUM 2005, 735 – Esra
BVerfG ZUM-RD 2007, 509 – Bildnis eines Polizisten

Es genügt die Erkennbarkeit innerhalb des Bekanntenkreises. Zur Identifikation bei der Berichterstattung siehe die Kasuistik.

OLG Karlsruhe AfP 2002, 42; BVerfGE 35, 202, 219 – Lebach; BGH ZUM 2006, 323; BVerfGE 54, 148 – Eppler; BGH AfP 2007, 44 – Klinikum-Geschäftsführer; LG Frankfurt/M. AfP 2007, 378 – Bildnisschutz; KG ZUM RD 2007, 458 – DDR-Offizier; OLG Frankfurt ZUM RD 2007, 471– Online-Archiv Straftäter

2.2 Einwilligung

Die Einwilligung wird durch ihren Zweck relativiert. Sie kann auch stillschweigend durch schlüssiges Verhalten erklärt werden. Sie kann auf eine bestimmte vereinbarte oder vorausgesetzte Nutzung beschränkt sein (§ 22 KUG).

BGH GRUR 1996, 195; OLG Hamburg AfP 1991, 626

In einzelnen Fällen ist auch ein Widerruf der Einwilligung möglich. Das bedarf gewichtiger Gründe.

2.3 Ausnahmen: Zeitgeschehen

- **Allgemeines**

§ 23 KUG sieht **Ausnahmeregelungen** vor. Deren Reichweite ist umstritten. Traditionell wurde früher im deutschen Recht zwischen Personen der Zeitgeschichte d. h. relativen und absoluten Personen der Zeitgeschichte, unterschieden. Die Verbreitung ihrer Bildnisse war grundsätzlich ohne Einwilligung erlaubt. Auch **Begleiter** von absoluten Personen der Zeitgeschichte konnten als relative Personen der Zeitgeschichte unter § 23 KUG fallen. Die Rechtsprechung ist in vielfacher Hinsicht einem prinzipiellen Wandel unterworfen.

Sh. auch BVerfG NJW 2001, 1921

Personen können auch als **Beiwerk** in der Landschaft unter § 23 KUG fallen. Eine weitere Ausnahme stellen Bilder von **Versammlungen, Aufzügen und ähnlichen Vorgängen** (§ 23 Abs. 1 Nr. 3 KUG) dar. Die Befugnis zur Bildveröffentlichung nach § 23 kann allerdings durch das **berechtigte Interesse** des Abgebildeten oder seiner Angehörigen eingeschränkt sein (§ 23 Abs. 2 KUG). Der Schutz Prominenter ist nicht auf den Bereich des Hauses beschränkt. Die Erweiterung der „Privatsphäre" in der Rechtsprechung bezieht sich auf Konstellationen örtlicher Abgeschiedenheit, aber auch auf andere private Bereiche oder „Schutzzonen".

BGH NJW 1996, 1129 – Gartenlokalfall

Das gilt nicht für belebte Stätten, gut besuchte Lokale oder sonstige Öffentlichkeiten, aber etwa für Urlaubsaufenthalte oder andere private Anlässe, Gelegenheiten oder Tätigkeiten. Die Judikatur scheint die Objekte der Medien verstärkt zu „gatekeepern" vor den Toren zur öffentlichen Sichtbarkeit von Schutzsphären und Schutzgütern machen zu wollen.

Sh. auch KG ZUM-RD 2007, 53 – Schwimmstar; LG Berlin ZUM-RD 2007, 88 – Robbie Williams; BGH ZUM-RD 2007, 397 – Grönemeyer

- **EGMR und neue Judikatur (Schutzkonzept)**

Die bisherige großzügigere Rechtsprechung ist durch den Europäischen Gerichtshof für Menschenrechte (EGMR) am 24.6.2004 relativiert und verändert worden. Danach soll kein legitimes Interesse der Öffentlichkeit daran bestehen, zu erfahren, „wo Prinzessin Caroline sich aufhält und wie sie sich allgemein in ihrem Privatleben verhält, auch wenn sie sich an Orte begibt, die nicht immer als abgeschieden bezeichnet werden können."

EGMR Caroline gg. Deutschland

EGMR GRUR 2004, 1054 – Caroline; dazu jetzt EGMR ZUM 2012, 551 – Hannover/Deutschland; Klass, ZUM 2014, 261; EGMR GRUR 2012, 551 – Springer

Für die Abwägung zwischen **Informationsfreiheit** und Schutz des **Privatbereichs** ist nach EGMR maßgeblich, „inwieweit die veröffentlichten Fotos zu einer Debatte beitragen, für die ein Allgemeininteresse geltend gemacht werden kann." Politiker sollen allerdings diesem strengen Schutz nicht unterliegen. Diese Bindung an Debattenwert und allgemeines Interesse ist problematisch; sie entspricht aber der Tendenz der neueren Rechtsprechung.

Zum Bildnisschutz, zur unterschiedlichen Begrifflichkeit zwischen EGMR und deutschem, französischem und englischem Recht Neukamm, 2007, S. 255 ff., Kastell, 2013; zur Person des öffentlichen Lebens Resolution 1165 (1998) des Europarats:
- Person mit öffentlichem Amt,
- Person, die öffentliche Ressourcen nutzt,
- Person, die im öffentlichen Leben eine Rolle spielt.

BGH VI ZR 51/06 - v. Hannover

Die Auswirkungen dieser Rechtsprechung auf die deutsche Judikatur demonstriert u. a. das Urteil des BGH vom 6.3.2007 (ZUM 2007, 382). Dort wird das **abgestufte Schutzkonzept** der §§ 22, 23 KUG bei Bildveröffentlichungen von Personen öffentlichen Interesses (Prominente) noch einmal dargestellt im Anschluss an

BVerfGE 101, 361; BGZ 131, 332; 158, 218; ZUM 2005, 155; ZUM 2006, 323; EGMR ZUM 2004, 651; zur Diskussion Engels/Juergens NJW 2007, 2517; Müller/Gerhardt ZRP 2007,173; Dietrich ZUM 2014, 661

In einem Fall klagte der Ehemann von Caroline von Monaco. Die beklagte Zeitschrift berichtete in einer Ausgabe vom Februar 2002, dass es dem Fürsten von Monaco wieder einmal sehr schlecht gehen solle, dass er Besuch nur von seiner jüngsten Tochter erhalten habe, seine älteste Tochter, die Ehefrau des Klägers, aber mit ihrem Ehemann ein paar Tage zum Skiurlaub in St. Moritz weile. Illustriert war die Berichterstattung mit der beanstandeten Aufnahme, welche den Kläger neben seiner Ehefrau auf der Straße in St. Moritz zeigte. Der Kläger verlangte Unterlassung der erneuten Veröffentlichung der Ausgabe. Das Landgericht gab der Klage statt, das OLG wies die Klage ab. Das jetzt maßgebliche **abgestufte Konzept und Prüfungsprogramm** lässt sich wie folgt darstellen (EGMR GRUR 2012, 745): Die nationalen Gerichte dürfen einen fairen Ausgleich zwischen gegensätzlichen Interessen schaffen. Das deutsche Konzept entspricht dem.

EGMR ZUM 2012, 551 – v. Hannover/Deutschland

Wesentlich ist, ob der Medienbeitrag einen Beitrag zu einer Diskussion von allgemeinem Interesse darstellt. Das öffentliche Interesse wird durch private Sachverhalte begrenzt.

EGMR U. v. 16.1.2014 – Lillo Stenberg; EGMR U. v. 14.1.2014 – Pruusuunen

Politiker müssen weitergehende Grenzen des Schutzes der Privatsphäre tolerieren. Zu differenzieren ist zwischen Tatsachenberichten und Meinungsäußerungen. Das Vorverhalten des Betroffenen kann eine Rolle spielen, ferner Form, Art und Weise, Höhe der Auflage, Informationswert, Umstände der Informationsbeschaffung. Letztlich ist eine Interessenabwägung vorzunehmen. Privat- und Intimsphäre genießen besseren Schutz.

EGMR U. v. 16.1.2014 – Lillo-Steuberg; EGMR ZUM 2012, 551 – Hannover/Deutschland; EGMR U.v. 14.1.2014 – Ruusuunen

Die Kriterien des EGMR und des BGH lassen sich schematisch wie folgt zusammenfassen:

- Bekanntheitsgrad der Person (public figures)
- Beitrag zu einer Debatte von allgemeinem Interesse
- Früheres Verhalten der Person
- Methode der Informationsbeschaffung
- Wahrheitsgehalt
- Inhalt, Form und Folgen der Publikation
- Informationswert

Siehe im Detail: EGMR MR 2012, 127; ZUM 2012, 551; ZUM 2014, 284; BVerfG ZUM – RD 2012, 250

- **Einwilligung**

Bildnisse einer Person dürfen grundsätzlich nur mit **Einwilligung** verbreitet werden (§ 22 S. 1 KUG).

Das Recht am eigenen Bild ist eine besondere Ausprägung des **allgemeinen Persönlichkeitsrechts**. Die Einwilligung kann ausdrücklich oder stillschweigend erteilt werden. Eine Ausnahme i.S. von § 23 Abs. 1 Nr. 1 KUG kann gegeben sein. Der Kläger als Ehemann einer Person des öffentlichen Lebens muss die Veröffentlichung hinnehmen. Das abgestufte Schutzkonzept sieht Folgendes vor:

- **Ausnahme: Bild aus dem Zeitgeschehen**

Die Ausnahme vom Einwilligungserfordernis bezieht sich auf Bildnisse aus dem Bereich der Zeitgeschichte. Aus § 23 KUG wurde der schon erwähnte Begriff der Person der Zeitgeschichte entwickelt. Als relative Person der Zeitgeschichte galt eine Person, die durch ein bestimmtes zeitgeschichtliches Ereignis das Interesse auf sich gezogen hat. Sie durfte dann ohne Einwilligung im Zusammenhang mit einem Ereignis öffentlichen Interesses abgebildet werden. Als absolute Person der Zeitgeschichte galt eine Person, die aufgrund ihres Status und ihrer Bedeutung allgemein öffentliche Aufmerksamkeit findet, so dass sie Gegenstand der Zeitgeschichte ist und deshalb über sie berichtet werden durfte. Auch solche Personen haben jedoch Anspruch auf Schutz der **Privatsphäre**, dieser ist nicht auf den häuslichen Bereich beschränkt. Auch diese Personen müssen sich an anderen, erkennbar abgeschiedenen Orten unbehelligt von Bildberichterstattung bewegen können. Die bisher großzügige Rechtsprechung des BGH ist beim EGMR in der Entscheidung vom 24.6.04 auf Bedenken gestoßen. Diese Rechtsprechung hat der BGH inzwischen aufgenommen. Dies geschieht in folgender Weise:

Die Norm des § 23 Abs. 1 KUG hat nach der Intention in der Ausnahme von dem Einwilligungserfordernis des § 22 KUG auch **das Informationsinteresse der Allgemeinheit** und die **Pressefreiheit** zu berücksichtigen. Die Belange der Öffentlichkeit sind bei der Auslegung des Tatbestandsmerkmals „aus dem Bereich der Zeitgeschichte“ zu beachten.

Sh. auch BVerfG ZUM 2006, 868

Im Ergebnis läuft die Rechtsprechung darauf hinaus, dass die in Deutschland zu § 23 I 1 KUG entwickelten Begriffe absolute und relative Person der Zeitgeschichte nicht mehr maßgeblich sind.

Sh. dazu Beuthien ZUM 2005, 352; Romatka, FS Damm 2005, 170; die Darstellung bei Beater Rz. 1285 geht noch von diesen Kategorien aus. Sh. ferner Schricker/Götting § 60 UrhG § 23 KUG Rz. 31

Einige Lehrbücher und Kommentare halten noch an der früheren Rechtsprechung fest.

Während das deutsche Recht bei der Abgrenzung zwischen geschütztem und ungeschütztem Bereich eher räumlich orientiert war, folgen das französische, das englische und das Recht des EGMR einem thematisch-funktionalen Ansatz („reasonable expectation as to privacy“)

Sh. im Detail Neukamm, 2007, S. 261 f. m. w. Nachweisen

Eine restriktive Tendenz ist ersichtlich. Allerdings wird beim Schutz der Presse- und Meinungsfreiheit nicht zwischen Kommunikationsinhalten nach Eigenart und Niveau (Meinungsbildung, Information, Unterhaltung etc.) unterschieden (sh. Art. 10 I EMRK). Wie sich innerhalb der gesellschaftlichen, nationalen und internationalen rechtlichen, institutionellen und verfassungsrechtlichen Rahmenbedingungen der Schutz der Persönlichkeit, der Meinungs- und Pressefreiheit bei der Bild- und Textberichterstattung letztlich entwickeln wird, ist noch nicht abschließend zu prognostizieren, jedenfalls in den praktischen Auswirkungen mit erhöhten Risiken belastet, vor allem in Bereichen der Boulevard-Presse und der sog. „yellow press“. Die zitierte Rechtsprechung des EGMR aber hat 2012 das Konzept des BGH bestätigt.

- **Abwägungskriterien**

Der BGH wägt unter der Zuordnung zum Bereich der Zeitgeschichte die widerstreitenden Rechte und Grundrechte der abgebildeten Person gegeneinander ab.

Art. 8 EMRK i. d. F. des Protokolls Nr.11 vom 11.5.1994, BGBl 1995 II S. 578, BGBl. 2002 II,S. 1054 ff., Art. 1 Abs. 1, Art. 2 Abs. 1 GG, Art. 10 EMRK, Art. 5 Abs. 1 S. 2 GG

Bei der Beurteilung wird ein normativer Maßstab zugrunde gelegt. Dieser soll der Pressefreiheit und zugleich dem Schutz der Persönlichkeit und der Privatsphäre Rechnung tragen.

BGH ZUM 1996, 243; ZUM 2004, 465; ZUM 2004, 919; ZUM 2005, 155

Das Allgemeine Persönlichkeitsrecht schützt auch das Recht auf **Anonymität**.

BVerfGE 35, 202 – Lebach; 54, 148 – Eppler; BGH AfP 2007, 44 – Klinikgeschäftsführer

Inzwischen ist das auf das „Recht zum Vergessen“ erweitert worden.

In der Berufssphäre ist Kritik, auch mit Namensnennung, zulässig.

BGH AfP 1995, 404 – Dubioses Geschäftsgebaren; BGHZ 138, 311, vgl. auch BGH AfP 2007, 46 – Terroristentochter; Sh. auch KG AfP 2007, 490 – Rechtsanwalt; AfP 2000, 44; ZUM-RD 2007, 458 – DDR-Politoffizier; ZUM-RD 2007, 2513; OLG Frankfurt/M. ZUM-RD 2007, 471 – Straftäter im Online-Archiv.

Das Unternehmenspersönlichkeitsrecht kann in Konflikt zur Presse- und Rundfunkfreiheit geraten. Dabei kann eine Abwägung notwendig sein.

BVerfG ZUM 2007, 730 – Contergan; OLG Hamburg ZUM 2007, 483; BVerfGE 105, 252, 266; Cronemeyer AfP 2014, 111-116; Kall AfP 2014, 116-123

- **Begriff des Zeitgeschehens**

Maßstab ist das Interesse der Öffentlichkeit an vollständiger Information über das Zeitgeschehen. Der Begriff des **Zeitgeschehens** ist in weitem Sinne zu verstehen. Das Informationsinteresse ist aber nicht schrankenlos. Der Einbruch in die persönliche Sphäre des Abgebildeten wird durch das Persönlichkeitsrecht und durch den Grundsatz der **Verhältnismäßigkeit** begrenzt. Wo konkret die Grenze für das berechtigte Informationsinteresse der Öffentlichkeit an der aktuellen Berichterstattung zu ziehen ist, entscheidet die Berücksichtigung der jeweiligen Umstände des Einzelfalles.

Wie sich das konkret auswirkt, ist der Rechtsprechung des BGH, die vermutlich weitere neue Fallgruppen mit neuartigen Schwerpunkten, Abwägungen und Tendenzen entwickeln wird, zu entnehmen.

Für Diskussion: Dietrich, ZUM 2014, 661; Haug, AfP 2013, 485; Dahle/Stegmann, AfP 2013, 480

Auch **Begleitsituationen** können unter den Begriff Zeitgeschehen fallen. Begleitpersonen Prominenter wurden bisher als relative Personen der Zeitgeschichte angesehen.

OLG München NJW-RR 1996, 93; BGH NJW 2004, 1795 – Casiraghi; KG ZUM 2005, 73 – Grönemeyer II, BVerfG ZUM 2001, 578 – Prinz v. Hannover

- **Interesse der Öffentlichkeit**

Bei in der Öffentlichkeit bekannten Personen kommt es unter Umständen auch darauf an, ob sie in besonderem Maße das Interesse der Öffentlichkeit auf sich ziehen. Auch kann die Frage eine Rolle spielen, ob sich die Person an einem Ort der Abgeschiedenheit oder in der Öffentlichkeit befindet. Bedeutsam kann die Situation sein, wenn es sich um heimlich aufgenommene Fotos und entsprechende Belästigungen handelt.

EGMR ZUM 2004, 651, Rdz. 68; BVerfGE 101, 361, 381; BVerfG ZUM 2006, 868; BGHZ 131, 332, 342; EGMR GRUR 2012, 745

- **Berechtigtes Interesse des Abgebildeten**

Das abgestufte Schutzkonzept legt fest: Personen, die unter dem Gesichtspunkt des zeitgeschichtlichen Ereignisses im Sinne von § 23 I Nr. 1 KUG an sich ohne ihre Einwilligung die Verbreitung ihres Bildnisses dulden müssten, können die Verbreitung untersagen, wenn hierdurch **berechtigte Interessen des Abgebildeten** verletzt werden, § 23 II KUG.

BVerfG ZUM 2005, 384 – Sommer; dazu BGH AfP 2004, 51 – Fotomontage

Eine Ausnahme vom Erfordernis der Einwilligung kommt grundsätzlich nur in Frage, wenn die Berichterstattung ein **Ereignis von zeitgeschichtlicher Bedeutung** betrifft.

BGHZ 158, 218, 222; ZUM 2005, 155; BGH ZUM 2007, 282

Der Begriff der **Zeitgeschichte** ist mit dem historischen Begriff nicht identisch. Der BGH leitet dies aus der Entstehungsgeschichte des Gesetzes vom 9.1.1907 her (KUG). Der Informationsbedarf der Öffentlichkeit umfasst nicht nur Vorgänge von historisch-politischer Bedeutung, sondern ganz allgemein das **Zeitgeschehen**. Darunter sind alle Fragen von allgemeinem gesellschaftlichen Interesse zu verstehen. Auch durch unterhaltende Beiträge kann **Meinungsbildung** stattfinden. Solche Beiträge können die Meinungsbildung u. U. nachhaltiger anregen und beeinflussen als sachbezogene Informationen.

BHG ZUM 2004, 207; BVerfGE 101, 361, 389; ZUM 2006, 631

Die Differenzierung zwischen Information und Unterhaltung ist ohnehin fragwürdig, weil in beiden Kategorien Debatten- und Meinungsbildungswert bzw. -potential steckt.

Neuere Rechtsprechungsübersicht v. Pentz, AfP 2014, 8; Saijuntz, NJW 2014, 25.

Sonderfall: Pressefotografie und Polizei

Die Frage, ob und inwieweit Journalisten polizeiliche Einsätze fotografieren dürfen und aus welchen Gründen die Polizei, insbesondere Einsatzleiter, ein Fotografieren verbieten dürfen, ist durch mehrere Urteile inzwischen geklärt worden. Die Entscheidung des Verwaltungsgerichts Stuttgart vom 18.12.2008 – 1 K 5415/07 – (in MR-Int 1/2009 S. 20-25 mit einer kritischen Anmerkung des Verfassers abgedruckt) hatte seinerzeit die Untersagung von Bildaufnahmen eines Polizei-Einsatzes eines Spezial-Einsatzkommandos (SEK Baden-Württemberg), verbunden mit der Androhung möglicher weiterer Maßnahmen, gebilligt. Der klagende Zeitungsverlag ging in die Berufung zum Verwaltungsgerichtshof (VGH) Baden-Württemberg Mannheim. Der VGH Mannheim änderte das Urteil des VG Stuttgart. Er stellte fest, dass die Untersagung von Bildaufnahmen während des SEK-Polizeieinsatzes in Schwäbisch Hall am 16.03.2007 unter Androhung einer Beschlagnahme von Kamera und Speichermedien im Falle des Zuwiderhandelns rechtswidrig gewesen sei. Die Revision wurde nicht zugelassen (VGH Baden-Württemberg, U. v. 19.8.2010 – 1 S 2266/09).

Das Land Baden-Württemberg brachte den Fall vor das BVerwG (Beschluss des Bundesverwaltungsgerichts vom 28.03.2012 – 6 C 12.11, QR-Code nebenstehend).

BVerwG 6 C 12.11

Aus der Rechtsprechung: Fotografieren des Einsatzes eines SEK-Kommandos in der Fußgängerzone von Schwäbisch Hall

Am 16.03.2007 wurde ein SEK-Kommando bei einem Gefangenentransport in Schwäbisch Hall eingesetzt. Ein der gewerbsmäßigen Geldwäsche beschuldigter vermuteter Sicherheitschef einer russischen kriminellen Vereinigung war 2006 in Stuttgart verhaftet worden. Nun sollte er aus der U-Haft der JVA Schwäbisch Hall in einer Arztpraxis in der städtischen Fußgängerzone vorgeführt werden. Mehrere Einsatzkräfte waren dabei eingesetzt. Kurz vor Abschluss der ärztlichen Untersuchung wiesen sich ein Fotoreporter und ein Volontär des Zeitungsverlages als Journalisten aus. Sie fragten den Einsatzleiter nach Grund und Einzelheiten des Einsatzes. Sie erhielten zwar knappe Auskünfte, wurden aber im Übrigen an die Pressestelle der JVA oder der Polizeidirektion verwiesen. Als die Pressevertreter Bilder von Polizeibeamten und Dienstfahrzeugen anfertigen wollten, wurden sie vom Einsatzleiter aufgefordert, das zu unterlassen: Begründet wurde dies mit Gründen des Identitätsschutzes und aus Sorge vor möglichen Sanktionen der kriminellen Gruppe. Gegenüber dem Anspruch auf Recherchemöglichkeit wurde ihnen Beschlagnahme der Kamera und des Filmmaterials angedroht. Die Journalisten nahmen Abstand von ihrem Vorhaben. In der Tageszeitung erschien am nächsten Tag ein Wortbericht über den Polizeieinsatz. Nach einem erfolglosen Briefwechsel zwischen Verlag und Polizei kam es zur Klage vor dem VG Stuttgart. Das Gericht berief sich auf die durch die polizeiliche Generalklausel angeblich gedeckte Maßnahme, die zum Schutz von Leben und Gesundheit der Beamten und des Untersuchungsgefangenen tätig geworden sei. Der Einsatzleiter hätte davon ausgehen dürfen, dass die konkrete Gefahr eines Anschlags und die gewalttätige Befreiung gedroht habe. Diese Gefahr sei durch Pressevertreter und Schaulustige erheblich gestiegen. Die Funktionsfähigkeit des SEK würde durch Anfertigung von Fotografien konkret gefährdet. Das VG Stuttgart verwies insoweit auf die §§ 22, 23, 33 KUG.

Der VGH Baden-Württemberg Mannheim sah das Fotografierverbot als **Verwaltungsakt** an. Dagegen durfte der Zeitungsverlag mit Rücksicht auf die Pressefreiheit klagen. Art. 5 Abs. 1 S. 2 GG erstreckt sich danach auch auf die **Informationsbeschaffung.** Es ging um die strittige Berechtigung, in der konkreten Situation eine Beschlagnahme der Kamera und des Speichermediums zu verfügen.

Der VGH sah den Verwaltungsakt als rechtswidrig an. Er urteilte, die Freiheit der Presse dürfe nur durch das Grundgesetz bzw. durch das Landespressegesetz eingeschränkt werden. Das Landespressegesetz sei gegenüber dem Polizeigesetz ein presserechtliches Spezialgesetz. Damit bejahte der VGH die sog. **Polizeifestigkeit der Pressefreiheit**. Die Untersagung von Bildaufnahmen wurde als materiell rechtswidrig angesehen. Sie war zur Abwehr von prognostizierten Gefahren nicht gerechtfertigt. Das Fotografierverbot konnte auch nicht auf eine rechtswidrige Veröffentlichung von Bildern durch den Fotografen oder den Verlag und eine damit angeblich drohende Enttarnung von SEK-Beamten gerechtfertigt werden. Da die Presse regelmäßig erst nach Sichtung des Fotomaterials über die Art und Weise der Veröffentlichung entscheide und dabei durch Art. 5 GG grundsätzlich geschützt sei, dürfe die Anfertigung der Bildaufnahmen von Personen der Presse nicht generell von vornherein verboten werden (Siehe VGH, U.v. 19.08.2010, aaO.; Steffen in: Löffler, Presserecht, 5. Aufl. § 6 LPG Rz. 123.). Für eine Veröffentlichung ohne Einwilligung bezog sich der VGH auf § 23 Abs. 1 Nr. 1 KUG („Ohne die nach § 22 erforderliche Einwilligung dürfen verbreitet und zur Schau gestellt werden: 1. Bildnisse aus dem Bereiche der Zeitgeschichte; [...]“). Zur **Zeitgeschichte** zähle das gesamte politische, soziale, wirtschaftliche und kulturelle Leben und im Übrigen alles, was Gegenstand der Aufmerksamkeit, Wissbegier oder Anteilnahme der Öffentlichkeit sei. Dabei reiche auch ein nur regionales oder lokales Interesse aus. Der SEK-Einsatz wurde als solches zeitgeschichtliches Ereignis angesehen. Bei der Abwägung der Interessen nach § 23 Abs. 2 KUG könne zwar die Gefahr von Racheakten der Mafia bejaht werden. Es hätte jedoch an einer konkreten Gefahr der Veröffentlichung und Verbreitung von erkennbaren Personenfotos gefehlt. Nicht von vornherein dürfe künftiges rechtswidriges Verhalten der Presse unterstellt werden.

Im Falle der Gefahr einer Enttarnung eines Beamten müsse der Einsatzleiter dies dem Pressefotografen deutlich machen. Er dürfe und müsse im Prinzip darauf vertrauen, dass die Presse keine Portrait- oder Nahaufnahmen veröffentliche und dass gefährdete Beamte vor Veröffentlichung unkenntlich gemacht werden, allerdings nicht nur durch einen Augenbalken, sondern durch vollständige Pixelung des Gesichts. Im vorliegenden Falle bestand eine Gefahr der Veröffentlichung von Bildern ohne Anonymisierung nicht. Der VGH sah auch keine Möglichkeit, den Verwaltungsakt über das allgemeine Persönlichkeitsrecht zu rechtfertigen. Die Vorschriften der §§ 22ff KUG sind Spezialgesetze. Daher scheidet ein Rückgriff auf das Persönlichkeitsrecht aus. Der VGH sah das Fotografierverbot nicht als erforderlich an. Er entwickelt stattdessen eine plausible modellartige Vorgehensweise: „Der bezeichneten Gefahr kann im Regelfall – ohne dass es eines Fotografierverbots bedarf – dadurch wirksam begegnet werden, dass der Pressevertreter zur vorübergehenden Herausgabe des Speichermediums bis zu einer gemeinsamen Sichtung der gefertigten Aufnahmen durch Presseunternehmen und Polizei aufgefordert wird.“ Würden sich in einer solchen Situation konkrete Anhaltspunkte für eine missbräuchliche Verwendung der Bildaufnahmen ergeben, dann komme eine vorübergehende Beschlagnahme in Betracht. Diese wäre dann gegenüber der Pressefreiheit das mildere Mittel. Dann wäre die Polizei aber verpflichtet, in der Regel noch am gleichen Tage, jedenfalls zeitnah, in Kooperation mit der Presse über Speicherung, Bearbeitung, Veröffentlichung oder Löschung der Aufnahmen zu entscheiden.

Der VGH hatte die Revision nicht zugelassen. Das **Bundesverwaltungsgericht** (28.03.2012 – 6 C 12.11) entschied über die gleichwohl eingelegte und offenbar dann doch zugelassene Revision im Ergebnis so wie der VGH. Das Bundesverwaltungsgericht hielt ebenfalls die Klage für begründet. Das Revisionsgericht sah keine konkrete Gefahr für die Schutzgüter der öffentlichen Sicherheit und Ordnung. Das Fotografierverbot war auch nach Ansicht des Bundesverwaltungsgerichts nicht erforderlich und unverhältnismäßig. Die Polizeiverfügung hätte das Grundrecht der Klägerin auf Pressefreiheit verletzt. Die Möglichkeit eines rechtsverletzenden Gebrauchs müsse nicht notwendig immer auf der ersten Stufe abgewehrt werden, womit offenbar die Aufnahme gemeint ist. Dies könne auf der zweiten Stufe des Gebrauchs des Bildes geschehen. Die Hinderung einer Fotoaufnahme greife irreversibel in das Recht des Journalisten auf Pressefreiheit ein, was in der Regel nicht hingenommen werden könne. Der Hinweis auf die mögliche Wortberichterstattung greift deswegen nicht. Die Polizei hat keine Entscheidungsbefugnis darüber, in welcher Form Berichterstattung erfolgen soll. Die Polizei kann dem Journalisten und der Presse mitteilen, wie ihr Rechtsstandpunkt ist und eine Verständigung über das Ob und das Wie der Veröffentlichung anmahnen. Die Polizei konnte sich auch nicht auf das Schutzgut Funktionsfähigkeit des SEK durch Enttarnung seiner Angehörigen oder auf das Recht am eigenen Bild stützen. Für eine derartige Gefahr lagen keine Anhaltspunkte vor. Es ging letztlich nach Auffassung des Revisionsgerichts um die richtige Anwendung des **Verhältnismäßigkeitsgrundsatzes** in der Form des Gebotes der Anwendung des mildesten Mittels.

Die Berufungs- und Revisionsentscheidungen, die im Wesentlichen zu übereinstimmenden Ergebnissen und Würdigungen gelangen, sind zutreffend. Derartige Fallkonstellationen, bei denen die §§ 22, 23, 33 KUG und Art. 5 GG eine Rolle spielen, sind bei verwaltungsgerichtlicher Rechtsprechung heute bekanntlich seltener als bei der der Zivilgerichte.

Vgl. Götting in: Schricker/Loewenheim, aaO. § 22 KUG/§ 60 Rz. 7ff., 16-18 (Erkennbarkeit), § 23/§ 60 Rz. 6ff., 21ff., 87ff.; zur älteren Rechtsprechung und Literatur Jarass JZ 1983, 280; Richter AfP 1984, 80.

Aus der älteren Rechtsprechung sind auch eine Reihe von Strafurteilen relevant, wo es um polizeiliche Maßnahmen oder um Notwehrrechte gegen Beschlagnahmungen etc. ging. Auch ging es nach den früheren dogmatischen Konzepten der Rechtsprechung darum, ob Polizeibeamte etwa beim Einsatz bei Demonstrationen „relative Personen der Zeitgeschichte" seien oder nicht. Diese Rechtsprechung dürfte auch unter den Perspektiven des neuen Schutzkonzeptes des BGH – nun ohne den Begriff „Person der Zeitgeschichte" – nicht geändert werden.

Siehe dazu BVerfG GRUR 2008, 539; ferner die Entscheidung des EGMR vom 07.02.2012 von Hannover/Bundesrepublik Deutschland (Nr 2), MR 2012, 127 (Anm M. Windhager).

EGMR v. Hannover

Auch unter den Perspektiven der Rechtsprechung von BGH, Bundesverfassungsgericht und des EGMR wird man im vorliegenden Falle ein zeitgeschichtliches Ereignis im Sinne von § 23 Abs 1 Zif 1 KUG sehen können. Die von den Obergerichten im konkreten Fall vorgenommene Würdigung und Abwägung könnte, gerade auch was die Praxis der Kooperation zwischen Polizei und Presse angeht, für die Zukunft dafür sorgen, dass derartige Einschränkungen der Pressefreiheit und Kollisionen unterbleiben.

- **Spielraum der Presse**

Der Presse wird ein ausreichender **Spielraum** zugemessen. Innerhalb dessen kann diese nach publizistischen Kriterien entscheiden, was öffentliches Interesse beansprucht und ob sich im Meinungsbildungsprozess herausstellt, dass eine Angelegenheit von öffentlichem Interesse vorliegt.

BVerfGE 101, 361, 392; BGHZ ZUM 2006, 323; EGMR NJW 2006, 591, 592, Rdz. 38

Die Presse muss zur Wahrnehmung ihrer meinungsbildenden Aufgaben nach **publizistischen Kriterien** selbst entscheiden dürfen, was sie des öffentlichen Interesses für wert hält.

BVerfGE 101, 361, 392; BGH ZUM 1995, 618; BVerfG NJW 2000, 1026; ZUM 2006, 323

Ein Ereignis, eine Abbildung, eine Person ohne Öffentlichkeitsbezug oder -wert kann nicht aus sich heraus, sondern durch andere Umstände, durch die Presse selbst, durch einen Kommentar, durch die Reaktion einer Person, Gruppe oder der Öffentlichkeit öffentliches Interesse bewirken.

Nach welchen Kriterien letztlich Auswahlmechanismen, Wahrnehmungsschemata und gesellschaftlichen Interesse bestimmt werden, wie sich in diesen Feldern der Mediendiskurse und -öffentlichkeiten, die auch rechtlich maßgebliche Relevanz manifestiert, ist trotz des Anstiegs der Zahl von „Fallgruppen" durch eine proportionale Vermehrung von Unsicherheit und Prognoseproblemen geprägt.

Die Bedeutung der Pressefreiheit wird insoweit auch vom **EGMR** hervorgehoben.

Art. 10 EMRK ZUM 2004, 651 Rdz. 58, 60, 63; GRUR 2012, 754

Wenn die Presse zur Wahrung der Pressefreiheit und zur Vermeidung einer vom Grundgesetz untersagten Zensur selbst nach publizistischen Kriterien entscheiden darf, worüber sie berichten will, kann sie sich damit nicht der Abwägung mit der geschützten Privatsphäre entziehen. Daher muss eine **Interessenabwägung** stattfinden zwischen dem Informationsinteresse der Öffentlichkeit und dem Interesse des Abgebildeten an dem Schutz der Privatsphäre. Dabei kommt es auf die Bedeutung des Informationswertes, insbesondere zunächst des Bildes selbst an.

BGHZ 151, 26, 31

Der Informationswert kann sich auch aus Begleittext oder dem aktuellen Kontext ergeben.

Je größer der **Informationswert**, desto mehr muss das Schutzinteresse zurücktreten. Der Schutz der Persönlichkeit wiegt schwerer, je geringer der Informationswert für die Allgemeinheit ist.

BGHZ 131, 332, 342; BVerfGE 101, 361, 391

Dem Unterhaltungsinteresse wird gegenüber dem Schutz der jedenfalls Privatsphäre in der Regel ein geringeres Gewicht zukommen, wie die Rechtsprechung meint.

BGHZ 131, 332, 342

Auch bei Personen von hohem **Bekanntheitsgrad** gelten diese Grundsätze. Bei den bisher so genannten Personen der Zeitgeschichte (public figures) bleibt ebenfalls nicht außer Betracht, ob die Berichterstattung zu einer Debatte mit einem Sachgehalt beiträgt, der über die Befriedigung bloßer Neugier hinausgeht. In der Judikatur erscheint die Neugier, die ja nicht lediglich eine negative Konnotation hat, gleichwohl meist als ein abwertendes Kriterium oder Indiz. Für den Informationswert einer Berichterstattung kann auch der Bekanntheitsgrad des Betroffenen von Bedeutung sein. Bei der Beurteilung des Informationswertes bzw. bei der Frage, ob es sich um ein zeitgeschichtliches Ereignis handelt, wird ein weites Verständnis angenommen, damit die Presse ihren meinungsbildenden Aufgaben gerecht werden kann. Mit dieser Gewichtung bei der Interessenabwägung wird einem wirksamen Schutz der Privatsphäre wie dem Schutz der Grundrechte aus Art. 5 GG Rechnung getragen. Das BVerfG hatte eine BGH-Entscheidung bestätigt, die den Schutz der Privatsphäre gegen unerwünschte Aufnahmen auf die Fälle erkennbarer räumlicher Abgeschiedenheit beschränkte. Das schließt jedoch nach Ansicht des BGH nicht aus, bei der erforderlichen Interessenabwägung zwischen Pressefreiheit und Privatsphäre den Informationswert für die Öffentlichkeit stärker zu berücksichtigen.

BGH ZUM 2007, 282, 285

Der BGH stand in dem Dilemma, die europarechtlichen Grenzziehungen berücksichtigen zu müssen, aber sich doch einige Tore offenhalten zu wollen.

- **Bild und Wort im Kontext**

Entscheidend ist zunächst der Informationswert der Abbildung als solches. In diesem Zusammenhang ist aber auch eine damit erfolgende **Wortberichterstattung** zu berücksichtigen.

EGMR ZUM 2004, 651 Rdz. 64; BGHZ 158, 218, 223; ZUM 2004, 125; ZUM 2004, 919; ZUM 2005, 155

Eine Abbildung, die den Kläger und seine Ehefrau auf öffentlicher Straße in St. Moritz im Urlaub zeigt, ist demnach grundsätzlich auch bei Prominenten zum geschützten Kernbereich der Privatsphäre zu rechnen. Dennoch kann die Veröffentlichung eines solches Fotos als Bebilderung eines Berichts über ein zeitgeschichtliches Ereignis zulässig sein. Selbst wenn die beanstandete Abbildung als solche keine Information über ein zeitgeschichtliches Ereignis oder einen Beitrag zu einer Diskussion von allgemeinem Interesse enthält, ist für den Informationswert auch die dazugehörige Wortberichterstattung zu berücksichtigen. Ein Skiurlaub allein ist jedoch nach der Judikatur kein zeitgeschichtliches Ereignis oder Vorgang von allgemeinem Interesse.

BGHZ ZUM 2007, 385; sh. auch BGH MR 2007, 185 m. Anm. Ennöckl zur BGH-Judikatur; BGH AfP 2007, 472 – Lebensgefährtin von Grönemeyer; BGH AfP 2007, 575 – Fußballtorwart; NJW 2008, 749; 2007, 1981; Engels/Jürgens NJW 2007, 2517; Teichmann NJW 2007, 1920

Ist jedoch, wie im genannten Fall, Gegenstand der Wortberichterstattung auch die Erkrankung des damaligen regierenden Fürsten von Monaco, ist damit ein zeitgeschichtliches Ereignis angesprochen, über das die Presse auch mit einem Bild aus dem Privatbereich berichten darf. Es kommt auf den redaktionellen Gehalt und die Gestaltung dieses Artikels insofern nicht an, weil die Garantie der Pressefreiheit es nicht zulässt, in dieses Grundrecht einzugreifen und dabei auf die **Qualität** des jeweiligen Presseerzeugnisses abzustellen.

BVerfGE 34, 269, 283; BGH ZUM 1995, 618; BVerfG NJW 2002, 1026; EGMR GRUR 2012, 754

Ob ein Ministerpräsident einer westlichen Demokratie seinen Urlaub in einem totalitär regierten Urlaubsland verbringt, sollte ebenso durch Fotos vom privaten Urlaubsort belegt werden dürfen wie Diskrepanzen zwischen verbal geäußerter und realer privater Lebensführung.

Wenn – wie im genannten Streitfall – das Verhalten von Familienmitgliedern während der Krankheit des Fürsten in Rede steht und diese Berichterstattung mit einer solchen Abbildung aus dem Urlaub belegt und illustriert wird, dann stehen überwiegende berechtigte Interessen nicht entgegen, § 23 Abs. 2 KUG. Dies könnte anders sein, wenn die Aufnahme etwa unter Ausnutzung von Heimlichkeit oder von technischen Mitteln, die dem gleich kämen, zustande gekommen und aus diesem Grunde unzulässig wäre. Die europäische Rechtsprechung scheint bei Politikern weniger restriktiv zu sein. Die Differenzierungen zwischen politischen und anderen öffentlichen bzw. sonst gesellschaftlich beachteten Funktionsträgern vermögen bisher nicht zu überzeugen. Das KG Berlin hat die Verbreitung eines Fotos des früheren deutschen Außenministers Fischer für zulässig erklärt: es zeigt ihn nach seinem vielfach diskutierten Ausstieg aus der Politik in einem persönlichen Moment auf dem Balkon seiner Wohnung beim Blumengießen.

KG AfP 2007, 572

Der Bericht sollte den Übergang vom Politikerleben zum Privatalltag dokumentieren.

Vgl. zur Medienöffentlichkeit BVerfG NJW 2000,1021; BGH NJW 2004, 762; sh. dazu auch KG AfP 2006, 369 – Simonis

Äußerungen zur Privatsphäre können zulässig sein, insbesondere bei einem Informationsinteresse der Öffentlichkeit.

OLG Karlsruhe AfP 2006, 170 – Thronfolger; EGMR ZUM 2004, 651; BVerGE 101, 361, 381; BVerfG ZUM 2006, 868; BGHZ 131, 332, 342

Die Abwägung zwischen Persönlichkeits-, Unternehmensrechten und Rundfunkfreiheit kann bei **Fiktionen** oder **historischen Darstellungen** im Film schwierig sein. Das hängt von der Wahrnehmung als fiktional oder als Wiedergabe historischer Wirklichkeit ab. Bei einem Dokumentarspiel kann die Beurteilung eher zugunsten des Betroffenen ausfallen.

BVerfGE 35, 202, 226; vgl. auch BVerfG ZUM 2007, 730 – Contergan; LG Hamburg ZUM 2007, 212 – Contergan; ZUM 2007, 479

Angehörige von sog. public figures, die mit einem Vorgang nichts zu tun haben, werden sich in der Regel auf ihre Privatsphäre berufen können. Die Begleitpersonen können Teil des Zeitgeschehens sein.

OLG Hamburg NJW – RR 1990, 1000 – Roy Black; KG NJW 2005, 603 – Grönemeyer; BGH NJW 2010, 3025; BGH NJW 2012, 763 – Inka Bause

Wird dabei ein falscher Eindruck erweckt, so als sei eine beruflich tätige Sportreporterin die „Neue" eines Prominenten, kann in der Begleitrechtsprechung das Persönlichkeitsrecht überwiegen (siehe auch Klass ZUM 2007, 818; BGH NJW 2009, 1502 – Christiansen; KG NJW 2011, 785 – Thomalla). Die Rechtsprechung ist nicht sonderlich kohärent.

Personen als **Beiwerk** einer Landschaft dürfen abgebildet werden (§ 237.2 KUG). Bilder von Versammlungen sind erlaubt (§ 23 I 3 KUG). Künstlerische Fotos oder Bilder fallen ebenfalls unter die Ausnahmen (§ 23 I 4 KUG).

Entgegenstehende Konstellationen nach § 23 Abs. 2 KUG ergeben sich bei Bildern aus Intim- oder Privatsphären, bei Straftätern, in der Werbung, bei Kindern, insbesondere Minderjährigen. Auch bei Kindern ist dieser Schutz begrenzt (BGH GRUR 2010, 173).

3. Urheberrechte, Kunstfreiheit, Titelschutz, Sonderfälle

3.1 Urheberrechte, Kunstfreiheit (UrhG, Art. 5 III GG)

Die Vervielfältigung und Verbreitung eines urheberrechtlich geschützten Werks steht dem Urheber zu. Auch die Fotografie gilt als Vervielfältigung. Bei der Verbreitung von Fotografien können also **fremde Urheberrechte** tangiert sein. Ausgenommen sind allerdings **amtliche Werke**, § 5 UrhG. Ausnahmen enthalten ferner § 50 UrhG **(Berichterstattung über Tagesereignisse)**, § 57 UrhG (unwesentliches Beiwerk), § 59 UrhG (Gegenstände, die sich bleibend an einem **öf-**

fentlichen Platz oder Weg befinden), Ausnahmen sind ferner zum Zwecke des **Zitats**, § 51 UrhG, zu Zwecken der Rechtspflege, § 45 UrhG, zulässig oder bei Bildern in **Ausstellungs- oder Versteigerungskatalogen**, § 58 UrhG. Im Einzelfall kann auch freie Benutzung nach § 24 UrhG vorliegen. Dabei ist auch die Kunstfreiheit zu beachten (Art. 5 Abs. 3 GG). Dies ist der neueren Entscheidung des BVerfG „Germania 3", betreffend Heiner Müller und Bertolt Brecht, zu entnehmen.

- **Wiedergabe von geschützten Werken im Zuge der Berichterstattung (§ 50 UrhG)**

Die Vorschrift des § 50 UrhG erlaubt es, Werke, welche bei der Bild- und Tonberichterstattung über Tagesereignisse wahrnehmbar werden, zu vervielfältigen, zu verbreiten und öffentlich wiederzugeben

> § 50 UrhG lautet: „Zur Berichterstattung über Tagesereignisse durch Funk oder durch ähnliche technische Mittel, in Zeitungen, Zeitschriften und in anderen Druckschriften oder sonstigen Datenträgern, die im Wesentlichen Tagesinteressen Rechnung tragen, sowie im Film, ist die Vervielfältigung, Verbreitung und öffentliche Wiedergabe von Werken, die im Verlauf dieser Ereignisse wahrnehmbar werden, in einem durch den Zweck gebotenen Umfang zulässig".

Zulässig ist die Berichterstattung durch dem Funk ähnliche technische Mittel. Damit sollte eine Berichterstattung in digitalen Online-Medien ermöglicht werden. Voraussetzung ist aber die Wahrnehmbarkeit; eine „mittelbare Wahrnehmbarkeit" reicht nicht aus (BGH Urteil v 27.03.2012, KZR 108/10). Seit der Änderung des § 50 UrhG im Jahr 2003 ist auch die Nutzung von Sprachwerken in der Berichterstattung erlaubt; zuvor war die Norm allein auf Bild- und Tonberichterstattung begrenzt gewesen. Die Medien dürfen urheberrechtlich geschützte Werke wiedergeben, ohne zuvor Nutzungsrechte einholen zu müssen und ohne eine Vergütung zu zahlen (BGH GRUR 2008, 693 – TV-Total = ZUM-RD 2008, 337). Die Vorschrift dient damit den Informationsinteressen der Allgemeinheit und den Interessen der Berichterstatter und ihrer Medien, welchen nicht angelastet werden soll, die Zustimmung von Rechteinhabern einzuholen, die gegebenenfalls in der Kürze der Zeit schwer zu ermitteln wären und mit denen nicht ohne weiteres eine Einigung herbeiführt werden könnte. Bei § 50 UrhG geht es darum, dass die Öffentlichkeit von Werken, die zufällig oder zwangsläufig ins Bild kommen, ermöglicht werden soll.

Die freie Werknutzung des § 50 UrhG gilt nur für Berichterstattungen über **Tagesereignisse** (siehe dazu BGH, ZUM 2002, 18 – Zeitungsbericht als Tagesereignis). Damit wird die Aktualität eines Ereignisses gemeint, wobei es auf die jeweilige Bedeutung des Gegenstandes, auf das Niveau der einzelnen Reportage oder auf deren Informationswert nicht ankommt. Die aktuelle Berichterstattung kann dabei entweder ein Ereignis sein, in dessen Verlauf ein Werk wahrnehmbar wird. Es kann aber auch das Werk selbst Gegenstand eines aktuellen Ereignisses (z B. Neuerscheinung, Ausstellungseröffnung, Stiftung) sein. So ist z.B auch der Aufsehen erregende Zusammenbruch eines Kandidaten bei einer Fernseh-Casting-Show als ein Ereignis angesehen worden, über das unter Verwendung von Sendematerial eines anderes Senders gemäß § 50 UrhG berichtet werden durfte.

OLG Köln Urteil v 30.10.2009, 6 U 100/09 – Castingshow. Die Vorinstanz hatte die Grenzen von §§ 50, 51 UrhG wesentlich enger bestimmt. Siehe dazu auch BGH Urteil v 11.07.2002, ZR 285/99 – zur Auseinandersetzung zwischen einem prominenten Ehepaar als Tagesereignis. Siehe dazu Wolfgang Maaßen in Wandtke (Hrsg), Medienrecht. Praxis-Handbuch[2], Bd 2, Schutz von Medienprodukten (2011), Kap 4, Rz 138 ff: Das Tagesereignis kann auch in Form einer Wertung dargestellt werden, anders OLG München, AfP 2003, 553 – Rudolf der Eroberer

Das Merkmal der **„Aktualität“**, welches sich durch den Begriff Tagesereignis ergibt, darf nicht zu eng gesehen werden. Denn da sich die Privilegierung auf Zeitungen, Zeitschriften, Druckschriften, Datenträger und Filme bezieht, kann sich aus der Erscheinungsweise durchaus der Begriff der Aktualität insoweit relativieren, als nicht nur Berichterstattungen über ein gegenwärtiges oder erst kurze Zeit zurück liegendes Ereignis gemeint sind. Es kann zudem nicht nur ein Tagesereignis gemeint sein, welches mindestens eine größere Gruppe interessiere. Auch ein Medium, das nicht täglich, sondern monatlich oder in seltenerem Rhythmus erscheint, kann hier nicht ausgeschlossen werden.

Zu eng: Wandtke/Bullinger-Lüft, aaO, § 50 UrhG, Rz 5. Die Norm stellt gerade nicht darauf ab, ob sich eine größere oder kleinere Gruppe für das Tagesereignis interessiert

Die Frage, ob nur eine wirklichkeitstreue Wiedergabe des Tagesereignisses gemeint sein kann, wird von der Rechtsprechung jedenfalls zutreffend so verstanden, dass auch **Archivaufnahmen** zulässigerweise wahrnehmbar gemacht werden dürfen.

BGHZ 85, 1 – Presseberichterstattung und Kunstwerkwiedergabe I. Siehe ferner die differenzierende Betrachtungsweise im Falle des Sachverhalts beim LG Köln, ZUM-RD 2010, 283 – elektronische Programmführer.

Die Werke, über die berichtet wird oder die wahrnehmbar werden, können insgesamt oder teilweise wiedergegeben werden. Eine Eingrenzung auf Werkteile ist also nicht von vornherein gegeben. Allerdings beschränkt § 50 den Umfang der Wiedergabe oder sonstige Nutzung durch die Zweckbindung. Die Berichterstattungsfreiheit bedarf in der Regel nicht der Wiedergabe des vollständigen Werkes.

OLG Frankfurt, GRUR 1985, 380 – Operneröffnung; OGH, GRUR Int 1971, 411 – Operettenwochen in Bad Ischl; Dreier in Dreier/Schulze, § 50 Rz 8

Die zeitliche Beschränkung des § 50 UrhG ergibt sich nach der neuesten Rechtsprechung, dass Werke, die im Rahmen der Onlineberichterstattung über eine Kunstausstellung im Internet nur solange gezeigt werden dürfen, wie die Veranstaltung noch als Tagesereignis angesehen werden kann. Eine zeitlich unbefristete Einstellung in einem Online-Archiv ist derzeit unzulässig. Der Presse wird damit zugemutet, Abbildungen nach einer gewissen Zeitspanne zu löschen oder von vornherein ohne Abbildungen ins Archiv zu übernehmen. Das ist eine wenig sinnvolle Regelung, die weder dem Sinn und Zweck von Archiven entspricht, aber auch nicht notwendig ist.

BGH Urteil v 05.10.2010, I ZR 127/09; bestätigt durch Nichtannahme der Verfassungsbeschwerde BVerfG Beschluss v 04.02.2012, 1 BvR 1145/11. Die VG Bild-Kunst erlaubt z.B. die Aufnahme von Bildern in Online-Archive von bis zu vier Wochen nach dem Ereignis, z.B. einer Kunstausstellung. Will ein Online-Archiv die nach § 50 UrhG zulässigerweise veröffentlichten Bilder im Archiv belassen, muss es die Erlaubnis der Rechteinhaber bzw. ggf der VG Bild-Kunst einholen.

- **Zitat und Zitierfreiheit (§ 51 UrhG)**

Es sind nach § 51 UrhG das wissenschaftliche Großzitat, das Kleinzitat, das Film-, Bild- und Musikzitat zu unterscheiden. Damit soll auf unterschiedliche Art und Weise eine geistige Auseinandersetzung mit anderen Werken unter deren Nutzung ermöglicht werden. Dies soll nur geschehen in Werken, welche selbst Urheberschutz in Anspruch nehmen können. Dies fremde Werk kann ein Film, eine Fernsehsendung, ein Text oder ein Buch, auch ein Multimediawerk sein. Auch Lichtbildwerke können zitiert werden. Beim wissenschaftlichen Großzitat kann ein ganzes Werk oder ein Teil zur Erläuterung benutzt werden. Das zitierte Werk muss bereits erschienen sein.

Beim **Großzitat** werden„einzelne Werke nach der Veröffentlichung in ein selbständiges wissenschaftliches Werk zur Erläuterung des Inhalts aufgenommen“. Damit ist gemeint, dass auch das zitierte Werk zur Erläuterung oder als Basis für eigene Ausführungen und Positionen genutzt wird. Es dürfen also z.B. Fotos, Texte aus Dokumenten, Bilder, Filmteile in ein derartiges wissenschaftliches Werk übernommen werden. Auch Werke aus dem Internet dürfen zitiert werden. Die Übernahme ganzer Filme wird selten zulässig sein.

Das **Kleinzitat** ermöglicht es, Stellen eines Werkes, das heißt kleine Ausschnitte in das eigene Werk zu übernehmen. Das bedeutet auch, dass je nach der Notwendigkeit des Zitatzwecks auch umfangreichere Teile, nicht nur Stellen, zitiert werden dürfen. Der Zitatzweck ist auch hier zu beachten. Das geschützte Werk bzw. Teile desselben müssen die eigenen Ausführungen „belegen“, sich damit in irgendeiner Weise, z. B. positiv oder kritisch, auseinandersetzen, es als Basis für die eigenen Darlegungen oder Interpretationen benutzen. Die Belegfunktion gilt gleichermaßen bei Übernahme von Teilen geschützter Werke in Filme, Fernsehfilme, Multimediawerke oder im Internet.

Relativ eng ist das **Musikzitat** wie das **Textzitat** geregelt. Nur einzelne Stellen eines Musikwerkes dürfen in ein anderes Musikwerk als Zitat übernommen werden. Damit ist die Verwendung von Musikzitaten sehr eng begrenzt.

Das **Filmzitat** ist in entsprechender Weise geregelt. Zu wissenschaftlichen Zwecken als Großzitat, aber auch im Wege des Kleinzitats können Stellen von Filmwerken in ein anderes Filmwerk übernommen werden. Angesichts der relativ engen Voraussetzungen der Einschränkungen des Urheberrechts ist auch bei der Nutzung fremder Filme eine sorgfältige Überprüfung anhand der Generalklausel des §§ 51 erforderlich. Dazu gehören in erster Linie der Zweck als Zitat, eine Begrenzung auf den erforderlichen Umfang und die Übernahme des Zitats in ein selbständiges urheberschutzfähiges Werk. Die Erkennbarkeit als Zitat wird sich in der Regel aus der Sache selbst und aus der Quellenangabe ergeben. Änderungen am übernommenen Zitat sind grundsätzlich nicht zulässig. Dies gilt allerdings nicht, wenn z.B. für eine filmische Nutzung eine Übersetzung aus der anderen Sprache erforderlich oder sinnvoll ist. Es muss daher nicht zwingend der fremdsprachliche Filmausschnitt als solcher unverändert übernommen werden. Möglich ist also eine Synchronisierung, Untertitelung oder Übersetzung in die andere Sprache in Off.

Auch Werke bildender Kunst, Lichtbildwerke oder Lichtbilder dürfen zitiert werden (**Bildzitat**). Gerade bei optischen Übernahmen ist besonders zu prüfen, ob das Zitat nur der Illustration dient oder für die eigenen Ausführungen als Beleg verwendet wird. Das bedeutet, dass der Belegcharakter hervortreten muss. Das geschieht in aller Regel durch eine beispielhafte Nutzung für die eigenen Ausführungen, durch eine Auseinandersetzung oder jedenfalls durch irgendeine meist textlich deutliche innere Verbindung zwischen dem zitierten und dem zitierenden Werk (Belegzusammenhang).

Für alle Zitate gilt gleichermaßen, dass die zitierten Werke nicht verändert werden dürfen, vor allem auch nicht sinnentstellend. Außerdem muss eine Quellenangabe erfolgen (§§ 62, 63 UrhG).

Die Rechtsprechung hat den Umfang der zitatweisen Übernahme von fremden Werken eingeschränkt. Das bedeutet, dass nicht zu viele fremde Werke übernommen werden dürfen. Aus der Rechtsprechung ist eine wichtige Leitentscheidung zu nennen, wonach bei einer Sendelänge von 43 Minuten Ausschnitte aus anderen Filmen im Umfange von mehr als 5 Minuten übernommen werden durften (WDR-Film „Laterna Teutonica“).

3.2. Sonderfälle der Nutzung fremder Werke

- **Panoramafreiheit (§ 59 UrhG)**

Werke, bleibend an öffentlichen Wegen, Straßen und Plätzen, dürfen durch Fotos und Filme vervielfältigt und verbreitet werden.

> Dreier in: Dreier/Schulze, 2013 § 59 Rz. 1 ff.; BGH GRUR 2002, 605 – Reichstag; Chirco: Die Panoramafreiheit, 2013

Die Freiheit erstreckt sich nur auf das Äußere (§ 59 I 2 UrhG). Bilder, die außerhalb des Grundstückes aufgenommen werden, sind zulässig.

> BGH GRUR 1990, 390 – Friesenhaus; dazu jetzt BGH NJW 2011, 749; NJW 2013, 1809 – Schlösser u. Gärten; dazu ablehnend, die ganz h.M., zit. bei Götz von Olenhusen, MR-Int 2013, 71 (74); sh. ferner Schönewald WRP 2014, 142

Einschränkungen ergeben sich aus dem Hausrecht.

> BGH GRUR 1975, 500 – Tegel.

- **Verwaiste und vergriffene Werke**

Die digitale Wende ermöglicht die Neuregelung der Nutzung (§§ 61 ff. UrhG, 13 d und 13 e. UrhWAhrnG).

Dazu Talko, KGR 2014, 18; Durantage ZUM 2011, 777; Spindler, ZUM 2013, 349; Reifer NJW 2014, 6; Grünberger ZGE/JPJ 2012, 321; Beger MR 2014, 18

Damit ist der Zugang zu den sog. verwaisten Werken gesetzlich ermöglicht worden. Die kollektive Verwertung hat sich dabei als vorrangig durchgesetzt (siehe dazu §§ 61-61c UrhG, 13 d und e UrhWahrnG, 38 UrhG). Die vergütungsfreie Publikation („Golden Road") per open access tritt neben die eigene Nutzung schon verwerteter Werke („Green Road").

Kritisch zur „Lost-Lost-Situation" Peifer NJW 2014, 6, 11.

- **Freie Benutzung (§§ 23, 24 UrhG)**

Eine weitere Möglichkeit zur Nutzung fremder Werke ergibt sich aus §§ 23, 24 UrhG. Die Voraussetzungen einer zulässigen Bearbeitung sind allerdings eng. Eine freie Benutzung eines anderen Werkes nach § 24 UrhG setzt in der Regel voraus, dass anhand der Übereinstimmungen geprüft werden muss, ob freie oder unfreie Benutzung vorliegt. Das ist bei der Benutzung von Fotos in aller Regel besonders schwierig, d.h. meist ohne Erlaubnis unzulässig. Die Übernahme filmischer Bildteile in einen anderen Film, die sog. Klammerteilnutzung, wird regelmäßig ohne Genehmigung des Rechteinhabers unzulässig sein. Die Übernahme von Ausschnitten bedarf in der Regel der Erlaubnis, es sei denn, dass ein erlaubtes Zitat vorliegt. In der Rechtsprechung ist aus Art. 5 Abs. 3 GG (Kunstfreiheit) die Verwendung fremder Texte in ein eigenes Werk für zulässig erklärt worden, wenn es sich dabei um eine künstlerische Auseinandersetzung, z.B. mit dem anderen Werk handelt. Derartige Fälle sind bisher Ausnahmen, sind jedoch zutreffend entschieden.

BVerfG GRUR 2001, 149 – Germania 3, kritisch Wandtke/Schunke, 2014 Rz. 17-20

Besonderheiten gelten für **Parodie** und **Satire**. Hier wird die Möglichkeit eröffnet, fremde Werke parodistisch oder satirisch frei zu benutzen. In diesem Fall kann also das parodierte Werk durchaus erkennbar sein. Allerdings wird in der Regel ein bestimmter innerer Abstand des neuen selbständigen Werkes zu dem benutzten Werk verlangt. Das bedeutet, dass z.B. eine antithematische Nutzung des anderen Werkes zulässig ist. Die freie Benutzung kann sich nicht nur durch parodistische Auseinandersetzung, sondern auch durch eine Karikatur manifestieren.

Götz von Olenhusen/Ling, UFITA 2003, 695 (zum deutschen und schweizerischen Recht)

- **Andere einschlägige Rechte**

Die Probleme bei der Nutzung fremder Werke sind nicht nur begrenzt auf Urheberrechte. Auch andere Rechte wie Markenrechte, Titelschutzrechte, Leistungsschutzrechte ausübender Künstler können tangiert sein. Bei der Übernahme von Filmausschnitten können Filmurheberrechte, Rechte von Sendeunternehmen oder Laufbildherstellern in Rede stehen (siehe §§ 2 Abs. 1 Nr. 6, 73, 87, 95 UrhG). Die Übernahme von geschützten Bildern oder Filmausschnitten kann fotografische oder auch persönlichkeitsrechtliche Rechte beeinträchtigen (siehe dazu §§ 22, 23 KUG). Durch Veränderungen oder Nutzung in einem Kontext, der die Interessen des Urhebers oder sonstigen Nutzungsberechtigten tangiert, kann z.B. auch das Urheberpersönlichkeitsrecht verletzt werden (§ 14 UrhG). Das gilt insbesondere dann, wenn durch den Kontext des zitierenden Werkes die Aussage des zitierten Werkes verfälscht oder entstellt wird.

Kurzberichterstattung über Ereignisse von großem öffentlichen Interesse ist nach Europarecht zulässig (Art. 15 Abs. 6 RL 2010/13/EU v.10.03.2010). Die Entscheidung des EuGH betraf den Konflikt zwischen Sky Österreich und dem ORF über die finanziellen Bedingungen des Zugangsrechts des ORF zum Satellitensignal.

ZUM 2013, 302; EuGH ZUM 2008, 54

3.3 Kunstfreiheit

- **Sonderfall: „Schlüsselroman"**

Autoren von Romanen oder Filmen mit einem Inhalt, die einen Bezug zu Vorbildern aus der Lebenswirklichkeit herstellen, können sich auf die Kunstfreiheit berufen.

Mephisto-Entscheidung des BVerfG

BVerfG NJW 1971, 1645 – Mephisto; AfP 1987, 677; AfP 2007, 441 – Esra; sh. dazu auch BGH GRUR 2005, 788 – Esra; LG München I ZUM 2004, 234

Die Kunstfreiheit nach Art. 5 Abs. 3 GG schützt den „Werk“- und den „Wirkbereich“.

BVerfGE 36, 321; 67, 213; AfP 2007, 441– Esra; BVerfGE 77, 240; 81, 278; 82, 1; vgl. auch BVerfG NJW 1984, 1293 – Sprayer von Zürich

Das allgemeine Persönlichkeitsrecht kommt als Schranke für die Kunstfreiheit in Betracht.

BVerfG AfP 1980, 149; 1999, 57; 2005, 544; 1998, 184.

Die Erkennbarkeit von Personen als Vorbilder für Romanfiguren ist gegeben, wenn ein mehr oder minder großer Bekanntenkreis sie wiedererkennt.

Sh. BVerfG AfP 2007, 444; BVerfGE 30, 173, 196 – Mephisto; NJW 2004, 3619; sh. auch KG Berlin NJW-RR 2004, 1415 – Meere

Die bloße Entschlüsselungsmöglichkeit reicht nicht; die Identifizierung muss sich einem mit den Umständen vertrauten Leser aufdrängen. Persönlichkeitsrecht und Kunstfreiheit bedürfen der Abwägung. Dabei ist auch die Frage einzubeziehen, inwieweit der Autor die Romanfigur, die Lebensumstände und sonstigen realen Fakten im Vergleich zu realem Vorbild und den sonstigen Gegebenheiten „verfremdet“ hat.

Esra-Entscheidung des BVerfG

BVerfG AfP 2007, 445 – Esra; sh. LG Münster NJW – RR 2003, 692 – Wilsberg und der tote Professor (PR-Verletzung verneint)

Die Entscheidung hängt auch davon ab, wie intensiv das Persönlichkeitsrecht betroffen ist.

BVerfGE 109, 279; 80, 367; AfP 2007, 441 ff. – Esra m. abw. Meinungen 447 ff. Zur Folgenabwägung bei fiktionalem FS-Film BVerfG AfP 2007, 453 – Contergan; siehe dazu Darstellung bei Obergfell in: Ulmer-Eilfort/Obergfell, Verlagsrecht, 2013, I 1 Rz. 23-55

- **Sonderfall: Satire**

Die gängige Ansicht der Judikatur unterscheidet noch immer zwischen faktischer Aussage und satirischer Einkleidung.

BVerfGE 75, 369 – Strauß-Karikatur;NJW 1998, 1386 – Münzen-Erna; NJW 2002, 3767 – Hingerl; vgl. dazu Götz von Olenhusen: Satire – eine Ehrensache, in: Folckers/Solms (Hg.): Was kostet der Spaß? 1997; vgl. auch Würtenberger, NJW 1983,1144; sh. jetzt auch VerfGH Berlin ZUM-RD 2007, 509 – Polizistenbild (sehr restriktiv, str.); Damm/Rehbock, Rz. 337 ff.

Nach Entfernung des „Satirischen“ oder Narrengewandes soll dann die Prüfung erfolgen, welche Aussage vorliegt, ob es sich um zulässige Meinung oder „Schmähkritik“ handelt. Die formale „Einkleidung“ mit satirischen Mitteln dürfte jedoch bei dieser Prüfung nicht „außen vor“ bleiben. Die Form spielt gerade auch bei Satire, Parodien oder ähnlich strukturierten Genres eine für die Bewertung wesentliche Rolle.

Satire kann in das Recht am Bild eingreifen, aber auch aufgrund der Kunstfreiheit zulässig sein.

EGMR MR 2007, 124 – Mühls „Apokalypse“; BVerfG NJW 2003, 961; AfP 2003, 538

Ein Politiker muss eine satirische Meinungsäußerung in einer Werbeanzeige u. U. dulden.

BGH ZUM 2007, 55 – Lafontaine

Eine satirische Fotomontage kann das Persönlichkeitsrecht verletzen, wenn ein authentisch wirkendes Foto „manipuliert“ worden ist.

BVerfGE ZUM 2005, 125 – Ron Sommer; dazu a.A. BGH AfP 2004, 51 – Fotomontage; dazu kritisch Götz von Olenhusen, in: Caricatura V, 2007 (satirisch ein Foto verfremdende Collage oder Fotomontage muss zulässig sein); a.A. OLG Hamburg AfP 2008, 82 – Ron Sommer (keine geringfügige „Abweichung von der Realität“)

BVerfG 14.02.2005 - Ron Sommer

3.4 Titelschutz nach Urheber- und Markenrecht

Der Titelschutz ist, abgesehen von einem seltenen urheberrechtlichen Werkschutz, heute im Wesentlichen für Film- und Tonwerke, Bühnenwerke und vor allem Druckschriften von Bedeutung (§ 5 Abs. 3 MarkenG). Die Rechtsprechung hat seit jeher den urheberrechtlichen Titelschutz nur in seltenen Fällen bejaht.

Siehe dazu OLG Köln GRUR 1962, 534; Reupert: UFITA 1994, 27 ff. Nach überwiegender Auffassung in der Literatur und aufgrund einer Reihe von Entscheidungen der Rechtsprechung ist ein urheberrechtlicher Titelschutz nur in Ausnahmefällen anzunehmen.

Die markenrechtlichen Grundlagen für den Titelschutz ergeben sich aus der Unterscheidungskraft zu anderen Werktiteln. Das bedeutet, dass eine gewisse Originalität zunächst vorhanden sein muss. Dies ergibt sich bereits daraus, dass der Titel sich in seiner originären Kennzeichnungskraft von anderen Titeln unterscheiden muss, auch wenn er grundsätzlich, anders als die Marke, nicht die Funktion hat, auf eine bestimmte betriebliche Herkunft zu verweisen. Bei Zeitungen und Zeitschriften hat die Judikatur in der Regel einen großzügigeren Standpunkt in punkto Schutzfähigkeit angenommen. Auch wenn es an der Kennzeichnungskraft mangelt, kann der Titelschutz durch Verkehrsgeltung erreicht werden.

BGH GRUR 2001,1050 – Tagesschau

Die Priorität lässt sich meist durch eine der üblichen Titelschutzanzeigen beweisen.

Auch Teile von Zeitungen, Zeitschriften oder anderen Druckschriften können titelschutzfähig sein.

BGH GRUR 2000, 70 – Szene

Das gilt für **Rubriken**, Kolumnen oder auch Beilagen von Zeitungen und Zeitschriften.

RGZ 133, 190 – Textilzeitung; BGH GRUR 1970, 141 – europharm; OLG Hamburg WRP 1977, 649

Auf die Neuheit eines derartigen Titels oder Untertitels kommt es nicht unbedingt an, solange das Merkmal der Unterscheidungskraft gegeben ist. Bloße Gattungsbezeichnungen oder für sich allein nicht verständliche Abkürzungen sind von Haus aus aber nicht ohne weiteres schutzfähig. Sie können durch Verkehrsgeltung Titelschutz erlangen.

Die Verwechslungsgefahr kann insbesondere dann, wenn die Bezeichnung nur eine schwache Kennzeichnungskraft hat, ausgeschlossen werden. Dafür können bereits geringe Abweichungen diese Gefahr beseitigen. Hier wird man nach der bisherigen Rechtsprechung den Schutzbereich relativ eng ziehen können. Das gilt insbesondere dann, wenn ein bestimmter Begriff, eine Bezeichnung, ein Wort dadurch, dass es bereits häufig Verwendung gefunden hat oder findet, nur noch eine allenfalls geringe Kennzeichnungskraft entfalten kann.

Siehe dazu BGH GRUR 1957, 275 – Revue

Bei Zeitschriften und Zeitschriftentiteln wird insoweit der Gegenstand, die Aufmachung und die Vertriebsform des Produkts eine Rolle spielen.

Siehe z.B. BGHZ 21, 85 – Der Spiegel / Telegraf Wochen-Spiegel.

Bei der Beurteilung des jeweiligen Titels kann auch der sachliche Bezug des Titels und das Freihaltebedürfnis bedeutsam werden.

Titelschutz für Kolumnen-Titel

Die BGH-Entscheidung vom 22.03.2012 – zur Kolumne „Stimmt's?"

In einer Entscheidung des BGH vom 22.03.2012 zu § 5 Abs. 3 MarkenG ist die interessante Frage grundsätzlich, aber nicht abschließend erörtert worden, ob die Kolumnenbezeichnung „Stimmt's?" titelmäßig geschützt ist. Diese Kolumne wird in der Wochenzeitung DIE ZEIT wöchentlich publiziert. Neben der Kolumnenbezeichnung findet sich bei den Artikeln eine jeweils unterschiedliche Überschrift, welche sich auf den Inhalt bezieht. In dem Artikel werden Leserfragen beantwortet, „die sich auf Rätsel des Alltags, schwer zu verifizierendes Allgemeinwissen, wissenschaftliche Phänomene, Mythen und andere populärwissenschaftliche Fragen beziehen" (BGH, U.v. 22.03.2012 – I ZR 102/10). Diese Kolumnenartikel werden seit 2001 ferner im Internetauftritt der Zeitschrift veröffentlicht, und zwar mit der Internetadresse www.zeitpunkt.de. Der Verlag der Zeitschrift DIE ZEIT klagte daraufhin gegen die Beklagte, welche das Internetportal „web.de" betreibt. Unter derselben Bezeichnung „Stimmt's" werden dort Nutzerfragen beantwortet.

Das LG Hamburg verurteilte die Beklagte zur Unterlassung und zur Auskunftserteilung. Das OLG Hamburg wies die Berufung der Beklagten zurück (OLG Hamburg GRUR – RR 2011, 70).

Der BGH nahm eine hinreichende Unterscheidungskraft des Klagetitels an. Es stellte jedoch die Verwechslungsgefahr in Zweifel. Das OLG Hamburg hatte noch angenommen, es genüge, dass der Verkehr die Bezeichnung einer Rubrik als bestimmt und geeignet ansieht, diese von anderen Rubriken oder Kolumnen zu unterscheiden. Dieses Kriterium dient nach Ansicht des BGH der Prüfung, ob einem Titel die erforderliche Unterscheidungskraft zugesprochen werden kann. Das Revisionsgericht trennt diese Frage jedoch von der „vorgelagerten Frage", ob sich die Bezeichnung, um die es geht, überhaupt auf ein titelschutzfähiges Werk (§ 5 Abs. 3 MarkenG) bezieht. Als Teil einer Zeitung oder Zeitschrift, welcher danach ein eigenes titelschutzfähiges Werk im Sinne des Markenrechts darstellt, ist jener Teil anzusehen, der eine besondere, nach Aufmachung und Gegenstand sowie Inhalt in gewissem Umfange eine selbständig gestaltete „Abteilung" darstellt. Die erforderliche äußere Selbständigkeit soll bei regelmäßigen Beilagen vorliegen, die sich inhaltlich mit bestimmten Themen befassen oder auch bei regelmäßigen Regionalteilen oder anderen Rubriken. Somit kann im Prinzip auch die Bezeichnung einer Kolumne für ein bestimmtes Themengebiet in einer Zeitung oder Zeitschrift Titelschutz beanspruchen. Der BGH sieht darin dann eine geschäftliche Bezeichnung der darunter erscheinenden redaktionellen Beiträge. Dabei wird auf die drucktechnische Gestaltung und die Abgrenzung von anderen Beiträgen abgestellt. Auf die Einnahme eines größeren oder kleineren Teils der jeweiligen Seite solle es nicht ankommen. Mit dieser Begründung wurde ein titelschutzfähiges Werk im Sinne des Markenrechts in diesem Falle jedenfalls bejaht. Dass die Kolumnenbezeichnung als „Übertitel“ deutlich kleiner gestaltet ist als die eigentliche Überschrift des Beitrages, soll nicht entscheidend sein.

OLG und BGH sahen die Bezeichnung „Stimmt's?“ als hinreichend unterschei-dungskräftig an. Damit ist die Eignung des Titels ein Werk zu individualisieren und von einem anderen zu unterscheiden, angesprochen (BGH aaO unter Hinweis auf RGZ 112, 2 – Brehms Tierleben; BGH GRUR 2002, 1083 – 1,2,3 im Sauseschritt).

Der BGH ist hinsichtlich der faktischen Annahmen des OLG Hamburg zum Teil anderer Auffassung. Er nimmt bei dem Titel deutlich beschreibende Anklänge an. Er zieht die überdurchschnittliche Kennzeichnungskraft des von Haus aus mit schwacher Unterscheidungskraft begabten Titels in Zweifel. In solchen Fällen soll eine gesteigerte Verkehrsbekanntheit den Maßstab abgeben. Welcher Steigerungsgrad damit gemeint ist, wird nicht gesagt, auch nicht, durch welche Faktoren die Steigerung bewirkt wird. Anscheinend will der BGH wohl, wie sich andeutet, auch darauf abstellen, ob die Kolumnenbezeichnung auch außerhalb des Leserkreises der Zeitschrift bekannt ist. Selbst die Frage, ob der Titel der Kolumne jedem Leser als solcher Titel bekannt sei, sei bislang nicht dargelegt oder festgestellt worden. Auch eine besondere Herausstellung in der Werbung sei nicht ersichtlich. Der BGH will in der „medialen Einbettung“ gerade ein mögliches Argument gegen eine Verwechslungsgefahr erkennen.

Der BGH nimmt auch an, die Nutzer eines Internetportals (wie des Beklagten) wüssten in der Regel, welches Informationsangebot sie gerade in Anspruch nehmen. Auf diesen Aspekt hatte schon die frühere Rechtsprechung teilweise abgestellt (BGH GRUR 2000, 70 – Szene; BGHZ 147, 56 – Tagesschau; siehe im Übrigen die Judikatur bei Ingerl/Rohnke, Markengesetz, München 2003, § 5 Rz. 94).

Letztlich lässt der BGH aber offen, wie der Streitfall zu entscheiden ist und hat die Sache an das Berufungsgericht zurückgegeben, obwohl die Kenntnis des Verkehrskreises über das jeweilige Medium doch eher Verwechslungen vermeidet als steigert.

Der BGH will weitergehende Feststellungen zum „Gesamteindruck“ der zur Beurteilung stehenden Zeichen. Wie dieser zu ermitteln ist, ist keine einfache Frage. Der BGH neigte dazu, diese Frage primär dem Tatsachengericht, also der Vorinstanz, zu überantworten, gibt also nur eine allgemeine Richtung vor, ohne das Ergebnis zu präformieren. Ob bei derartigen beschreibenden, gängigen, umgangssprachlichen Titeln auch ein Freihaltebedürfnis anzuerkennen ist, wurde nicht näher erörtert.

4. Rechtsfolgen

Der Schutz von Persönlichkeitsrechten, sonstigen Rechten wie Urheberrechten, Unternehmensrechten und anderen Rechtgütern begründet zivilrechtliche Abwehransprüche oder Schadensersatzansprüche.

4.1 Der Anspruch auf Unterlassung und Gegendarstellung

- **Unterlassung**

Der Unterlassungsanspruch (§§ 12, 862, 1004 BGB analog) dient der Verhinderung rechtswidriger Eingriffe in geschützte Rechtspositionen. Eine unzutreffende Behauptung darf nicht wiederholt werden. Daher kommt es nicht darauf an, ob den Verletzer ein Verschulden trifft.

BVerfGE 97, 125, 149

Die neueren Entscheidungen „IM-Sekretär/Stolpe" und „Babycaust" des BVerfG führen allerdings zu bemerkenswerten Perspektivenwechseln. Dies gilt insbesondere für sog. **mehrdeutige Äußerungen**. Die sog. Zweifelsregel nach bisherigem Recht lautete: Ein Gericht darf seiner Entscheidung die zur Verurteilung führende Auslegung einer beanstandeten Aussage nur dann zugrunde legen, wenn es andere Auslegungen, die eine Verurteilung vermeiden, mit guten Gründen ausgeschlossen hat. Bei mehrdeutigen Aussagen sei im Zweifel diejenige Auslegung anzuwenden, die eine Verurteilung vermeidet. Diese Zweifelsregel hat das BVerfG nun für Unterlassungsansprüche eingegrenzt. Es wird sogar die Auffassung vertreten, dass hier das Gegenteil zur vorherigen Rechtsprechung ausgesprochen wird. Im Stolpe-Fall ging es um die Behauptung, Stolpe sei „IM-Sekretär". Unklar blieb, ob Stolpe wissentlich mit dem MfS zusammengearbeitet hatte oder ihm als Vertreter der Kirche gegenübergetreten war. Stolpe erwirkte ein Unterlassungsurteil. Der BGH entschied anders: Die Aussage, Stolpe sei im Dienst des MfS tätig gewesen, könne auch so verstanden werden, dass er dem MfS aus anderen Beweggründen ohne eine Verpflichtungserklärung Informationen überlassen habe. Bei mehreren Deutungen müsse die zugrundegelegt werden, die für den Beklagten günstiger sei und den Betroffenen weniger beeinträchtige.

BGH NJW 1998, 3047 – IM-Sekretär/Stolpe; dazu die klärendeAnalyse von Grimm, AfP 2008, 1; Mann AfP 2008, 6; Helle AfP 2006, 110

Das BVerfG hat diese Entscheidung aufgehoben. Die Maßstäbe bei mehrdeutigen Aussagen seien auf Unterlassungsansprüche nicht in gleicher Weise anzuwenden. Bei einem Verbot zukünftiger Äußerungen bestehe ein geringeres Schutzbedürfnis. Der Äußernde müsse sich künftig eindeutig ausdrücken. Sei er dazu nicht bereit, bestehe kein Grund, nur wegen der **Mehrdeutigkeit** von einer Verurteilung zur Unterlassung abzusehen. Die Gerichte müssen nach Ansicht des BVerfG die Abwägung mit dem Persönlichkeitsrecht so vornehmen, dass alle nicht entfernt liegenden Deutungsvarianten zugrunde gelegt werden, die das Recht beeinträchtigen. Es sieht keinen Einschüchterungseffekt für den Gebrauch der Meinungsfreiheit. Der Träger der Meinungsfreiheit habe es in der Hand, von seiner Freiheit in einer Weise Gebrauch zu machen, die das Persönlichkeitsrecht nicht verletze.

BVerfG NJW 2006, 207

In der Entscheidung „Babycaust" ist dies bestätigt worden. Dort ging es um ein Flugblatt. Auf der Rückseite des auf Schwangerschaftsabbrüche bezogenen Flugblatts war der Aufruf „Stoppen Sie den Kindermord im Mutterschoß" und die Gegenüberstellung „Damals: Holocaust, heute: Babycaust" enthalten. Nach BVerfG kommt eine Sanktion nur in Betracht, wenn die Deutungsmöglichkeiten, die für den, der die Äußerung getätigt hat, günstiger sind, mit hinreichender Begründung ausgeschlossen worden sind.

BVerfG NJW 2006, 3769 – Babycaust

4.2 Tatsachen und Werturteile

Diese neuen oder jedenfalls gegenüber früher variierten Grundsätze sind im Übrigen nicht nur auf **Tatsachenaussagen** anwendbar, sondern gelten auch für **Werturteile**. Als Tatsache gilt, was dem Beweis zugänglich ist.

OLG Frankfurt a.M. ZUM 2012, 222; OLG Hamburg NJW – RR 2000, 1292.

Im konkreten Fall wurde allerdings nicht beanstandet, dass die Strafgerichte bei der Bezeichnung „Kindermord im Mutterschoß" im Zweifel ein umgangssprachliches Verständnis zugrundelegten, das eine Verurteilung vermied. Im Rahmen des Unterlassungsanspruchs ist aber auch die Auslegung möglich, dass „Mord" im rechtstechnischen Sinne gemeint war. Es läge nahe, dass dem im Flugbatt genannten Arzt konkret Mord vorgeworfen werde. Der Begriff Babycaust könne durchaus als unmittelbare Gleichstellung mit dem Holocaust verstanden werden (das Bundesverfassungsgericht hat zurückverwiesen, das OLG Nürnberg hat das Unterlassungsurteil bestätigt, Urteil vom 27.11.2008 U 979/99). Die Zweifelsregel findet sich schon in früheren Entscheidungen des BVerfG.

NJW 1990, 1980; sh. dazu Hochhuth, 2007; ders.: NJW 2007, 192; 2006, 189

Ebenso in der Entscheidung um den Begriff des „Zwangsdemokraten".

BVerfG NJW 1991, 95 – Zwangsdemokrat

In der Entscheidung „Bayer" hat das BVerfG die **Meinungsfreiheit** als verletzt angesehen, wenn die Gerichte sich unter mehreren objektiv möglichen Deutungen für die zur Verurteilung führende entscheiden, ohne andere Deutungen unterAngabe überzeugender Gründe auszuschließen.

Vgl. BVerfG NJW 1995, 3303 – Soldaten sind Mörder II, NJW 1996, 1529; NJW 2001, 591 – Benetton I; AfP 2003, 149 – Benetton II

Bei Politikern sind die Grenzen der Kritik weiter gesteckt. Es bedarf bei Meinungsäußerungen auch eines Tatsachensubstrats.

OGH MR 2007, 250 – Branchenkollegen;
EGMR 2002, 149; 2002, 84 – Dichand; MR 2007,23; MR 2001, 89 – Jerusalem; OGH MR 2007, 427 – Mafia-Vergleich

Die Abgrenzung zwischen **Tatsachenbehauptung** und **Meinung** ist oftmals schwierig. Die „Zweifelsregel" muss Wortlaut und Kontext berücksichtigen. Bei Mischungstexten darf nicht ein Satz isoliert herausgegriffen werden.

BGH NJW 2004, 598 – Klinik Monopoly; BVerfG NJW 2004, 1942 – Verdeckte Behauptung; NJW 2004, 277 – NGG; sh. auch BGH NJW 2004, 1034 – Eindeutig-zweideutig

Bei **Rechtsbegriffen** kann eine Meinungsäußerung vorliegen.

OLG Nürnberg AfP 2002, 328 – Tierquäler; OLG Köln AfP 2003, 335 – Plagiat; OLG Karlsruhe AfP 2003, 338 – dubiose Deals

Bei der Abwägung zwischen PR-Recht und Kunstfreiheit kann das PR überwiegen.

OLG Hamburg ZUM 2005, 79 – Das Ende des Kanzlers

4.3 Mehrdeutige Äußerungen bei Gegendarstellungsansprüchen

Das BVerfG geht in der Stolpe-Entscheidung davon aus, es bestehe kein verfassungsrechtlicher Grund, bei mehrdeutigen Äußerungen von einer Verurteilung abzusehen, wenn der Beklagte nicht bereit ist, der Aussage einen eindeutigen Inhalt zu geben. Der Streit kann sich dann allerdings dahin verlagern und verlängern, welche Aussage „eindeutig" sei.

Ob die Kriterien dieser Entscheidung auch anwendbar sind auf Gegendarstellungs- oder Richtigstellungsansprüche, ist noch nicht entschieden.

Vgl. dazu OLG Hamburg NJW-RR 2001, 186; BGH NJW 2004, 1034 – Udo Jürgens; KG ZUM-RD 2005, 53; LG München I AfP 2006, 379; Seelmann-Eggebert AfP 2007, 86; instruktiv jetzt BVerfGZUM 2008, 325

Das BVerfG wendet beim Anspruch auf Richtigstellung die Zweifelsregel an. Beim **Gegendarstellungsanspruch** ist die Frage letztlich noch offen. Einige Gerichte lassen Gegendarstellungsansprüche gegen mehrdeutige Äußerungen zu. Die Zweifelsregel wird dabei nicht angewendet.

OLG Hamburg NJW RR 2001, 186; KG ZUM-RD 2005, 53; vgl. dem gegenüber BVerfG NJW1999, 843; NJW 2002, 356, 257 – Gysi

Die Auswirkungen sind noch nicht ganz abzusehen. In der Stolpe-Entscheidung ließ sich noch nicht erkennen, ob es genügt, sich einfach zur Unterlassung zu verpflichten oder ob eine **strafbewehrte Unterlassungserklärung** erforderlich ist.

BVerfG NJW 2006, 207, 209

Empfehlenswert ist daher vorsichtshalber eine durch Vertragsstrafe gesicherte Unterlassungserklärung. Manche Gerichte lassen eine Unterlassungserklärung mit Verweis auf eine im Streitfall vom Gericht festzusetzende, angemessene Vertragsstrafe genügen.

Die Verbreitung einer mehrdeutigen Aussage als solche ist nicht unbedingt eine Verletzung des Persönlichkeitsrechts. Ein Unterlassungsanspruch entsteht nach Auffassung des höchsten Gerichts erst dann, wenn der Urheber einer mehrdeutigen Äußerung sich weigert, der Aussage einen eindeutigen Inhalt zu geben.

BVerfG NJW 2006, 209

Es wird die Meinung vertreten, dass es ausreicht, wenn der Urheber der Äußerung die nicht mit Vertragsstrafe gesicherte Verpflichtung übernimmt, die beanstandete Aussage nicht in der mehrdeutigen Form zu wiederholen.

Das OLG Köln AfP 2006, 365 verlangt hingegen anscheinend zur Beseitigung der Wiederholungsgefahr immer eine strafbewehrte Unterlassungsverpflichtung. Wie sich diese Rechtsprechung bei der Verdachtsberichterstattung, bei Fragen oder bei Aussagen, die wenig oder keine Substanz haben, auswirken wird, ist derzeit schwer abzusehen.

Das BVerfG unterscheidet z. B. auch zwischen echten und rhetorischen Fragen.

BVerfG NJW 2003, 660

Echte Fragen werden **Meinungsäußerungen** gleichgesetzt. **Rhetorische Fragen** sind wie andere Aussagen zu betrachten. Bei Aussagen mit wenig Substanz, also z. B. bei pauschalen Vorwürfen, wird man auf den Kontext einer Äußerung abstellen müssen. Ich meine, dass es keine Verpflichtung gibt, andere Wertungen des gleichen Sachverhalts zu äußern oder als korrigierende Äußerungen der Öffentlichkeit kundzutun. Es ist aber festzuhalten, dass die neuere Rechtsprechung des BVerfG die bisherigen Urteile zur Äußerungs- und Meinungsfreiheit im Rahmen von Unterlassungsansprüchen relativiert oder in Frage stellt. Das macht Prognosen in Streitfällen jetzt eher schwieriger als leichter. Die von manchen Autoren praktizierte, prophylaktische, vorbeugende pauschale Unterlassungserklärung gegenüber etwaigen sich durch eine Sachdarstellung betroffen fühlenden Lesern, die zur sofortigen Streichung des Namens und ggf. einer strittigen Passage führt, schützt letztlich nur eingeschränkt vor Ansprüchen. Ein wirksamer Schutz gegen problematische Darstellungen soll, wie der amerikanische Rechtsgelehrte Posner wohl nicht ohne Ironie dargestellt hat, darin bestehen, mit notorisch zu offenherzigen Publikationen und zur Missachtung von Privatsphären neigenden Personen nicht in Kontakt zu treten, insbesondere sich mit ihnen nicht zu befreunden oder sie zu heiraten. Aber hier ist eine zuverlässige Prognose über Endurteile mindestens so schwer wie bei juristischen Fallkonstellationen.

- **Gegendarstellung**

Der Anspruch auf Gegendarstellung als speziell presse- und medienrechtlicher Anspruch richtet sich nach LPG, § 14 MDStV und Landesmedienrecht. Die Gegendarstellung muss als solche bezeichnet sein, auf die Erstmitteilung Bezug nehmen, auf diese erwidern, sich auf **Fakten** beschränken, keinen strafbaren Inhalt haben, angemessen im Umfang, unverzüglich geschehen und unterschrieben sein.

Die Gegendarstellung gegen eine **Rundfunkanstalt** ist gegen die ARD-Anstalt zu richten, die die Sendung ins ARD-Programm eingebracht hat; diese ist verantwortlich; jedoch haben alle Anstalten den Anspruch zu erfüllen.

§ 8 ARD-StV, OLG München AfP 2001, 75

Der Anspruch ist vom **Folgenbeseitigungsanspruch** (Richtigstellung) zu unterscheiden.

BVerfG NJW 2004; 2001, 121; zum Verhältnis Gegendarstellung und Pressefreiheit bei angeblicher Mehrdeutigkeit BVerfGAfP 2008, 58

4.4 Schadensersatz

Der Anspruch auf Schadensersatz kann sich auf Ersatz eines materiellen und/oder immateriellen Schadens richten. Ein materieller Schaden ist vom Anspruchsteller nachzuweisen. Für den Ersatz immateriellen Schadens ist die schwerwiegende Verletzung eines Persönlichkeitsrechts erforderlich.

Schadensersatz kann auch bei Verwendung von Fotos von Säuglingen verlangt werden.

BVerfG ZUM-RD 2007, 1; BVerfGE 101, 361, 385; NJW 2000, 2191

Die Höhe eines Anspruchs darf die Pressefreiheit nicht tangieren.

BVerfGE 34, 269; ZUM-RD 2007, 1, 3; zur Höhe sh. auch Söhring/Seelmann-Eggebert NJW 2005, 581 Fn. 204

Die Rechtsprechung tendiert zu höheren Beträgen.

OLG Hamburg AfP 2004, 566; OLG Hamm AfP 2004, 543; BGR ZUM 2005, 157 – Caroline; BVerfG ZUM 2004, 64

Damit soll auch ein Abschreckungseffekt erreicht werden. Eine Gewinnabschöpfung wird bislang abgelehnt.

Es muß sich jeweils nach Art, Umfang oder Folgen um eine **schwere Persönlichkeitsverletzung** handeln.

LG Berlin ZUM 2005, 330 – Liebesleben eines Schauspielers; sh. auch BVerfG NJW 2000, 1021

Die Rechtsprechung ist – in ähnlicher Weise wie bei Schmerzensgeldern bei körperlichen Verletzungen – in Tabellen verfügbar, die eine ungefähre Einschätzung ermöglichen. Die Praxis behilft sich mit der Höhe nach unbezifferten Anträgen im Prozess. Der Kl. wird jedoch in den Gründen und bei der Streitwertangabe seine Vorstellungen zur Höhe des Anspruchs darlegen. Liegt er dabei über dem Ergebnis des Urteils, liegt darin sein Prozessrisiko, das sich dann in der Kostenentscheidung zu seinen Ungunsten auswirken kann.

5. Meinungsfreiheit im Arbeitsverhältnis

Der allgemeine zivilrechtliche Ehrenschutz wird durch die Besonderheiten des Arbeitsrechts differenziert.

Auch im Arbeitsverhältnis gilt die **Meinungsäußerungsfreiheit**, Art. 5 Abs. 1 S. 1 GG. Die Frage nach den Schranken der Meinungsfreiheit stellt sich oft im Bereich des Abmahnungs- bzw. Kündigungsrechts. Das BAG hält daran fest, dass zu den Schranken nach Art. 5 Abs. 2 auch die Verpflichtung gehört, den Betriebsfrieden nicht ernstlich zu gefährden.

BAG AP 2 § 13 KSchG

Die Schrankenregel soll nach allgemeiner Meinung aus der **Rücksichtsregel** folgen, §§ 241 II, 242 BGB. Andererseits ist der Arbeitsplatz kein Bereich, in dem z. B. konfliktive oder politische Meinungsäußerungen verboten werden dürfen. Bei der Prüfung von Kündigungsgründen muss daher auch die Meinungsäußerungsfreiheit berücksichtigt werden.

BAG AP 73 § 626 BGB

Die „Flucht in die Öffentlichkeit" ist erst der letzte, bei internem Misserfolg begehbare Weg bei gewichtigen Missständen (**„whistleblowing"**).

Bei einer Interessenabwägung wird das Grundrecht des Art. 5 Abs. 1 GG stets eine Rolle spielen. Eine bloße Gefährdung des Betriebsfriedens reicht nicht aus. Verlangt wird eine **konkrete Störung** des Arbeitsverhältnisses im Leistungsbereich, im Bereich der betrieblichen Verbundenheit aller Mitarbeiter oder im personalen Vertrauens- oder Unternehmensbereich. Nach § 74 Abs. 2 S. 2 BetrVG sind Betätigungen zu unterlassen, durch die der Ablauf oder der Frieden des Betriebes beeinträchtigt werden. Auch parteipolitische Betätigungen im Betrieb sind zu unterlassen. Davon ausgenommen sind Angelegenheiten der Tarifpolitik, der Sozialpolitik oder wirtschaftlicher Art, die den Betrieb oder Arbeitnehmer unmittelbar betreffen. Es gilt eine sog. allgemeine betriebsverfassungsrechtliche **Friedenspflicht**.

Die **Meinungsfreiheit von Mitarbeitern** wird von der Judikatur begrenzt.

BAG NJW 1973, 77; BAGE 1, 185, 144; 7, 256, 261; Kasuistik bei Linck, in: Schaub u.a., Arbeitsrechts-Handbuch, 2011, § 127 Rz. 83ff.

Die prominenten oder herausragenden Mitarbeiter müssen sich vor politischen Wahlen bei Wahlkampfteilnahme in ihrer beruflichen Tätigkeit zurückhalten.

Einschränkungen der Meinungsfreiheit durch Sprachregelungen des Arbeitgebers im Medienbereich können unzulässig sein. Das betrifft Fälle, in denen der Arbeitgeber eine bestimmte Sprachform der Berichterstattung generell verpflichtend vorschreibt. Hier kann der Eingriff in die Meinungsäußerungsfreiheit darin liegen, dass die Verwendung eines bestimmten Begriffs, einer Definition oder Sachdarstellung eines Ereignisses schon eine (politische, historische etc.) generelle Bewertung zum Inhalt hat (obwohl diese z. B. in der öffentlichen Debatten umstritten sein kann).

LAG Baden-Württemberg ZUM RD 2001, 209 – Nato-Angriffskrieg; Details bei Stahlhacke/Preis/Vossen, Kündigung und Kündigungsschutz im Arbeitsverhältnis, Rz 276, 726 ff. (politische, gewerkschaftliche, religiöse Aktivitäten); Schaub, 2004, § 35 Rz.15; Buchner ZfA 1979, 335; Remmert: Die Meinungsfreiheit im Arbeitsrecht der Vereinigten Staaten von Amerika und der BRD, 1990; Stock: Innere Medienfreiheit, 2001.

Die öffentlich-rechtlichen Rundfunkanstalten können sich in Arbeitsverträgen ein **Direktionsrecht** vorbehalten, das aufgrund ihrer Verpflichtung zur Meinungsvielfalt zu Eingriffen in vertragliche Rechte und Positionen berechtigen soll.

LAG Baden-Württemberg AfP 1988, 391– Report

Das ist zweifelhaft.

Hier ist zu berücksichtigen, dass sich aus Funktion und Position, aus Vertragsinhalten, Tätigkeitsbeschreibungen, Berufsbildern, tariflichen Tätigkeitsmerkmalen der Tarifgruppe und aus infolge langjähriger Ausübung **konkretisierten Arbeits- und Vertragsbedingungen** die Befugnis und Verpflichtung zu Meinungsäußerungen und Anspruch auf die Ausübung gerade dieser speziellen Position als Moderator ergeben kann. Der Intendant darf, da kein Tendenzbetrieb vorliegt, eine spezielle Meinungsäußerung oder Tendenz nicht generell vorschreiben. Das gilt insbesondere für politische Magazin- oder andere typische „Meinungssendungen“, die gerade prononcierte Meinungen des Moderators und/oder der Beiträger implizieren und voraussetzen. Er darf aber in konkrete Sendungsgestaltung durch Weisung vorher oder im Nachhinein eingreifen. Er hat jedoch dabei zu beachten, dass er arbeitsrechtlich nicht bestimmte Meinungen vorschreiben oder z. B. unter Verstoß gegen Art. 3, 4, 12 GG erzwingen darf. Will der Intendant einer öffentlich-rechtlichen Anstalt einem vertraglich als Moderator einer Sendung installierten Mitarbeiter diese Aufgabe generell – sozusagen „tendenzbedingt“ – entziehen, hat er die arbeitsrechtlichen Regularien, etwa des Kündigungs-, Änderungskündigungs- und Personalvertretungsrechts, einzuhalten. Gegen eine derartige Einzelmaßnahme hat der Arbeitnehmer die Befugnis, das Arbeitsgericht anzurufen.

Die Rechtsprechung billigt einem Rundfunkmitarbeiter keine selbständige Grundrechtsträgerschaft zu (str.) Der Schutz der Meinungs- und Gewissensfreiheit gilt auch im Arbeitsverhältnis. In **Tendenzunternehmen** gilt jedoch das Prinzip der „Tendenzloyalität“. Die öffentlich-rechtlichen Anstalten sind keine Tendenzbetriebe.

Dieterich, in: ErfK. hg. v. Müller-Glöge u. a.Art. 5 GG Rz 71 ff.

Dennoch wird ein Mindestmaß an redaktioneller Autonomie aus Art. 4 u. 5 GG auch bei Tendenzbetrieben hergeleitet. Ein Mitarbeiter kann nicht gezwungen werden, eine gegen seine Gewissensfreiheit oder seine Grundüberzeugung gehende Äußerung mit seinem Namen zu übernehmen. Er darf z.B. bei einem (redigierten) Sendebeitrag seinen Namen zurückziehen. Durch Redaktionsstatute können derartige Konflikte hausintern geregelt werden (sh. z.B. das Redaktionsstatut des WDR).

H. Urheber- und Vertragsrecht für Journalisten

1. Der Arbeitnehmer als Urheber

1.1 Allgemeines

Der **Arbeitnehmer-Urheber** gehört zu den Stiefkindern des Urheberrechts. Das ist umso erstaunlicher, als die Arbeitnehmerurheber, d. h. die angestellten Urheber oder diejenigen, die als arbeitnehmerähnliche Personen Werke und Leistungen schaffen (etwa als Redakteur, Autor, Regisseur, als ausübender Künstler), die ganz überwiegende Zahl derjenigen darstellen, die in den Bereichen Presse, Film, Funk, Fernsehen, in den Medienbereichen insgesamt, aber auch im Computersektor schöpferische und künstlerische Werke und Leistungen erbringen. Schätzungen zufolge werden etwa 85-90 % aller schöpferischen Leistungen von Arbeitnehmern oder arbeitnehmerähnlichen Personen erbracht, nicht von sog. „echten" Freien.

> Rehbinder, Urheberrecht 2010, Rdz. 624; Schack, Urheber- und Urheber-Vertragsrecht, Rz 976 ff.; Götz von Olenhusen, GRUR 2002,11-18; ZUM 2010, 474; Schmidt ZUM 2010, 510; Wegner u.a., 2011, 1, Rz. 159ff.

Das UrhG enthält zum Arbeitnehmer-Urheberrecht generalklauselartige Normen:

- **§ 43: Urheber in Arbeits- oder Dienstverhältnissen:**

„Die Vorschriften dieses Unterabschnitts sind auch anzuwenden, wenn der Urheber das Werk in Erfüllung seiner Verpflichtungen aus einem Arbeits- oder Dienstverhältnis geschaffen hat, soweit sich aus dem Inhalt oder dem Wesen des Arbeits- oder Dienstverhältnisses nichts anderes ergibt."

- **§ 79 Nutzungsrechte**

„(1) Der ausübende Künstler kann seine Rechte und Ansprüche aus den §§ 77 und 78 übertragen. § 78 Abs. 3 und 4 bleiben unberührt.

(2) Der ausübende Künstler kann einem anderen das Recht einräumen, die Darbietung auf einzelne oder alle der ihm vorbehaltenen Nutzungsarten zu nutzen. § 31 Abs. 1-3 und 5 sowie die §§ 32-43 sind entsprechend anzuwenden."

Für **Computerprogramme** im Arbeits- und Dienstverhältnis ist auf die §§ 69a und 69b UrhG zu verweisen, auf die gesondert einzugehen ist.

Für den **Filmbereich** gelten die besonderen Auslegungsnormen bei der Übertragung von Nutzungsrechten auf Filmhersteller (§§ 88 ff UrhG).

Diese **Generalklauseln** („Inhalt und Wesen des Arbeitsverhältnisses") werfen eine Reihe von Problemen auf. Sie sind bestimmt durch Probleme des Arbeits-, Urheber- und Vertragsrechts, sowie durch das neue Gesetz zur Regelung des Urheberrechts in der Informationsgesellschaft vom 10.09.2003 (BGBl I S. 1774).

- **Schöpferprinzip. Zielkonflikte**

Auch für das Arbeitnehmer-Urheberrecht gilt das sog. **„Schöpferprinzip"**. Der Arbeitnehmer, auch der Beamte, ist rechtlich gesehen der Werkschöpfer. Arbeitnehmer, die in Erfüllung ihrer Arbeits- bzw. dienstrechtlichen Verpflichtungen urheberschutzfähige Werke schaffen, sind Inhaber des Urheberrechts.

> BGH GRUR 1960, 199 – Tofifa; BAG GRUR 1961, 491 – Nahverkehrschronik

Zwischen dem Arbeitnehmer-Urheberrecht und dem Arbeitnehmer-Arbeitsrecht bestehen normative **Interessen- und Zielkonflikte**. Die Reform des Urhebervertragsrechts vom 22.3.2002, in Kraft seit 1.7.2002, hat die Rechtslage praktisch nur wenig geändert. Die unzureichende Rechtslage des Arbeitnehmer-Urhebers ist nicht grundlegend verbessert worden (Schwab, Arbeitnehmererfindungsrecht, 2014, S. 50 f; Schack, ZUM 2001, 457). Die Reform galt insbesondere dem Ausgleich von Vertragsdisparitäten. Die Generalklausel des § 43 stammt bereits aus dem Jahre 1965. Im Mittelpunkt der Reform von 2002 steht der Anspruch des Urhebers auf **angemessene Vergütung** nach § 32 UrhG und auf **weitere Vergütung** nach § 32a UrhG. Damit sollte die angemessene wirtschaftliche Beteiligung der Urheber und ausübenden Künstler an der Verwertung der Werke erreicht werden, die sich als Prinzip in zahlreichen Entscheidungen findet.

> Vgl. zum Beteiligungsgrundsatz BGHZ 92, 54 – Zeitschriftenauslage in Wartezimmern; BGHZ 97, 37 – Filmmusik; zur Reform Hoeren MMR 2007, 615; Schack Rz 965 ff.; Reber, N. GRUR 2003; Zirkel WRP 2003, 59; zum ersten Reformgesetz Götz von Olenhusen ZRP 2003, 232; OLG Hamburg GRUR-RR 2011, 296

1.2 Arbeits- und Dienstverhältnisse

§ 43 UrhG gilt nur für **Arbeits- oder Dienstverhältnisse**. Dienstverhältnisse i.S.d. § 43 UrhG sind die öffentlich-rechtlichen Rechtsverhältnisse der Beamten. Arbeitsverhältnis ist das Dauerschuldnerverhältnis zwischen Arbeitnehmer und Arbeitgeber, § 611 BGB. Dieser umfasst auch Angestellte und Arbeiter im Öffentlichen Dienst. Die Norm gilt also für alle diejenigen, die in sog. „persönlich abhängiger Arbeit Dienste erbringen".

§ 43 UrhG stellt auf den **Arbeitnehmerbegriff** des Arbeitsrechts ab. Derjenige Arbeitnehmer, der aufgrund eines privatrechtlichen Vertrages fremdbestimmte Arbeiten in persönlicher Abhängigkeit erbringt, ist Arbeitnehmer.

BAG, ständige Rechtsprechung; sh. auch Götz von Olenhusen, 2004 Rz. 390 ff. m.w.Nachw.

Hiervon abzugrenzen sind diejenigen Personen, die nicht als Arbeitnehmer anzusehen sind: Dazu gehören diejenigen, die aufgrund eines Werkvertrages zur Schöpfung eines Werkes verpflichtet sind (§ 631 BGB).

Nicht unter § 43 UrhG fallen auch **arbeitnehmerähnliche Personen**. Das sind diejenigen, die nicht persönlich weisungsgebunden, sondern selbständig tätig sind, wirtschaftlich abhängig, einem Arbeitnehmer vergleichbar schutzbedürftig für den Dienstberechtigten schöpferische Leistungen erbringen. Die tatbestandlichen Voraussetzungen enthält § 12a TVG.

LAG Köln ZUM 2002, 840 – Künstlerexklusivvertrag; BAG NJW 1973, 1994; Götz von Olenhusen GRUR 2002, 1ff.

Das gilt nicht, wenn der Status nur scheinbar kein Arbeitnehmer-Status ist.

§ 12a TVG hat wegen der besonderen sozialen Schutzbedürftigkeit die Möglichkeit zum Abschluss von **Tarifverträgen** auch für freie Mitarbeiter eröffnet. Derartige Tarifverträge gibt es z. B. für Presse, Rundfunk, Fernsehen, Film, Bühne, Design. Damit fallen eine Vielzahl von arbeitnehmerähnlichen Personen in den wichtigsten Medienbereichen unter Tarifnormen.

Vgl. dazu Steinberg, 1998, mit einer Übersicht über TVe mit Urheberklauseln; Götz von Olenhusen, Freie Mitarbeit, 2002

§ 43 gilt für Beamte (Art. 33 Abs. 4 GG, § 5 Abs. 1 BRRG).

Es gilt der arbeitsrechtliche Arbeitnehmerbegriff. Für die Unterscheidung zwischen Arbeitnehmer, arbeitnehmerähnlicher Person und echtem freien Mitarbeiter gilt die bereits erörterte arbeitsgerichtliehe Rechtsprechung zu den sog. Statusurteilen (sh. Kap. A.1 dieses Buches).

BAG AP Nr. 45 ff. § 620 BGB Abhängigkeit; BAGE 93, 310, 88 263

Insofern kommt es auf die sog. **persönliche Abhängigkeit** an. Für die Gesamtbeurteilung ist die Skala der Kriterien heranzuziehen, die von der Rechtsprechung des BAG entwickelt worden sind. Diese Kriterien orientieren sich daran, ob die konkreten Tätigkeiten nach Art, Ort, Inhalt, Durchführung und Dauer denen eines Arbeitnehmers gleichstehen. Dabei spielen formale Aspekte wie die Bezeichnung des Vertrages, die Form der Vergütung, Abführung von Steuern und Sozialversicherungsbeträgen, Urlaubsgewährung, Zurverfügungstellung von Arbeitsgeräten, Führung von Personalunterlagen keine oder jedenfalls eine wesentlich geringere, dann allenfalls bei der typologischen und sonstigen Gesamtbetrachtung zu berücksichtigende Rolle.

BAG AP 109 § 611 BGB – Abhängigkeit; BAGE 84, 108.

Entscheidend sind zum Beispiel:

- persönliche Weisungsgebundenheit und Bindung an das Direktionsrecht des Arbeitgebers.
- Bindung an feste Arbeitszeiten, zum Beispiel Pflicht zum zeitlich festgelegten regelmäßigen Erscheinen, Einteilung in Dienstpläne ohne vertragliche Vereinbarung, insbesondere Verpflichtung zu festen Arbeitszeiten
- ständige Dienstbereitschaft

Aus der vielfältigen Rechtsprechung: Schaub u.a., siehe Vogelsang in Arbeitsrechts-Handbuch, 2011, § 8 Rz. 32, 48-49; LAG Rheinland-Pfalz ZUM-RR 2002, 328 – Pressefotograf; BAG ZUM 1995, 621 –Rundfunkmitarbeiter; ZUM 1993, 306 – Fersehreporter; BAG AP § 611 BGB Nr. 33 – programmgestaltender Rundfunkmitarbeiter; BAGE 93, 218, 78, 343; BAG U.v.20.5.2009 – 5 AZR 31/08.

Dabei ist auch Art 5 GG zu berücksichtigen.

BVerfGE 59, 231; BAG AfP 2007, 289 – Sportreporter

Eine Beeinträchtigung des Art. 5 GG kommt in Betracht, wenn Teilzeit- und Befristungsabreden zur Sicherung von Aktualität und Flexibilität der Berichterstattung nicht in gleicher Weise geeignet sind wie freie Mitarbeit.

BVerfG AP Art. 5 GG Rundfunkfreiheit

Programmgestaltende Mitarbeiter sind z. B. Redakteure, Moderatoren, Regisseure, Kommentatoren, Künstler, Wissenschaftler und andere Mitarbeiter, die wesentlich auf Programminhalte Einfluß haben.

BVerfG AfP 1982, 93; BAGE 93, 218; BVerfG AfP 1993,470.

Ein Arbeitsverhältnis liegt vor, wenn der Betreffende weitgehend inhaltlichen **Weisungen** unterliegt.

BAGE 93, 219; AP 37 § 611 BGB Rundfunk

Die Einteilung in **Dienstpläne** ohne vorherige Absprache ist jedenfalls ein starkes Indiz für ein Arbeitsverhältnis.

BAG AP 37 § 611 BGB – Rundfunk; AP 96 § 611 BGB – Abhängigkeit; AfP 2007, 292 – Sportreporter

Die langjährige weitgehend gleichförmige Einteilung in Dienstpläne, wie z. B. bei vergleichbar oder ähnlich tätigen Angestellten der Anstalt, der Abteilung, des Bereichs, der Redaktion, etwa nach einem bestimmten, wechselnden „rotierenden“ oder sonstwie gebotenen oder praktizierten System der Anstalt oder ihrer Untergliederungen kann nicht den Arbeitnehmerstatus dadurch unterlaufen, dass zur Erstellung und Praxis der jeweiligen Einsatz- und Ordnungssysteme formaliter auf Disponentenebene laufend „Absprachen“ über Einsatzzeiten getroffen werden. Damit werden faktische Dauerrechtsverhältnisse in weitgehend fiktive Einzelrechtsverhältnisse zerlegt, obwohl es sich um von vornherein auf Dauer angelegte, ständige Dienstbereitschaft voraussetzende und darauf angewiesene Dauer-Tätigkeiten als Redakteur, Sprecher, Reporter, Moderator, Übersetzer etc. handelt, ohne die das Programm (z. B. mit einer verschwindend geringen Zahl von Festangestellten und einer überwiegenden von sog. „Festen Freien“ in einer Redaktion oder einer Abteilung) gar nicht realisierbar wäre. Bei derartigen Konstellationen stellen sich die Tätigkeiten als Daueraufgabe dar, auf die der Sender angewiesen ist und mit deren laufender Erfüllung er rechnet. Umgekehrt ist unter solchen Umständen die Ablehnung von disponierten oder von der Disposition vorgesehenen Einsatzzeiten faktisch nicht zu erwarten. Wiederholte Ablehnungen müssten in der Praxis die Folge haben, dass der Mitarbeiter nicht mehr herangezogen wird. Praktisch rechnet der Sender mit der ständigen

Dienstbereitschaft, weil er sonst Programme und Programmproduktionsabläufe nicht planen oder garantieren und auch nicht mit der laufenden Verfügbarkeit eingearbeiteten und qualifizierten Personals rechnen könnte. Die Rechtsprechung berücksichtigt diese reale Situation der ständigen freien Mitarbeiter zum Teil faktisch wie rechtlich nicht richtig. Das hat auch Folgen für die Zuordnung zu § 43 UrhG als Arbeitnehmer-Urheber.

1.3 Zuordnung der Werke

Die herrschende Meinung ordnet das Recht am Arbeitsergebnis dem Arbeitgeber zu. Was in Erfüllung der Verpflichtungen aus dem Arbeits- oder Dienstverhältnis geschaffen worden ist, gebührt dem Arbeitgeber (vgl. auch § 950 BGB). Der Arbeitgeber erwirbt das Sacheigentum. Einschränkungen des Sacheigentums ergeben sich aus dem Zugangsrecht zum Werkstück, § 25 UrhG, sowie aus dem Schutz gegen Änderungen und Entstellungen, §§ 14, 39 UrhG. Was unter § 43 und 79 fällt, ergibt sich also aus dem Arbeitsvertrag. Dieser wird bestimmt durch Normen wie § 611 BGB, durch die individuellen Vereinbarungen der Parteien, durch Tarifverträge. Wenn sich aus den Verträgen und ihrer Auslegung nichts entnehmen lässt, dann kommt es auf das Berufsbild, die betriebliche Stellung des Arbeitnehmers und den Zweck des Betriebes an.

BGR GRUR 1974, 480 – Hummelrechte; OLG Düsseldorf, ZUM 2004, 756 zur Branchenüblichkeit u. a.; Ulmer-Eilfort/Obergfell, VerlagsG, Komm. 2014, E 1 Rz. 8 ff.

Damit sind also die sog. **Pflichtwerke** erfasst. Wenn die Schaffung eines Werkes zu den eigentlichen Dienstaufgaben zählt, dann steht das Arbeitsergebnis dem Arbeitgeber zu. Der Arbeitnehmer ist verpflichtet, dem Arbeitgeber die entsprechenden **Nutzungsrechte** einzuräumen (vgl. auch § 69b UrhG: Dort ist die Übertragungsverpflichtung ausdrücklich festgelegt). Die Rechtsprechung geht von einer entweder ausdrücklichen oder stillschweigenden Rechtseinräumung auf den Arbeitgeber aus.

BAG AP § 43 UrhG Nr. 2 – Statikprogramme; BGH NJW 1974, 904 – Hummelrechte; BGH GRUR 2011, 59 – Lärmschutzwand

a) Bei Gelegenheit geschaffene Werke außerhalb arbeitsvertraglicher Pflichten

Wird ein Werk **außerhalb der Erfüllung arbeitsvertraglicher Verpflichtungen** geschaffen, fällt es nicht unter § 43 UrhG. Auf Ort und Zeit der Arbeitsleistung kommt es nicht an. Z. B.: Ein als Arbeitnehmer beschäftigter Statiker, der nicht verpflichtet ist, Computerprogramme zu schreiben, erstellt während der Arbeitszeit Programme für Rechenanlagen. Dies geschieht dann nicht im Rahmen der arbeitsvertraglichen Pflichten.

BAG GRUR 1984, 429 – Statikprogramme.

Das BAG hat gleichwohl eine unentgeltliche Einräumung von Nutzungsrechten auf den Arbeitgeber angenommen. Dem Arbeitnehmer soll dafür **keine zusätzliche Vergütung** zustehen. Der Arbeitnehmer soll nach der Rechtsprechung vorher klarstellen müssen, dass die Einräumung der Nutzungsrechte nur gegen Entgelt geschehen sollte. Mangels eines Vorbehalts einer solchen Vereinbarung kann dann keine Vergütung beansprucht werden (str). Im Gegensatz dazu nimmt der BGH an, dass der Arbeitnehmer Nutzungsrechte ausdrücklich nur gegen Entgelt einräumt.

BGH GRUR 1985, 129 – Elektrodenfabrik.

In diesem Falle hatte ein Fachmann für Elektrodenfabriken vor Aufnahme des Arbeitsverhältnisses Unterlagen zur Errichtung einer Fabrik erarbeitet und dem Arbeitgeber zugeschickt. Er hatte seine Urheberrechte geltend gemacht, aber keine Vergütungsansprüche. Der BGH nahm keine Verpflichtung des Arbeitnehmers an, ausdrücklich Honorarvereinbarungen vorab herbeizuführen. Für **Gelegenheitswerke** außerhalb arbeitsvertraglicher Verpflichtungen wird zum Teil angenommen, der Arbeitgeber habe das Recht, vom Arbeitnehmer die Übertragung der Nutzungsrechte zu verlangen. Diese **Anbietungspflicht** für außervertragliche Werke ist strittig. Zum Teil wird in Analogie zum Arbeitnehmer-Erfinderrecht (§§ 18, 19 ArbErfG) eine solche Pflicht bejaht. Andere stellen auf eine dem Arbeitsverhältnis innewohnende „Treuepflicht“ ab. Zum Teil wird differenziert, ob das Werk in den Arbeitsbereich des Arbeitgebers fällt oder gar nicht dazu zählt. Wieder andere stellen auf die Nutzung von Mitteln des Arbeitgebers ab oder darauf, ob ein arbeitsrechtliches Wettbewerbsverbot besteht. Eine klare Rechtsprechung dazu existiert bisher, soweit ersichtlich, nicht. Nimmt man eine Übertragungspflicht an, dann sollte dafür im Sinne des Beteiligungsprinzips eine angemessene Honorierung gelten. Was angemessen ist, wird man davon abhängig machen können, was der Angestellte anderwärts als übliches Honorar hätte erhalten können.

BGH GRUR 1985, 129 – Elektrodenfabrik

Das LG München I hat das Arbeitnehmer-Erfinderrecht angewendet bei einem Computerprogramm, das zum Teil während Dienstzeit und unter Benutzung des Arbeitgeberrechners geschaffen worden war (LG München I ZUM 1997, 659). Der BGH hat eine unentgeltliche Anbietungspflicht von Erben eines Hochschulprofessors aufgrund nachwirkender Treuepflicht bejaht wegen Personal- und Sacheinsatz von Universitäts- und von Drittmitteln.

BGH GRUR 1991, 523 – Grabungsmaterialien

Eine Anbietungspflicht kann sich meiner Ansicht nach nur aus einer vertraglichen Vereinbarung ergeben. Zur Anbietungspflicht siehe Schwab, Arbeitnehmererfinderrecht, 2014, S. 50 m. Nachw.

b) Sog. Freiwerke

Erbringt der Arbeitnehmer vor Beginn des Arbeitsverhältnisses oder außerhalb des Arbeitsvertrages Werke, dann verbleiben ihm die Nutzungsrechte (str.).

BAG GRUR 1961, 491 – Nahverkehrschronik; Schricker/Loewenheim/Rojahn, § 43 UrhG Rz. 100 ff; Schwab, NZA-RR 2015, 5, 7

1.4 Beendigung des Arbeitsverhältnisses

Die Frage ist, ob die Nutzungsrechte zeitlich unbeschränkt oder nur befristet übertragen werden. Auch dies ist streitig. Die eine Meinung nimmt bei den Pflichtwerken die zeitlich unbeschränkte Nutzungsrechtseinräumung an. Der Arbeitgeber darf danach nach dem Ausscheiden des Arbeitnehmers und nach **Beendigung des Arbeitverhältnisses** die geschützten Werke weiterhin selbst und allein nutzen. Nach anderer Ansicht soll mit der Beendigung des Arbeitsverhältnisses die Nutzungseinräumung ihr Ende finden. § 43 UrhG soll dementsprechend ein bestehendes Arbeitsverhältnis voraussetzen. Eine stillschweigende Rechtseinräumung ist ohnehin, so wird argumentiert, an den Bestand eines Arbeitsverhältnisses geknüpft.

Details und Streitstand zur sog. Abgeltungs- und Trennungstheorie bei Schwab, AR-Blattei 2003 SD 1630, Das Urheberrecht des Arbeitnehmers Rz. 85 ff.; ders. Arbeitnehmererfinderrecht, 2014; LAG Schleswig-Holstein, BB 1982, 995; Wandtke/Bullinger, § 43 Rz. 76 ff.

Es gibt vertragliche bzw. tarifvertragliche Regeln, die die (durch Arbeitsentgelt) abgegoltene Übertragung auch für die Zeit nach **Beendigung des Arbeitsvertrages** festlegen. Ob diese Norm- oder Vertragslage mit Arbeits-, Urheberrechts- bzw. Vertragsrecht vereinbar ist, ist derzeit als noch nicht entschieden zu bezeichnen. Das Leitbild der §§ 32 ff. UrhG müsste künftig berücksichtigt werden (Wandtke/Bullinger, § 43 Rz. 149).

1.5 Vertragliche Gestaltung der Urheberrechtsbeziehungen

Die Verpflichtung des Arbeitnehmers zur Einräumung von Nutzungsrechten ergibt sich aus dem Inhalt und Zweck des **Arbeitsvertrages** bzw. Tarifvertrages. Der Arbeitgeber erhält die Leistung des Arbeitnehmers, im Austausch dazu erhält der Arbeitnehmer Gehalt bzw. Lohn. Die Nutzungsrechtseinräumung kann auch stillschweigend geschehen.

BGH GRUR 1974, 480 – Hummelrechte; BAG GRUR 1961, 491 – Nahverkehrschronik

Nur für die Einräumung von Nutzungsrechten an künftigen Werken wird die **Schriftform** verlangt, § 40 UrhG. Für Arbeitnehmerurheber soll die Schriftform für die Einräumung an künftigen Werken nicht gelten (str). Die überwiegende Meinung nimmt an, dass auch künftige Werke stillschweigend ohne eine schriftliche Vereinbarung rechtlich übertragen werden dürfen. Auch diese Frage ist von der Rechtsprechung bisher nicht geklärt. Überwiegend wird § 40 UrhG für nicht anwendbar erklärt. Der Schutzzweck der Norm verlangt meiner Ansicht nach auch hier die Schriftform (Schack, 2013 Rz. 1119.; a.A. Ulmer-Eilfort/Obergfell, Verlagsgesetz, 2014, E Rz. 17). Über Nutzungsrechte kann auch im Voraus verfügt werden. Dies erfolgt entweder im Arbeits- oder Dienstvertrag, ausdrücklich oder stillschweigend. Es geschieht aber vor allem auch in Tarifverträgen. Die urheberrechtliche Vereinbarung über die Verfügung oder **Vorausverfügung** ist Teil des tarifgebundenen Arbeitsvertrages. Der Inhalt des Arbeitsverhältnisses ist einer tarifvertraglichen Regelung zugänglich. Daher sind Urheberrechtsklauseln auch in Tarifverträgen zulässig. Diese Auffassung ist durch Steinberg (1998) in Frage gestellt worden. Die herrschende Meinung geht davon aus, dass Urheberklauseln und entsprechende **dingliche Verfügungen** über Nutzungsrechte auch in Tarifverträgen zulässig sind und § 1 TVG nicht entgegensteht.

Der **Umfang der Rechtseinräumung** ergibt sich aus dem Vertrag (vgl. Zweckübertragungstheorie). Die herrschende Meinung geht davon aus, dass dem Arbeitgeber oder dem Dienstherrn die Nutzungsrechte einzuräumen sind, die er für seine betrieblichen oder dienstlichen Zwecke benötigt.

BGH GRUR 1978, 244 – Ratgeber für Tierheilkunde

Der **Betriebszweck** kann sich ändern oder erweitern. Ein Verlag kann zum Beispiel seine Buchproduktion um Tonträgerproduktionen ergänzen. Auch die neuen Nutzungsrechte oder die erweiterten Nutzungsrechte können dann von der stillschweigenden Einräumung von Nutzungsrechten erfasst sein. Die Rechtsprechung stellt auf den jeweiligen Betriebszweck ab.

OLG Hamburg OLG 1977, 556 – Zwischen Marx und Rothschild; OLG Karlsruhe GRUR 1984, 572 – Herrensitze; KG GRUR, 1976 264 – Gesicherte Spuren

Die Weiterübertragung der Nutzungsrechte durch den Arbeitgeber kann, wenn sie ausdrücklich oder stillschweigend genehmigt ist, erfolgen. Das gilt vor allem dann, wenn die Weitergabe an Dritte vom Betriebszweck erfordert oder erfasst wird.

1.6 Vergütungsansprüche

a) Angemessene Vergütung (Abgeltungs- und Trennungstheorie)

Der Arbeitnehmer hat Anspruch auf angemessene Vergütung für seine Dienste. Mit der Vergütung ist die Einräumung der Nutzungsrechte nach der herrschenden sog. Abgeltungstheorie mit abgegolten.

BAG AP Nr. 2, § 43 UrhG – Statikprogramme; BGH DB 1985, 1747 – Inkassoprogramm. Kritisch Schwab SD AR Blattei 1630, Rz. 90 ff; ders.: Arbeitnehmererfinderrecht, 2014; Wandtke, Urheberrecht 2014, Rz. 207 ff.

Umstritten ist die Frage, ob eine besondere Vergütung für die Urhebernutzungsrechte verlangt werden kann.

Das BAG hat festgelegt, dass eine besondere Vergütung für die stillschweigend übertragene Nutzung von Pflichtwerken nur verlangt werden kann, wenn dies ausdrücklich vereinbart worden ist. Gegen die Abgeltungstheorie wird die sog. Trennungstheorie geltend gemacht. Als gewichtiger Einwand gilt, dass der Lohnanspruch mit dem völlig anders gearteten urheberrechtlichen Nutzungsentgelt verglichen werde. Der Lohnanspruch erfasse die arbeitsvertraglich vereinbarte

Tätigkeit des Arbeitnehmers. Der urheberrechtliche Vergütungsanspruch beruht auf der Rechtseinräumung sowie der Verwertung des geschaffenen Arbeitsergebnisses durch den Arbeitgeber. Mangels Vergleichbarkeit soll der Abgeltungstheorie also hier ein Riegel vorgeschoben werden. Dogmatisch sind in der Tat die Arten der Ansprüche zu unterscheiden. Das spricht m.E. für die Trennungstheorie. Der Schutzzweck der Normen des Arbeitsrechts unterscheidet sich von dem des Urheberrechts.

Dazu ausführlich Schwab: Arbeitnehmererfinderrecht, 2014; Wandtke, Urheberrecht 2014, Rz. 205 ff.; Götz von Olenhusen ZUM 2010, 474

Eine nicht unbedeutende Auffassung in der Lehre sucht die Lösung der Probleme über die **Analogie zum Arbeitnehmer-Erfinderrecht**. Damit soll wie beim Arbeitnehmererfinder eine Beteiligung ermöglicht werden. Diese wird von der herrschenden Ansicht abgelehnt.

Vgl. dazu BAG DB 1997, 1571 – Schaufensterdekoration; LG München I ZUM 1997, 666.

Die Höhe der **Vergütung** hängt nach der Judikatur vom auffälligen Missverhältnis zwischen dem Entgelt für die Übertragung der Rechte und den daraus resultierenden Erträgen ab.

BGHZ 115, 63 Horoskopkalender; LG Berlin ZUM 2005, 901, 904; Obergfell in: Ulmer-Eilfort/Obergfell: Verlagsrecht, 2014, D Rz. 66-73

b) Sonderleistung

Eine weitere Auffassung ging schon bisher davon aus, dass eine besondere Leistung des Arbeitnehmers, vor allem eine Leistung schöpferischer Art, als Sonderleistung zusätzlich zu vergüten sei, vor allem dann, wenn sie dem Arbeitgeber einen erheblichen Vorteil bringt.

Schwab NZA-RR 2015, 8; BGH AP § 612 BGB Nr. 30 – Ratgeber für Tierheilkunde

c) Angemessene Vergütung (§ 32 ff UrhG)

Durch das neue Urheberrecht ergibt sich ein Anspruch des Arbeitnehmers auf

a) angemessene Vergütung des Urhebers und
b) auf weitere angemessene Beteiligung.

Die Bestimmungen sind auch auf das Arbeitsverhältnis anzuwenden (h.M.). Daraus folgt ein Anspruch für die Einräumung von Nutzungsrechten.

Nach § 32 UrhG hat der Urheber Anspruch auf die vertraglich vereinbarte Vergütung. Der **Beteiligungsgrundsatz** ergibt, dass dann, wenn die Höhe der Vergütung nicht bestimmt ist, die angemessene Vergütung als vereinbart gilt. § 32 bzw. 32a gilt für alle Urheber.

OLG Naumburg ZUM 2005, 761; Schwab AR Blattei SD 1630/Rz 109.

Ist keine angemessene Vergütung vereinbart, besteht ein Anspruch auf Einwilligung in eine **Änderung des Vertrages.** Das gilt dann nicht, wenn die Vergütung tarifvertraglich festgelegt worden ist (§ 32 Abs. 4 UrhG). Der Gesetzgeber will unwiderleglich davon ausgehen, dass tarifvertraglich bestimmte Vergütungsregeln immer als angemessen anzusehen seien. Insoweit muss sich die Frage aufwerfen, ob die Tarifpartner eine objektiv unangemessene Vergütung entgegen § 32 UrhG durch TV festlegen dürfen. Der Gesetzgeber geht davon aus, dass bei unangemessener Vergütung ein vertraglicher Anpassungsanspruch besteht. Da dieser von der Relation zwischen Vergütung und Ertrag aus der Rechtenutzung abhängt, kann auch ein TV dessen Angemessenheit nicht als angemessen fingieren. Die Tarifpartner sind an zwingende Gesetze wie §§ 32, 32a UrhG und deren Zielsetzungen, auch an Art. 3 GG und Art. 14 GG, gebunden. Die Angemessenheit wurde nach früherer Rechtsprechung an Hand der §§ 138, 242 BGB geprüft. Diese Judikatur ist nicht gänzlich überholt.

Eine **gemeinsame Vergütungsregel** im Sinne von § 36 UrhG von Verbänden von Urhebern und Werknutzern gilt als angemessen (§ 32 Abs.2 UrhG). Eine Vergütung gilt der Höhe nach dann als angemessen, wenn sie dem entspricht, was im Geschäftsverkehr üblicherweise und redlicherweise zu bezahlen ist. Die Prüfung des Angemessenheit erfolgt (vgl. Wandtke/Bullinger § 32 Rdz. 24) in 3 Stufen:

a) Liegt eine tarifvertragliehe oder gemeinsame Vergütungsregel vor?
b) Wie ist die übliche und redliche Übung in der Branche?
c) Wie sind die Umstände des Einzelfalls?

Der **Anspruch auf angemessene Vergütung** kann nicht umgangen oder ausgeschlossen werden. Der Anspruch auf weitere Beteiligung nach § 32 a UrhG ergibt sich, wenn nachträglich ein Ungleichgewicht zwischen vereinbarter Vergütung und den Erträgen aus der Nutzung des Werkes entsteht. Dies ist der neue **Bestseller-Paragraph**. Das auffällige Missverhältnis zwischen Erträgen und Vorteilen muss im Einzelfall ermittelt werden. Somit ergibt sich, dass auch in diesem Vertragsverhältnis trotz bestehender Vertragsfreiheit eine Nachprüfung und Neufestsetzung einer angemessenen Vergütung erfolgen darf. Die herrschende Meinung (str.) geht davon aus, dass auch eine Widerlegung der Angemessenheitsvermutung als zulässig angesehen wird. Dies sehen die Gesetzesmaterialien anders.

Vgl. dazu Jacobs NJW 2002,1905; Dreier/Schulze § 43 Rdz. 30; a.A. Berger ZUM 2003, 173; Rillig AfP 2003, 94

Bei einer Differenz von 10% liegt ein Misshältnis vor (LG Berlin ZUM-RD 2012, 281). Auf die Vorhersehbarkeit der Erträge und Vorteile stellt der Gesetzgeber nicht mehr ab.

Auch hier stellt sich die Frage, ob die zeitlich unbegrenzte Einräumung von Nutzungsrechten über das Ende des Arbeitsverhältnisses hinaus mit dem gezahlten Arbeitslohn schon angemessen vergütet ist oder nicht. Die herrschende Meinung ging bisher von einem unbeschränkten Nutzungsrecht nach Beendigung des Arbeits- oder Dienstverhältnisses aus. Andere Meinungen sehen einen gesonderten Vergütungsanspruch nach Beendigung des Arbeitsverhältnisses für gegeben an. Eine ausdrückliche normative Regelung ist insoweit im Jahre 2002 nicht erfolgt. In einigen Tarifverträgen ist die zeitlich unbefristete Rechtseinräumung mit einem **Vergütungsanspruch** verbunden worden.

Vgl. § 12 Abs. 7 MTV Zeitschriften, § 18 Abs. 6 MTV Tageszeitungen, sh. auch Tarifverträge für auf Produktionsdauer Beschäftigte bei Rundfunkanstalten; ferner TV über die Urheberrechte freier Mitarbeiter v. 1.4.2001, abgedruckt bei Götz von Olenhusen: Freie Mitarbeit in den Medien, 2002, S. 225-260; Schack Rz 953

Überträgt z. B. ein kurzfristig bei einer Rundfunkanstalt angestellter Urheber die Nutzungsrechte für einen Film, ein Drehbuch, ein Treatment, eine Sendereihe auf die Anstalt und wird nach dem Ausscheiden das Produkt für Rundfunkzwecke oder darüber hinaus in einer Weise verwertet, die dem Verhältnis zwischen monatlicher Vergütung und Ertrag nicht angemessen entspricht, kann – falls die Rechtsübertragungen überhaupt so weit reichen – nur eine angemessene **Beteiligungsregelung** die zutreffende Lösung sein.

Bestehen keine vertraglichen oder tarifvertraglichen Verwertungen und verwertet der Arbeitgeber das Werk außerhalb der betrieblichen Zwecke oder vereinbarten Zwecke, so hat der Urheber Anspruch auf ein zusätzliches Entgelt. Hier gilt der sog. **Beteiligungsgrundsatz**, den die Rechtsprechung immer wieder betont hat.

BGHZ 36, 171 – Rundfunkempfang in Hotelzimmern I

Eine Zusatzvergütung für **Pflichtwerke** kann aber durch Tarifvertrag ausgeschlossen sein.

LAG Köln ZUM 2001, 612 – § 13 MTV

Vergütungsansprüche für urheberschutzfähige **Sonderleistungen** werden zusätzlich zu erfüllen sein.

OLG Düsseldorf ZUM 2004, 756; BAG GRUR 1961 491 – Nahverkehrschronik

Das BAG hat in der Statikprogramm-Entscheidung keine zusätzliche Vergütung gewährt. Es legt dem Arbeitnehmer eine **Hinweis- und Vorbehaltspflicht** auf, dass hier die Nutzung nur gegen Entgelt geschehen dürfe. Das verlagert das Problem auf die strittige Frage, ob dies mit dem strukturellen Ungleichgewicht der Vertragspartner vereinbar sein kann, welches im Rahmen der Reform des Urhebervertragsrechts von 2002 vom Ansatz her besser austariert werden sollte.

Die nicht disponible, d.h. vertraglich nicht ganz oder teilweise abdingbare **Bestsellerklausel** nach § 32 a UrhG (§ 36 UrhG a.F.) ist auch im Arbeitsverhältnis zu beachten: § 36 a.F. galt noch für die Tatbestände bis zum 30.6.2002. Der Gesetzesbegründung zufolge sollte § 36 a.F. nicht auf Arbeitnehmer anwendbar sein. Ein **grobes Missverhältnis** zwischen Erträgen des Arbeitgebers und Vergütung des Arbeitnehmers kann aber auch im Arbeitsverhältnis entstehen. Solche Missverhältnisse können auch nach Beendigung des Arbeitsverhältnisses auftreten. Dem tragen z. B. Tarifverträge für auf Produktionsdauer Beschäftigte und für arbeitnehmerähnliche Personen Rechnung, die Wiederholungsvergütungen festlegen.

Vgl. ferner die Tarifverträge für Zeitungen und Zeitschriften, MTV, Zeitungen § 18 Nr. 6, § 12 Nr. 7 MTV Zeitschriften. Vgl. auch OLG Düsseldorf ZUM 2003, 756 zu § 69b UrhG. § 32a UrhG stellt den Urheber besser: Ein auffälliges Missverhältnis zwischen Erträgen und Honorar genügt, um einen Beteiligungsanspruch zu begründen

Ob die vertraglichen bzw. tarifvertraglichen Wiederholungsvergütungen der Medien im konkreten Fall angemessen sind, ist unter dem neuen Urhebervertragsrecht noch zu entscheiden. Bisher entsprechen sie nicht dem Leitbild des UrhG.

§ 32a UrhG gilt für ausübende Künstler und Filmurheber. Er gilt generell für Arbeitnehmer.

1.7 Anerkennung der Urheberschaft und Recht auf Namensnennung (§ 12 ff. UrhG)

a) Urheberpersönlichkeitsrecht

Die **Persönlichkeitsrechte** gelten auch im Arbeitsverhältnis.

BGH GRUR 1978, 360 – Hegelarchiv

Das **Urheber-Persönlichkeitsrecht** ist unverzichtbar und nicht übertragbar. Es kann jedoch auf dessen Ausübung verzichtet werden. Bei den sog. Ghostwritern spielt dies eine wesentliche Rolle. Der Verzicht auf die Anerkennung der Urheberschaft ist zulässig.

KG WRP 1977, 187 – Köhnlechner; BGH GRUR 1972, 713 – Im Rhythmus der Jahrhunderte; BAG NJW 1994, 2621 – Architekt

Ansonsten gilt das Recht auf **Namensnennung**, § 12 ff. UrhG. Dies kann allerdings im Arbeits- oder Dienstverhältnis eingeschränkt werden. Die Branchenübung soll das Recht auf Namensnennung und Signierung einschränken. Die herrschende Meinung nimmt dagegen an, dass die betriebliche Namensnennung Vorrang hat vor der **Branchenübung**. Im Zeitungs- und Zeitschriftenbereich soll die Namensnennung erfolgen, wenn es presseüblich ist. Im Zeitschriftenbereich werden Fotos üblicherweise mit dem Namen des Fotografen veröffentlicht. Für Fernsehen und Rundfunk soll die Rundfunküblichkeit entscheidend sein. Hier ist vielfach die Namensnennung üblich. Im Filmbereich ist die Namensnennung im Tarifvertrag für Film- und Fernsehschaffende geregelt (vgl. Ziff. 3.10 TV FF: Regisseure, Kameramänner, Architekten, Tonmeister, Cutter, Hauptdarsteller, 1. Aufnahmeleiter, Masken- und Kostümbildner haben Anspruch auf Namensnennung im Vor- oder Nachspann, andere Filmschaffende nur, wenn eine individuelle vertragliche Regelung vorliegt).

In der **Werbebranche** soll die Nennung des Urhebers z. B. bei Werbeprospekten nicht üblich sein. Im Allgemeinen wird der Name der Werbeagentur genannt. Die Rechtsprechung hat diese fragwürdigen Einschränkungen zum Teil gebilligt.

LG Berlin GRUR 1974, 412 – Werbeprospekte

Auch bei künstlerischen Industrieerzeugnissen gilt die Nennung des Angestellten nicht als üblich. Bei anerkannten Künstlern soll dies wiederum anders sein.

OLG München, GRUR 1957, 145 – Gießkanne; BGH GRUR 1961, 635 – Stahlrohrstuhl

Diese Differenzierung wird dem Sinn- und Schutzgehalt des UrhG nicht gerecht (Sh. auch Schwab, NZA 1991, 1254).

b) Entstellungs- und Änderungsverbot

Die Urheber-Persönlichkeitsrechte werden grundsätzlich auch im Arbeitsrecht geschützt; §§ 14, 39 UrhG. Die **Änderungsbefugnis** kann aber vertraglich vereinbart werden, § 39 Abs. 1 UrhG. Änderungen sind nach Treu und Glauben zulässig, § 39 Abs. 2. Welche Änderungen von Werk oder Titel zulässig sind, soll sich aus dem Zweck des Arbeitsverhältnisses ergeben. Nach anderer Ansicht soll zwischen dem Interesse des Arbeitgebers und den ideellen Interessen des Urhebers abgewogen werden.

Vgl. dazu OLG Frankfurt GRUR 1976, 199 – Götterdämmerung; OLG Nürnberg ZUM 1999, 656 – Museumsführer

Das OLG Köln hielt die Änderung eines Illustrierten-Beitrages eines Redakteurs ohne dessen Einwilligung für zulässig (Branchenübung im Zeitschriftenbereich).

OLG Köln GRUR 1953, 499 – Kronprinzessin Cäcilie

Im Zeitungs- und Zeitschriftenverlag kann auch der **Tendenzgrundsatz** Änderungen bedingen (§ 118 BetrVG). Dem Arbeitnehmer kann u. U. das Recht zustehen, die Nennung seines Namens zurückzuziehen, wenn das Werk oder seine Veränderungen nicht mehr seiner Überzeugung entspricht.

LG Saarbrücken, UFITA 79,1977, 358 – freiberuflicher Journalist, Entstellung einer Fernsehdokumentation

Bei Rundfunk- und Fernsehanstalten nimmt man relativ weitgehende Änderungsbefugnisse des Arbeitgebers an. Diese ergeben sich meist aus dem Arbeitsvertrag. Sie können sich bei freien Mitarbeitern auch aus Tarifverträgen oder AGB ergeben.

e) Rückrufsrecht

Das **Rückrufsrecht** aus § 41 UrhG wegen **Nichtausübung oder wegen gewandelter Überzeugung (§ 42 UrhG)** hat persönlichkeitsrechtliche und nutzungsrechtliche Inhalte. Man nimmt an, dass das Rückrufsrecht im Arbeits- und Dienstverhältnis eingeschränkt ist. Dies soll sich aus dem Inhalt und Wesen des Arbeits- und Dienstverhältnisses ergeben. Die wirtschaftlichen Interessen des Arbeitgebers werden hier in der Regel als überwiegend angesehen. Der Arbeitnehmer hat kein Recht, dass das Werk vom Arbeitgeber verwertet wird. Die Frage, ob aufgrund der urheberpersönlichkeitsrechtlichen Befugnisse die eingeräumten Nutzungsrechte zurückgefordert werden können, wenn an der Veröffentlichung ein besonderes persönliches Interesse besteht, wird von der herrschenden Meinung bejaht. Rechtsprechung dazu besteht soweit ersichtlich nicht.

Siehe dazu § 12 Abs. 5 MTV-Zeitschriften

Wenn die Nutzungsrechte eingeräumt sind, obwohl der Arbeitgeber nach Vertrag oder Betriebszweck diese gar nicht benötigt, oder wenn der Arbeitgeber die Nutzungsrechte gar nicht ausüben oder bestimmte Nutzungsarten nicht nutzen kann, ist ein **Rückruf wegen Nichtausübung** auch im Arbeitsverhältnis möglich (str.). Im Film- und Fernsehbereich ist § 41 UrhG durch § 90 UrhG eingeschränkt. § 90 schließt für die meisten der in § 88 Abs. 1 a.F., für das Verfilmungsrecht nach § 88 Abs. 1 n.F. ab Beginn der Dreharbeiten und für alle der in § 89 Abs. 1 bezeichneten Nutzungsrechte die Anwendung der §§ 41, 42 UrhG und damit die Möglichkeit des Rückrufs aus. Ein solcher Rückruf würde die weitere Auswertung des Filmes ausschließen. Bei einer Veräußerung des Unternehmens ist ein Rückruf möglich (§ 34 Abs. 3 S. 2 UrhG).

d) Zugangsrecht (§ 25 UrhG)

Das Zugangsrecht zum Werkstück gilt auch im Arbeitsverhältnis. Vgl. dazu auch MTVe der Rundfunkanstalten. Eine Herausgabe des Besitzes an den Urheber oder Nutzungsberechtigten kann nicht verlangt werden, § 25 UrhG. Der Urheber kann Zugang z. B. zum Zwecke der Einsicht in das Originalmanuskript oder die Vervielfältigung verlangen, wenn nicht berechtigte, ideelle oder materielle Interessen des Besitzers oder Eigentümers entgegenstehen.

Details bei Götz von Olenhusen in FS Wandtke, 2013, S. 279, 284 f; ders.: Medienarbeitsrecht bei Hörfunk und Fernsehen, 2004, S. 189 ff.

e) Schutz gegen Entstellung. Namensnennung. Urheber beim Filmwerk. Ausübende Künstler.

Es besteht ein Schutz gegen **gröbliche Entstellungen**, § 93 Abs.1 UrhG.

Vgl. Cour d'Appel Paris GRUR Int. 1989, 937 – John Huston; OLG München GRUR 1986, 460 – Die unendliche Geschichte; OLG München ZUM 1992, 307 – Christoph Columbus; LG Berlin ZUM 1997, 758 – FS-Film; OLG Hamburg GRUR 1997, 822 – Edgar Wallace

1.8 Tarifverträge: Urheberklauseln

a) Presse

Der **MTV Tageszeitungen** i. d. F. v. 1.1.2011 gilt für alle Verlage, die Tageszeitungen herausgeben. In persönlicher Hinsicht gilt er für alle hauptberuflich an Tageszeitungen festangestellten Wort- und Bildredakteure. Ausgenommen sind Zeitschriftenverlage, Presseagenturen und Wochenzeitungen.

Die urheberrechtliche Regelung enthält **§ 18 MTV Zeitungen**. Es gilt eine umfassende, ausschließliche Rechtseinräumung. Nicht von der Einräumung erfasst wird die Vergütungsbenutzung in Pressespiegeln (§ 49 UrhG) sowie für sämtliche anderen von Verwertungsgesellschaften wahrgenommenen **Zweitverwertungsrechte** und **Vergütungsansprüche**. Diese Rechte bleiben dem Redakteur. Die Nutzung für Digitalausgaben, für Archiv und Datenbanken löst keinen Vergütungsanspruch aus, Details in § 18 Abs. 6 MTV.

Urheber-Persönlichkeitsrechte des Redakteurs bleiben bestehen, § 18 Abs. 2 MTV.

Nutzungsrechte dürfen durch den Verlag an Dritte weiter übertragen werden, § 18 Abs. 3 MTV. Eine angemessene Vergütung ist zusätzlich bei der Weitergabe zu vereinbaren oder zu beanspruchen. Als angemessen gilt die Vergütung von mindestens 40 % des Nettoerlöses, § 18 Abs. 6 MTV. Eine angemessene Vergütung darf nur verlangt werden, wenn die Texte in anderen Verlagsobjekten des Verlages genutzt werden. Ein Jahr nach Beendigung des Arbeitsverhältnisses darf der Redakteur seine Nutzungsrechte selbst nutzen. Die Nutzungsrechte an Bildbeiträgen bleiben beim Verlag, falls nichts anderes vereinbart ist, § 18 Abs. 4 MTV. Wenn der Verlag die Rechte nicht oder nicht hinreichend ausübt, kann zurückgerufen werden. § 18 Abs. 5 MTV. Dem Verlag verbleibt jedoch weiterhin ein einfaches Nutzungsrecht.

Für **arbeitnehmerähnliche freie Journalistinnen und Journalisten** an Tageszeitungen i. d. F. v. 1.8.2010 gilt ein gesonderter Tarifvertrag. Dieser regelt die Rechte wie Erstdrucksrecht, Zweitdruckrecht, Alleinveröffentlichungsrecht, Rückrufsrecht, Kündigungsrecht.

Gemeinsame Vergütungsregeln Tageszeitungen für hauptberufliche freie Journalisten gelten seit 1.2.2010.

Für tarifgebundene Zeitschriftenverlage gilt der **MTV Zeitschriften** i. d. F. v. 4. 11. 2011. Auch dieser enthält eine **Urheberklausel**, § 12 MTV. Die übertragenen Rechte werden hier im Einzelnen aufgelistet.

Für nicht betriebsbedingte Nutzungsrechte wird ein zusätzlicher Vergütungsanspruch gewährt. Vgl. auch § 12 Abs. 7 MTV für Vergütungsansprüche nach Beendigung des Arbeitsverhältnisses.

Es gilt ein **Rückrufsrecht**, begrenzt auf ein Jahr nach Übertragung der Nutzungsrechte. Vorher ist eine angemessene Frist von nicht mehr als drei Monaten zur Nutzung zu setzen. Durch gemeinsame Vergütungsregeln für Journalisten an Tageszeitungen seit 01.02.2010 werden Honorare für Texte (nicht für Bilder) geschaffen, damit ist eine Grundlage für die Umfänge von Rechtsübertragungen und angemessene Vergütungen geschaffen worden (Vereinbarung zwischen Bundesverband der deutschen Zeitungsverleger und DJV bzw. ver.di vom 29.01.2010).

Die Angemessenheit von Vergütungen in Honorarbedingungen betrifft eine Entscheidung des BGH (BGH GRUR 2012, 1031– HB für freie Journalisten). Danach lehnt das Gericht eine Inhaltskontrolle gemäß § 307 ff. BGB und am Leitbild des Urheberrechts (§§ 11, 31 Abs. 5 UrhG) ab; a.A. Gialeli/Götz von Olenhusen, ZUM 2012, 389. Die seit langem strittige Frage betrifft die Beziehung urheberrechtlicher **Buy-out-Verträge** (zum Streitstand BGH GRUR 1984, 45 – HB Sendevertrag; Hertin FuR 1983, 151; Schricker/Loewenheim Rz. 40 vor § 28 ff.).

b) Funk und Fernsehen

Urheberrechtsklauseln finden sich in allen Tarifverträgen der Rundfunkanstalten ARD und ZDF. Es gelten die betrieblichen Manteltarifverträge. Tarifpartner sind die jeweiligen Landesrundfunkanstalten einerseits, DJV, ver.di und DOV andererseits. Der einheitliche Manteltarifvertrag (eMTV) ist lediglich eine Rahmengrundlage, die nicht verbindlich ist. Einige Manteltarifverträge sind nach dem System des eMTV entwickelt worden. Andere haben andere eigene Systeme. Materiellrechtlich sind die Normgrundlagen allerdings sehr ähnlich bzw. identisch. Die Arbeitnehmer sind durch die Arbeitsverträge, die auf die Tarifverträge verweisen, in der Regel an diese Tarifverträge gebunden; auch wenn die Arbeitnehmer keinem Tarifpartner angehören, gilt also die vertragliche Tarifbindung fast lückenlos. Die Vertragsmuster enthalten für alle Mitarbeiter, soweit der MTV sie nicht ausnimmt (vgl. dazu z. B. Ziff. 111 ff. MTV SWR), die Vereinbarung des betrieblichen Tarifrechts.

Zu den Urheberklauseln der öffentlich-rechtlichen Anstalten sh. Götz von Olenhusen, Medienarbeitsrecht, 2004, Rz. 372 ff.

Die **Urheberklauseln** der Rundfunkanstalten verpflichten den Arbeitnehmerurheber, den Rundfunkanstalten das ausschließliche Recht einzuräumen, Urheberrechte und verwandte Schutzrechte, die in Erfüllung der Dienstverpflichtung erworben werden, für Rundfunkzwecke zu nutzen. Die einzelnen Rechte, insbesondere Senderecht, Kabelweitersendungsrecht, und andere Rechte, sind im Tarifvertrag aufgelistet (vgl. z. B. Ziff. 372 ff. MTV SWR u. a.).

Die **Übertragung** des **ausschließlichen Nutzungsrechts** auf Dritte ist zulässig (§§ 34, 35 UrhG). Dies ist für den Programmaustausch innerhalb der ARD und für den internationalen Programmaustausch notwendig.

LG Hamburg, FuR 1975, 360

Zu den übertragenen Rechten zählen auch Nutzungen in Abruf- und Online-Diensten, Vervielfältigungsrecht, Verbreitungsrecht, Ausstellungsrecht, Vortrags-, Aufführungs- und Vorführungsrecht, Wiedergabe durch Bild- und Tonträger, Verfilmung, Wiederverfilmung, Rechte an Lichtbildern, am Filmwerk, öffentliche Wiedergabe im Zusammenhang mit Funkausstellungen, Wettbewerben, Werbemaßnahmen und Festivals.

Der Tarifvertrag sieht auch in der Regel die **Übertragung für außerrundfunkmäßige Zwecke** vor (Ziff. 372.3 eMTV und die entsprechenden Ziff. der Betriebs-MTVe). Dazu gehören auch Kinoauswertung, Schmalfilmrechte, Audiorechte, Mitschnitt- und Funksendungen.

In einzelnen Tarifverträgen enthaltene Beschränkungen zur **unentgeltlichen Nutzung** bei Übertragung auf Dritte oder durch eigene Nutzung dürfte mit dem Grundsatz der generellen Beteiligung des Urhebers nicht vereinbar sein (sh. dazu § 32 UrhG).

Bei der **außerrundfunkmäßigen Nutzung** sehen gewisse Tarifverträge **Beteiligungsregelungen** bezüglich der Erlöse vor (z. B. WDR, SWR). Diese Erlöse werden vom Gesamtnettoerlös errechnet. Von Erlös wird eine Vertriebskostenpauschale von 35 % abgezogen und die direkt zurechenbaren Kosten der Verwertung ebenfalls abgezogen. Der Rest soll dann den Nettoerlös ergeben. Vom Nettoerlös wird dann an die Rundfunkarbeitnehmer ein Anteil von 15 % verteilt. Ob dies mit der Angemessenheitsklausel (§ 32 UrhG) vereinbar ist, ist zweifelhaft.

Zur Rechtsprechung in Bezug auf Angemessenheit BGH GRUR 2009, 1148; GRUR 2011, 328.

Die Rundfunkanstalt erhält auch das Recht zur Bearbeitung, Umgestaltung und zu anderen Veränderungen. Das Änderungsverbot wird tarifvertraglich damit eingeschränkt. Die Bezugnahme auf § 39 UrhG schränkt dies insoweit ein, dass solche Änderungen zulässig sind von Werk und Titel, wenn die Einwilligung nach Treu und Glauben nicht verweigert werden darf.

Tariflich wird das Recht auf **Namensnennung** festgelegt. Dies gilt für alle Urheber und Mitwirkende. Die Frage ist, ob die Begrenzung auf Rundfunküblichkeit zulässig ist (§ 14 UrhG). Denn das Urheberpersönlichkeitsrecht ist insoweit nicht disponibel.

Im Einzelfall wird man eine Interessenabwägung vornehmen müssen.

c) Private Rundfunkanstalten

Die Manteltarifverträge der Unternehmen des privaten Rundfunks enthalten keine **Urheberklauseln**. Hier gilt also das, was zu § 43 UrhG ausgeführt worden ist. Es gilt der Inhalt der Arbeitsverträge bzw. im Zweifel gelten die §§ 43, 79 UrhG. Die Arbeitsverträge sind jedoch meist mit detaillierten Urheberklauseln ausgestaltet.

d) Film

Der zwischen dem Bundesverband deutscher Fernsehproduzenten, der Arbeitsgemeinschaft Neuer Deutscher Spielfilmproduzenten, dem Verband Deutscher Spielfilmproduzenten einerseits und ver.di andererseits abgeschlossene **MTV für Film- und Fernsehschaffende** wurde am 11.2.2004 gekündigt. Er ist mit Änderungen am 1.6.2005 wieder in Kraft getreten. Die wesentlichen Änderungen bestehen in der Einführung von Arbeitszeitkonten für Beschäftigte auf Produktionsdauer. Der persönliche Geltungsbereich dieses Tarifvertrages umfasst Architekten, Aufnahmeleiter, Cutter, Darsteller, Fotografen, Maskenbildner, Regisseure, Tonmeister u. a. Die in Ziff. 3 enthaltene **Urheberklausel** des TV für Film- und Fernsehschaffende wurde zum 1.1.1995 gekündigt. Aufgrund der tarifvertraglichen **Nachwirkung** gilt sie aber (soweit aufs Arbeitsverhältnis anwendbar) bis zum Abschluss einer neuen Vereinbarung weiter. In diesem Tarifvertrag befinden sich einzelne Nutzungsrechtseinräumungen für Film- und Fernsehschaffende und eine branchenspezifische Regelung hinsichtlich Namensnennung, sowie verschiedene andere Regelungen, die aus sich selbst heraus in der Regel verständlich sind. Nach einem ab 2014 geltenden TV gilt für alle Beteiligten am Filmset der Kinofilmherstellung eine **Erlösbeteiligung**.

Damit sind Schauspieler, Regisseure, Szenenbildner, Kamera- und Tonleute und Filmeditoren eingeschlossen. Selbstständige Drehbuchautoren und Komponisten fallen nicht unter den TV. Einzelheiten sh. ErgänzungsTV Erlösbeteiligung Kinofilm v. 13.5.2013, gültig ab 1.1.2014. Diese Tarifregelung soll als Beteiligung i.S. eines Fairness-Ausgleichs (§ 32a Abs. 1 UrhG) gelten. Damit wird eine „angemessene" oder Bestsellervergütung nicht präjudiziert (§ 1.3 EG.TV Erlösbeteiligung).

1.9 Computerprogramme (§ 69a ff. UrhG)

Computerprogramme gehören zu den urheberrechtlich geschützten Werken (vgl. §§ 2 Abs. 2 Nr. 1, 69a UrhG). Sie werden geschützt, wenn sie individuelle Werke sind und das Ergebnis einer eigenen Schöpfung darstellen.

OLG Hamburg GRUR - RR 2002, 217 – CT-Klassenbibliothek

Auch für Computerprogramme gilt der Grundsatz, dass sie persönliche Schöpfung sein, einen geistigen Gehalt, Individualität und eine spezifische Formgestaltung aufweisen müssen. Eine bestimmte Gestaltungshöhe ist nicht erforderlich. Wird ein Computerprogramm von einem Arbeitnehmer in Wahrnehmung seiner Aufgaben oder nach den Anweisungen des Arbeitgebers geschaffen, so ist ausschließlich der **Arbeitgeber** zur Ausübung aller vermögensrechtlichen Befugnisse an dem Programm berechtigt, sofern nichts anderes vereinbart ist. Dies ist auf **Dienstverhältnisse** entsprechend anzuwenden, § 69b UrhG. Damit wird zwar grundsätzlich nicht vom Schöpferprinzip abgewichen. Gleichwohl normiert das Gesetz ein vertraglich abänderbares Recht des Arbeitgebers zur Ausübung aller wirtschaftlichen Rechte am Programm. Diese Sonderregelung gilt nur für Computerprogramme. Sie ist aufgrund einer europäischen Richtlinie entstanden und dementsprechend an der EU-Richtlinie orientiert.

Koch in: Arbeitsrechts-Handbuch, 2011, § 115 RZ. 10 ff.

Voraussetzung ist ein **Arbeits- oder Dienstverhältnis**. Hier gilt wiederum der Arbeitnehmerbegriff. Freie Mitarbeiter bzw. arbeitnehmerähnliche Personen fallen nicht unter § 69b UrhG.

Götz von Olenhusen, GRUR 2002, 11

Dienstverhältnisse: auch alle öffentlich-rechtlichen Rechtsverhältnisse zählen dazu. Nur Werke, die aufgrund der Arbeitsvertrages geschaffen werden, fallen in den Schutzbereich. Entscheidend ist wiederum der Arbeitsvertrag, die betriebliche Funktion und Position, die tariflichen Regelungen, das Berufsbild und evtl. auch die Üblichkeit.

Die Rechtsprechung erstreckt diesen Schutzbereich sogar auf solche Rechtverhältnisse, bei denen nur ein engerer innerer Zusammenhang mit den arbeitsvertraglichen Pflichten besteht.

OLG Karlsruhe GRUR 1987, 845; KG WM 1997, 1443

Ein Arbeitnehmer, der das Computerprogramm außerhalb des Betriebes und freigestellt von sonstigen Aufgaben erstellt, fällt gleichwohl unter § 69b UrhG, selbst wenn das Programm überwiegend außerhalb der Arbeitszeit des Betriebes geschaffen worden ist.

OLG Köln GRUR-RR 2005, 302 – TKD-Programme

Wird ein Werk, d. h. ein Computerprogramm, nicht in Wahrnehmung vertraglicher Aufgaben oder nach Anweisung des Arbeitgebers geschaffen, aber unter Benutzung von Arbeitsmitteln und Kenntnissen aus dem Betrieb des Arbeitgebers, dann gilt folgendes: Ein Teil der Rechtsprechung nimmt an, dass § 4 Abs. 2 Nr. 2 **Arbeitnehmererfindergesetz** gelte, so dass der Arbeitgeber Anspruch auf das Computerprogramm hat.

LG München CR 1997, 351

Außerdem soll dem Arbeitnehmer ein Vergütungsanspruch zustehen. Nach anderer Auffassung soll jedenfalls eine Anbietungspflicht bestehen. Dies wird von der herrschenden Meinung abgelehnt.

Dreier/Schulze, § 69b UrhG Rz. 8

Das ausschließliche Recht zur Ausübung aller **vermögensrechtlichen Befugnisse** steht dem Arbeitgeber zu. Dieses Recht ist als gesetzliche Lizenz ausgestaltet. Es handelt sich um ein umfassendes ausschließliches Nutzungsrecht. Es bezieht sich auf das fertige Programm und alle Vorstufen und Entwürfe.

BGH GRUR 2001, 155 – Wetterführungspläne I;
BGH GRUR 2002, 149 – Wetterführungspläne II

Das Nutzungsrecht ist sachlich, räumlich und zeitlich beschränkt. Diese Rechte des Arbeitgebers bestehen auch **nach Beendigung des Arbeits- oder Dienstverhältnisses** weiter.

Die urheberpersönlichkeitsrechtlichen Befugnisse verbleiben beim Arbeitnehmer. Dazu gehören das **Recht auf Namensnennung**, § 13 UrhG, das **Änderungsverbot**, § 14, wobei allerdings Weiterentwicklungen und Anpassungen des Programms möglich sind.

Ein Anspruch auf gesonderte Vergütung besteht nicht.

BGH GRUR 2202,149 – Wetterführungspläne II

Die Leistung des Arbeitnehmers ist hier durch den **Arbeitslohn** normativ abgegolten. In der Literatur wird die Möglichkeit eines Korrekturanspruchs nach § 32 UrhG bejaht. Auch die Anwendung von § 32a kommt bei dem außergewöhnlichen Erfolg eines Programms, der mit dem Arbeitsentgelt nicht entgolten ist, in Frage.

Abweichende Vereinbarungen sind möglich. § 69b kann also abbedungen werden.

- **EG-Richtlinie**

Für die Auslegung von § 69b UrhG sind Sinn und Zweck vor allem von Artikel 2 Abs. 3 Richtlinie 911250/EWG maßgeblich. Damit soll möglichste Klarheit bezüglich der Zuordnung der Nutzungsrechte im Arbeitsverhältnis bei Computerprogrammen geschaffen werden. Alle in einer Programmiersprache abgefassten vollständigen Anweisungen an den Computer sollen zur Lösung einer bestimmten Aufgabe erfasst werden. Zwischen Quelltext und Dokumentationstext soll kein Unterschied mehr bestehen. Die Dokumentation ist Bestandteil des Computerprogramms.

Das Merkmal „in Wahrnehmung der Aufgaben“ hat einen weiten Anwendungsbereich. Die Erstellung des Computerprogramms muss also nicht unmittelbar zu den **arbeitsvertraglichen Pflichten** gehören. Das Tatbestandsmerkmal orientiert sich am Berufsbild und an der Aufgabe. Es genügt ein enger innerer Zusammenhang mit den arbeitsvertraglichen Pflichten.

OLG München NJW-RR 2000, 1212

Bei den **Anweisungen** des Arbeitgebers sind sämtliche Anweisungen erfasst, angeblich auch solche, die über den Pflichtenbereich des Arbeitnehmers hinausreichen. Eine außerhalb des Arbeitsverhältnisses erteilte Weisung verschafft dem Arbeitgeber keine Rechte an dem außerhalb des Arbeitsverhältnisses geschaffenen Programm.

Zum Freizeit-Werk sh. KG WM 1997, 1443

§ 69b UrhG bewirkt einen unmittelbaren **Übergang von Nutzungsrechten auf den Arbeitgeber**. Dies ergibt sich auch aus dem gemeinschaftsrechtlich vorgegebenen Zweck der Norm. § 69b ist keine Spezialnorm zu § 43 UrhG. Denn § 43 regelt nicht den Übergang von Nutzungsrechten, sondern verweist auf die §§ 31 ff. UrhG. Der Unterschied zwischen § 43 und § 69b besteht in Folgendem: § 43 verweist auf das allgemeine Urheber-Vertragsrecht. Bei § 69b geht es nur um den Übergang von Nutzungsrechten auf den Arbeitgeber. Die Frage, ob im Rahmen des § 69b die Abgeltungslehre oder die Trennungslehre für die Frage der Vergütung gilt, wird von den jeweiligen Vertretern unterschiedlich beantwortet. § 69b regelt aber die Vergütungsfrage überhaupt nicht. Die Entstehungsgeschichte verweist darauf, dass die Frage der Gegenleistung nicht geregelt werden sollte. Das jeweilige Nutzungsentgelt des Nutzungsrechts muss sich also aus dem Arbeitsvertrag ergeben. Die gesetzliche Abtretung ändert daran nichts. Es besteht kein sachlicher Grund zur Ungleichbehandlung von angestellten Programmierern gegenüber anderen Arbeitnehmerurhebern, nur weil die Rechtsübertragung in Form einer gesetzlichen Abtretung bzw. Lizenz erfolgt. Man könnte auch sagen: die Reduzierung der Rechte des Urhebers durch die **gesetzliche Lizenz** bedeutet eine Abschwächung des Urheberrechts in einen Vergütungsanspruch, der jedenfalls eine angemessene Vergütung vorsehen muss. Die §§ 32, 32a UrhG bedeuten zwar, dass ein Vertrag verändert wird, die Ansprüche beruhen aber auf dem Gesetz und müssen daher auch oder gerade auch bei der gesetzlichen Lizenz des §§ 69b UrhG angewendet werden. Der Kerngedanke der Urheberrechtsreform von 2002, Vertragsungleichgewichte zu korrigieren, muss aufgrund ihrer Zielsetzung zu folgendem Verständnis führen: Da die gesetzliche Regelung dem Arbeitgeber eine vorteilhaftere Stellung einräumt, muss diese mindestens durch ein angemessenes Entgelt für die Nutzungsrechtseinräumung kompensiert werden.

2. Der Urheber- und Leistungsrechtsschutz der arbeitnehmerähnlichen Person

2.1 Einleitung: die arbeitnehmerähnliche Person als Urheber

Innerhalb der traditionellen Medien (Presse, Rundfunk, Film), in den Bereichen von Kunst, Wissenschaft, Forschung und in anderen Gebieten, in denen kreative Personen tätig sind und wo in der Regel Werke und Leistungen erbracht werden, für die ein Schutz nach dem Urheberrechtsgesetz oder nach anderen Schutzregelungen für geistiges Eigentum in Betracht kommt, arbeiten – neben Arbeitnehmern und „echten“ Selbstständigen – zahlreiche so genannte **arbeitnehmerähnliche Personen (§ 12a TVG)**. In diesem Feld, in welchem sich Urheberrechts- und Arbeitsrechtsordnung begegnen und überschneiden, werden Zielkonflikte der unterschiedlichen Normen deutlich. Denn das geltende Urheberrecht geht von der Vorstellung und vom **Leitbild**

des freischaffenden Urhebers aus. Es berücksichtigt im Prinzip kaum, dass der „echte" freie Urheber heute eher zu den Ausnahmeerscheinungen gehört und die Mehrzahl der Kreativen in Bereichen tätig ist, in denen sie eher als Arbeitnehmer oder als arbeitnehmerähnliche Personen denn als Freiberufler oder als selbstständige Unternehmer wirken.

Normen, die sich explizit mit dem rechtlichen Schutz für schöpferische Leistungen von arbeitnehmerähnlichen Personen befassen, finden sich – im Unterschied zum urheberrechtlichen Schutz von Arbeitnehmern – nicht. Anscheinend ist der Arbeitnehmerähnliche im Urheberrecht dem freien Urheber bzw. dem Leistungsschutzberechtigten rechtlich gleichgestellt. Und doch zeigen der ökonomische und der soziale Befund, dass die Zahl der freien, wirtschaftlich unabhängigen Urheber und Leistungsschutzberechtigten ungleich geringer ist als die der wirtschaftlich und sozial abhängigen.

2.2 Abgrenzung des Personenkreises der arbeitnehmerähnlichen Personen

Arbeitnehmerähnliche Personen bilden rechtlich gesehen eine besondere Gruppe zwischen den Arbeitnehmern einerseits und denjenigen, die als Angehörige freier Berufe oder als freie Unternehmer andererseits tätig sind. Sie arbeiten zwar für fremde Rechnung, stehen aber nicht im Dienste eines anderen im Sinne einer persönlichen Abhängigkeit.

Bei den arbeitnehmerähnlichen Personen kann eine **wirtschaftliche Abhängigkeit** entstehen oder gegeben sein mit der Folge, dass dieser Personenkreis sozial der Stellung der Arbeitnehmer sehr angenähert ist. Dieser Personenkreis ist zahlenmäßig in der Kulturwirtschaft weit höher als ein Teil der bisherigen Erhebungen annehmen lässt.

Der Begriff der arbeitnehmerähnlichen Personen ist deswegen in § 12 a TVG festgelegt worden, weil für sie ausnahmsweise – trotz fehlender Arbeitnehmereigenschaft – Tarifverträge möglich sein sollen.

> BGH NZA 2000, 390 (391), BGH NZA 1999, 53 (55), BGH NZA 1999, 110 (112), Kempen/Zachert, TVG, (1997), § 12a Rdnr. 9; B. Reinicke in: Däubler, TVG, § 12a Rz 22; BAG AP 75 § 2 ArbGG; BGH NJW 2003, 277

Die Abgrenzung, die hier interessiert, ist daher zunächst gegenüber der Gruppe der **Arbeitnehmer** vorzunehmen. Nach § 12a I TVG sind alsdann die Kriterien der **wirtschaftlichen Abhängigkeit** und der einem Arbeitnehmer vergleichbaren **Schutzbedürftigkeit** wesentlich.

BGH NJW 1999, 110; sh. auch LAG Köln ZUM 2002, 840 – Berufsanfänger

Des Weiteren müssen **Dienst- oder Werkverträge** vorliegen, die eine im Wesentlichen persönliche Erbringung der Tätigkeiten und die überwiegende Tätigkeit für eine einzige Person beinhalten. Alternativ werden auch diejenigen erfasst, die von einer Person im Durchschnitt mehr als die Hälfte des Entgelts erhalten, das ihnen für ihre Erwerbstätigkeit insgesamt zusteht. Für Personen, die künstlerische, schriftstellerische oder journalistische Leistungen erbringen, sowie für Personen, die an der Erbringung solcher Leistungen, insbesondere an der technischen Gestaltung unmittelbar mitwirken, ist dieses Tatbestandsmerkmal schon erfüllt, wenn – bei Vorliegen der anderen Voraussetzungen – die Person im Durchschnitt mindestens ein Drittel ihres Entgelts von einer natürlichen oder juristischen Person bezieht. Maßgeblich ist zeitlich das Entgelt der letzten sechs Monate oder ein kürzerer Zeitraum.

Die **soziale Schutzbedürftigkeit** ergibt sich aus den Umständen des Falles.

BAG AP 30 § 5 ArbGG 1979; § 5 ArbGG, BUrlG, ArbSchG, JArbSchG, BeschäftigtenschutzG gelten auch für Arbeitnehmerähnliche; zur analogen Anwendung von § 613a BGB sh. Bauschke, AR-Bl. SD 120 Rz 90 ff.; Details bei Reinecke in: Däubler, TVG, § 12a Rz 51 ff.

Die Zugehörigkeit zur Gruppe der arbeitnehmerähnlichen Personen ist nicht disponibel. Ist ein Mitarbeiter in Wahrheit Arbeitnehmer, kann er durch vertragliche Formulierungen nicht zur arbeitnehmerähnlichen Person gewissermaßen „umfunktioniert" werden. Das Gleiche gilt bei Tarifverträgen. Weichen deren Begriffsbildungen von § 12a TVG ab, sind sie insoweit unwirksam bzw. müssen im Sinne von § 12a TVG ausgelegt werden.

Die Frage, ob tatsächlich Arbeitnehmereigenschaft vorliegt, ist deswegen von Bedeutung, weil sie für die hier urheberrechtlich zu erörternden Fragen damit eine wesentliche Vorfrage darstellt. Denn nur für **Arbeitnehmer** gelten die Regeln des **§ 43 UrhG** mit der dazu für Arbeitnehmer ergangenen bekannten Rechtsprechung. Das gleiche gilt bezüglich der für diese Arbeitnehmer gültigen Tarifverträge, sei es, dass diese Tarifverträge in den Individualvertrag einbezogen worden sind, oder sei es, dass aus anderen Gründen Tarifbindung besteht.

§ 43 UrhG regelt die urheberrechtlichen Konsequenzen für Urheber, die Werke in Erfüllung ihrer Verpflichtungen aus einem Arbeits- oder Dienstverhältnis schaffen. Ob und inwieweit § 43 UrhG eventuell auch für Verträge mit arbeitnehmerähnlichen Personen, etwa analog, anzuwenden ist, soll später erörtert werden.

Die Frage der Abgrenzung zwischen Arbeitnehmern und arbeitnehmerähnlichen Personen und ihrer Rechtsfolgen ist deswegen auch von besonderer Bedeutung, weil es für die Beurteilung vertraglicher Auswirkungen und für die Vertragsgestaltung vor allem aus Gründen der Rechtssicherheit und der vertraglichen Vorsorge wesentlich ist, ob und inwieweit Mitarbeiter in relevanter Zahl und in relevantem Umfange Ansprüche haben oder nicht. Die Mitarbeiter selbst, aber auch ihre Vertragspartner müssen sich im Interesse vorausschauender Planung und Kalkulation über die Reichweite von Verträgen im Klaren sein. Weil dies gerade auch im Zusammenhang mit Neuen Medien und Nutzungen heute sehr strittig ist, da die Auswirkungen auf bestehende Normen, Verträge und Tarifverträge durch die Entwicklung der Kommunikationstechnologie, durch neue Nutzungsrechte und Nutzungsarten diskutiert werden, ist auch für die relativ große und zunehmende Zahl der Arbeitnehmerähnlichen eine Klärung der Rechtslage mehr als sinnvoll. Sie ermöglicht es auch, durch entsprechende vertragliche Ausgestaltungen Streitfragen im Rahmen von Rechtsverhältnissen zu vermeiden. Das ist auch mit Rücksicht auf die grenzüberschreitenden Nutzungen von Werken wichtig, deren Urheber diese unter der Geltung z. T. sehr differenzierender Rechtsordnungen schaffen, nutzen, übertragen, sich abgelten lassen. Wir können in diesem Rahmen die komplizierten Konsequenzen des IPR nicht darstellen und verweisen auf Detailuntersuchungen.

Dazu Obergfelll in: Ulmer-Eilfort/Obergfell, Verlagsrecht, 2013, M 1; Reithmann/Martiny, Internationales Vertragsrecht, 2010

2.3 Schutz schöpferischer Leistungen

a) Arbeitnehmerähnliche Personen erwerben Urheberrechte an den von ihnen geschaffenen Werken. Auch für sie gilt das dem Urheberrecht zu Grunde liegende **Schöpferprinzip** (vgl. §§ 7, 2 II, 11 UrhG). Das gilt auch für die Schaffung von Computerprogrammen (§ 69 a III 1 UrhG).

b) Bei **Leistungen** arbeitnehmerähnlicher Personen gilt dies gleichermaßen. Insoweit gibt es auch keinen Unterschied hinsichtlich des

Schutzes für ausübende Künstler (§§ 73 ff. UrhG), für Lichtbildner (§ 72 UrhG) oder für andere Leistungsschutzberechtigte (vgl. z. B. § 70 UrhG).

zu a)

Betrachtet man die Bereiche näher, so sind hier faktisch vor allem Autoren jeder Art, Komponisten, Bildende Künstler, Publizisten und Journalisten, Fotografen und Designer betroffen. Für die im Computerbereich Tätigen ist die Sonderregelung zu beachten, die auch für Software-Entwickler gelten kann (§ 69 a UrhG).

zu b)

Die Leistungsschutzberechtigten sind mit den ausübenden Künstlern in und außerhalb von Gruppen, Orchestern, Chören, Tanzgruppen und Bühnen ein relativ großer Personenkreis, wobei nicht nur private, sondern auch staatliche Einrichtungen, z. B. die Kulturorchester, in den Blick zu nehmen sind.

Auf die jeweiligen, durch Tarifverträge oder Haustarifverträge geregelten Bereiche, die Urheberrechtsklauseln enthalten, wird noch eingegangen.

2.4 Die Übertragung von Nutzungsrechten durch arbeitnehmerähnliche Personen

a) Gesetzliche Regelungen

Ist der arbeitnehmerähnliche Urheber z. B. als **Autor** tätig, so ist zunächst hinsichtlich der Übertragung von Nutzungsrechten grundsätzlich von der freien Übertragbarkeit und der in § 31 UrhG festgelegten Regelung auszugehen. Sie ergibt sich aus dem grundsätzlich nicht übertragbaren Urheberrecht (§ 29 UrhG). Folgt aus der vertraglichen Vereinbarung nicht, welche Nutzungsrechte übertragen werden sollten, ist nach der üblichen Anwendung der urheberrechtlichen Norm auf den Zweck des Vertrages abzustellen (§ 31 V UrhG). Ein für die Auslegung maßgebliches oder möglicherweise brauchbares Moment kann sich dabei auch aus dem Umstand ergeben, dass bei einer arbeitnehmerähnlichen Person eine ausdrückliche oder konkludente Einwirkung betrieblicher Einbindung und Orientierung der vertraglichen Zweckbestimmung durch betriebliche Zwecke denkbar ist oder jedenfalls näher liegen könnte als bei einem „echten freien“ Autor.

Der **ausübende Künstler** darf die ihm nach den §§ 74-77 UrhG gewährten Rechte und Ansprüche an Dritte abtreten (§ 78 UrhG). Das Leistungsschutzrecht als solches darf als verwertungsrechtlich und persönlichkeitsrechtlich zusammengesetztes **Gesamtrecht** ebenso wie das Urheberrecht **nicht abgetreten** werden.

Für den Fall vertraglicher Nutzungseinräumung bleibt dem ausübenden Künstler ein **Einwilligungsrecht** (§ 78 Halbs. 2 UrhG). Dieses ist vertraglich nicht abtretbar. Vielmehr ist zwischen der Abtretung der Einwilligungsrechte und der Einwilligung selbst zu unterscheiden. Die Einwilligungsrechte der §§ 74-77 UrhG sind voll abtretbar. Hier erhält der Abtretungsempfänger einen eigenen Verbotsanspruch gegen den Dritten, der die Darbietung des Künstlers unerlaubt verwertet. Abtretbar sind freilich auch Vergütungsansprüche, wenn Bild- oder Tonträger oder Funksendungen, die zulässigerweise aufgenommen wurden, öffentlich wahrnehmbar gemacht werden.

Für den **Filmbereich** gelten die besonderen Auslegungsnormen bei der Übertragung von Nutzungsrechten auf Filmhersteller (§§ 88 ff UrhG). Sie stellen gegenüber den sonstigen Regelungen des Urheberrechtsgesetzes eine Ausnahme dar, weil sie zu Lasten des Urhebers dem Filmhersteller die wirtschaftliche Verwertung seines Films erleichtern sollen. Hierbei erhält der Hersteller zwar kein originäres Urheberrecht am Filmwerk, die §§ 88, 89 UrhG sind aber widerlegliche Vermutungen, so dass Werkurheber mit der Gestattung zur Verfilmung dem Hersteller bestimmte Nutzungsrechte in bestimmtem Umfang einräumen. Dabei unterscheidet das Gesetz zwischen dem Recht an zur Filmherstellung genutzten Werken einerseits und dem Recht am Filmwerk selbst. Die Regelungen der §§ 90, 92, 93 UrhG schließen teilweise allgemeine Regelungen des Urheberrechtsgesetzes hinsichtlich der Rechte für Urheber und ausübende Künstler aus oder schränken diese ein. Diese Privilegierungen des Filmherstellers werden insbesondere angesichts der heute herrschenden Verhältnisse in der Filmproduktion zunehmend kritisiert. Dementsprechend sind bei der Anwendung der §§ 88 ff. UrhG die berechtigten Interessen der Urheber und ausübenden Künstler angemessen zu berücksichtigen. Die §§ 88 ff. UrhG sind als gesetzliche Auslegungsregeln dispositiv und werden dementsprechend von vertraglichen Regelungen verdrängt, was in der Praxis häufig der Fall ist. § 88 UrhG beinhaltet eine Reihe von dem Filmhersteller eingeräumten Nutzungsrechten (wenn der Urheber einer Verfilmung zustimmt), was insofern eine Konkretisierung des § 31 V UrhG darstellt. Es geht hier um die vom Filmwerk zu unterscheidenden Werke. § 89 UrhG betrifft die Beteiligung von Personen am Filmwerk selbst, z. B. Kameramann, Cutter etc. und räumt dem Film-Hersteller im Zweifel das umfassende und ausschließliche

Nutzungsrecht am gesamten Filmwerk ein. Denkbar ist ein ausschließliches Verlegerrecht über § 38 UrhG, ebenso auch eine Online-Verwertung. Nach einem Jahr darf der Urheber den Beitrag selbst verwerten

Siehe auch Obergfell in: Ulmer-Eilfort/Obergfell, Verlagsrecht, 2013, § 3 VerlG Rz. 21-25.

Für den Bereich der **Presse** gilt die Auslegungsregel des § 38 UrhG. Hiernach erwirbt ein Verleger einer Sammlung, z. B. einer Zeitschrift ein auf ein Jahr zeitlich begrenztes, ausschließliches Nutzungsrecht zur Vervielfältigung und Verbreitung. Nach § 38 IV UrhG steht aber einem Zeitungsverleger nur ein einfaches Nutzungsrecht (§ 31 II UrhG) zu, der Beitragsverfasser darf also sein Werk gleichzeitig mehreren Presseorganen anbieten. Soweit dem Zeitungsverleger ein ausschließliches Nutzungsrecht zustehen soll, steht ihm nach § 38 III 2 UrhG aber nur das Recht zur Erstveröffentlichung zu. Er ist also nur gegen vorherige oder gleichzeitige Veröffentlichung in einem anderen Presseorgan gesichert. Zeitschriften werden von § 38 III UrhG nicht erfasst. Auch § 38 UrhG ist dispositiv und kann dementsprechend vertraglich abbedungen werden. Auf Grund vielfach fehlender schriftlicher Verträge gerade im Verlagsbereich bei Zeitungen und Zeitschriften hat § 38 UrhG erhebliche praktische Bedeutung.

b) §§ 43, 79 UrhG

Beim **Arbeitnehmer-Urheber** ist die schon erwähnte Norm des **§ 43 UrhG** der zentrale Anknüpfungspunkt, sowie § 79 UrhG.

Für den Arbeitnehmer-Urheber von **Computerprogrammen** ist § 69b UrhG maßgebend. Hiernach steht bei der Schaffung eines Computerprogramms durch einen Arbeitnehmer dem Arbeitgeber ein ausschließliches Nutzungsrecht zu, soweit vertraglich nichts anderes vereinbart wurde. § 69 b UrhG findet nur Anwendung auf Arbeits- und Dienstverhältnisse, Arbeitnehmerähnliche werden unter Verweis auf die Kommentierungen zu § 43 UrhG nicht erfasst.

Für **ausübende Künstler** als Arbeitnehmer gilt nicht § 43 UrhG, sondern § 79 UrhG. § 79 UrhG ist eine dem § 43 UrhG entsprechende Regelung zum Schutz der Leistungsschutzrechte ausübender Künstler in abhängigen Beschäftigungsverhältnissen. Das Leistungsschutzrecht entsteht also auch hier immer in der Person des ausübenden Künstlers, der dem Arbeitgeber die Rechte aus den §§ 74-77 UrhG abtritt oder entsprechende Einwilligungen erteilt. Der Umfang dieser Rechtsübertragungen bestimmt sich dann nach § 79 UrhG, also nach dem „Wesen des Arbeits- oder Dienstverhältnisses“. § 79 UrhG enthält lediglich eine gesetzliche Auslegungsregel. Hinsichtlich arbeitnehmerähnlicher Personen wird auf die Kommentierung zu § 43 UrhG verwiesen.

§ 43 UrhG ist auf **arbeitnehmerähnliche Personen** nicht anwendbar. Der überwiegenden Ansicht ist insoweit zuzustimmen. § 43 UrhG hat zur Folge, dass die arbeitsvertraglich geschuldeten Werke des **Arbeitnehmer-Urhebers** wirtschaftlich dem Arbeitgeber zugeordnet werden und von diesem verwertet werden dürfen. Gerechtfertigt wird diese SchlechtersteIlung des Arbeitnehmers damit, dass im Arbeitsverhältnis grundsätzlich das Ergebnis der Tätigkeiten des Arbeitnehmers dem Arbeitgeber zusteht und mit dessen Gegenleistung, dem Gehalt, abgegolten sei. Der Arbeitgeber trägt das Risiko des Misserfolgs, darum gebührte ihm im Erfolgsfall das Ergebnis. In der amtlichen Begründung zu § 43 UrhG heißt es, die Regelung sei gerechtfertigt, weil der Arbeitnehmer-Urheber durch seine Ansprüche aus seinem Arbeitsverhältnis wirtschaftlich gesichert sei und deshalb nicht darauf angewiesen wäre, aus seinem Werk Erträge zu ziehen. (Diese Annahme ist zweifelhaft).

Dieses Argument gilt für **arbeitnehmerähnliche Personen** mangels einer entsprechenden sozialen Absicherung durch ein festes Arbeitsverhältnis gerade nicht. Auf sie darf daher § 43 UrhG, durch den nur der Arbeitgeber begünstigt werden soll und der seine Rechtfertigung aus den Besonderheiten des Arbeitsverhältnisses erhält, nicht entsprechend angewendet werden.

Im Ergebnis sind arbeitnehmerähnliche Personen also auch, was die Einräumung oder Übertragung von Nutzungsrechten angeht, wie **freie Urheber** zu behandeln. De facto sind sie jedoch häufig veranlasst oder gezwungen, ihre Nutzungsrechte durch Vertrag und AGB in ähnlicher Weise so weitgehend wie festangestellte Urheber oder Leistungsschutzberechtigte auf den Vertragspartner zu übertragen, obwohl ihnen auf der anderen Seite die wirtschaftliche Absicherung durch ein festes Arbeitsverhältnis gerade fehlt.

Auf arbeitnehmerähnliche Personen, die Leistungsschutzrechte erwerben, ist § 79 UrhG nicht anwendbar. Es gelten dieselben Gründe, die zu § 43 UrhG ausgeführt wurden.

Wer bei der Entwicklung von Computerprogrammen als arbeitnehmerähnliche Person (§ 12 a TVG) Rechte erwirbt, fällt nicht unter § 69 bUrhG.

2.5 Tarifverträge

a) Tarifvertragliche Regelungen für **arbeitnehmerähnliche Personen** im Bereich des Urheber- und Leistungsschutzrechtes nach § 12 a TVG gibt es in einer Reihe von Bereichen. § 12 a TVG hat die Möglichkeit geschaffen, arbeitnehmerähnliche Personen durch Tarifverträge stärker zu schützen. Was die Regelung allgemeiner arbeits- und sozialrechtlicher Fragen betrifft, ist von dieser Möglichkeit in verschiedenen Bereichen sehr detailliert Gebrauch gemacht worden. Die Zahl der Tarifverträge, die urheberrechtliche Klauseln enthalten, ist allerdings wesentlich geringer. Für verschiedene Bereiche gelten Tarifverträge mit Urheberrechts- und Leistungsschutzklauseln. Ob und inwieweit diese nur auf Arbeitnehmer oder auch für arbeitnehmerähnliche Personen anzuwenden sind, ist noch zu erörtern. Unterteilt man die Tarifverträge in Bereiche, so lässt sich feststellen, dass für arbeitnehmerähnliche Personen in den folgenden Gebieten tarifliche Normen geschaffen worden sind:

(1) Presse (Zeitungen, Zeitschriften, Presseagenturen),
(2) Rundfunk und Fernsehen,
  aa) Öffentlich rechtliche Fernsehanstalten,
  bb) Privatrechtliche Rundfunk- und Fernsehanstalten,
(3) Film (Normalverträge Solo, Tanz, Chor, TVK),
(4) Bühne,
(5) Design.

(1) Presse (Zeitungen, Zeitschriften, Presseagenturen)

Der **Manteltarifvertrag für Redakteure und Redakteurinnen an Tageszeitungen** vom 15. 12. 1997, i. d. F. vom 25.2.2004, gültig seit 1. 1. 2003, jetzt i.d.F. seit 1.01.2011, der in § 18 eine Urheberrechtsklausel enthält, gilt in persönlicher Hinsicht nur für alle beruflich an Tageszeitungen fest angestellten Redakteure und Redakteurinnen sowie entsprechend für Redaktionsvolontäre. Eine ähnliche Urheberrechtsklausel enthält § 12 des Manteltarifvertrages für Redakteure und Redakteurinnen an Zeitschriften vom 30. 4. 1998, i. d. F. v. 22. 12. 2004, gültig seit 1. 1. 2005, jetzt i.d.F.v. 4.11.2011. Auch hier ist die persönliche Geltung auf hauptberuflich fest angestellte Redakteure (Wort und Bild) beschränkt (§ 1 MTV Zeitschriften). Nur soweit als arbeitnehmerähnlich behandelte Personen nach Vertrag und/oder Vertragspraxis in Wahrheit als Arbeitnehmer gelten müssen, kann der MTV auf sie angewendet werden. Voraussetzung ist aber auch, dass die Vertragspartner tarifgebunden sind.

Der **Tarifvertrag für arbeitnehmerähnliche freie Journalisten und Journalistinnen an Tageszeitungen** vom 14.9.2006, gültig seit 1. 8. 2005, jetzt i.d.F. v. 01.08.2010, enthält eine Urheberrechtsklausel (§ 13). Einbezogen sind alle hauptberuflichen freien Journalisten und Journalistinnen, die als Arbeitnehmerähnliche i. S. von § 3 des Tarifvertrages gelten, soweit sie für Tageszeitungen auf Grund von Dienst- oder Werkverträgen tätig sind. § 3 des Tarifvertrages orientiert sich an § 12 a TVG. Die urheberrechtliche Klausel (§ 13) regelt das Erstdruckrecht, das Zweitdruckrecht, das **Alleinveröffentlichungsrecht** und die Rechteübertragungen bei Bildankäufen für ein Archiv.

Das **Erstdruckrecht** beinhaltet ein modifiziertes ausschließliches Nutzungsrecht gem. § 38 Abs. 3 S. 2 UrhG für den Verleger, so dass der Journalist nach dem Erscheinen seinen Beitrag anderweitig nutzen kann. Durch das Zweitdruckrecht des Verlegers ist der Journalist berechtigt, seinen Beitrag neben dem Verleger zu nutzen, d. h. ihn sogar vorher oder gleichzeitig anderweitig zu veröffentlichen (einfaches Nutzungsrecht, vgl. §§ 38 III 1, 31 II UrhG). Nur ein Alleinveröffentlichungsrecht sichert dem Verlag die alleinige Nutzung und muss gesondert vereinbart werden.

Bei **Bildeinkäufen** für ein **Archiv** wird der Abzug des Bildes Eigentum des Verlags. Zudem erwirbt der Verlag das unbefristete Recht zur Veröffentlichung ohne Rückfragepflicht beim Urheber. Diesem steht aber für jede Veröffentlichung ein Abdruckhonorar zu, soweit dieses nicht vorher bereits pauschal abgegolten worden ist.

Welches Nutzungsrecht vorliegt, bestimmt das Angebot des Journalisten nach § 10 des Tarifvertrages, welches der Verlag nach § 11 annehmen kann. Enthält das Angebot keine Bestimmung, so wird ein Angebot zum Zweitdruck angenommen.

(2) Rundfunk und Fernsehen

a) Die **Tarifverträge** über die Urheberrechte von arbeitnehmerähnlichen Personen bei öffentlich-rechtlichen Rundfunkanstalten enthalten detaillierte Urheberrechtsklauseln, die dafür sorgen, dass die öffentlich-rechtlichen Anstalten für die Zwecke ihrer Tätigkeitsbereiche die erforderlichen Rechte auch der arbeitnehmerähnlichen Personen erwerben.

Für die öffentlich-rechtlichen Rundfunk- und Fernsehanstalten gelten auf der Grundlage des eMTV als Tarifvertragsmuster geschlossene sog. **Haustarifverträge**. Die zwischen den Tarifvertragsparteien geschlossenen **Manteltarifverträge** enthalten sehr detaillierte Urheberrechtsklauseln. Diese Klauseln gelten aber auch nur für Arbeitnehmer, es sei denn, dass diese ausdrücklich einmal im Einzelfall auch für arbeitnehmerähnliche Personen vertraglich vereinbart worden sein sollten.

Einzelheiten sh. Götz von Olenhusen, Medienarbeitrecht bei Hörfunk und Fernsehen, 2004, Rz. 370 ff. (mit den MTVen der meisten Rundfunkanstalten auf CD-ROM)

Beispielhaft sollen die tariflichen Regelungen des **Südwestrundfunks (SWR)** betrachtet werden. Am 19.10.1998 wurde der Tarifvertrag für **arbeitnehmerähnliche Personen** abgeschlossen, der rückwirkend zum 1. 10. 1998 in Kraft getreten ist. Dieser Tarifvertrag regelt Beginn und Dauer der **Arbeitnehmerähnlichkeit**, Zahlungen im Krankheitsfall, Urlaubsansprüche sowie sonstige Ansprüche auf Sozialversicherung und Mitgliedschaft in der Pensionskasse. Eine urheberrechtliche Klausel enthält der Tarifvertrag für Arbeitnehmerähnliche jedoch nicht. Eine derartige Klausel findet sich vielmehr in TZ 370 des Manteltarifvertrags für den SWR vom 30 9. 1998, welcher aber nur für Arbeitnehmer gilt, nicht jedoch für die Arbeitnehmerähnlichen (ausgenommen die unter ihnen, die aufgrund Beschäftigungsbedingungen in Wahrheit „verdeckte" Arbeitnehmer sind, sodass für sie Tarifbindung vorliegt).

Dies spiegelt also genau die derzeitige Rechtslage insofern wider, als auf Grund des § 12 a TVG Tarifverträge auch für Arbeitnehmerähnliche geschlossen werden können und teilweise auch abgeschlossen werden sind. Soweit keine speziellen Tarifverträge für Arbeitnehmerähnliche existieren bzw. sie keine urheberrechtlichen Klauseln enthalten, sind bestehende Tarifverträge für Arbeitnehmer mit urheberrechtlichen Klauseln dahingehend zu prüfen, ob sie auch auf Arbeitnehmerähnliche anwendbar sind. Dies ist in der Regel nicht der Fall. Dementsprechend werden die Nutzungsrechte an von Arbeitnehmerähnlichen geschaffenen Werke häufig durch **Honorarbedingungen** übertragen.

Derartige **Honorarbedingungen (HB)** sind Teil der Musterverträge, durch die abhängig vom jeweiligen Medienbereich Nutzungsrechte in bestimmtem Umfang (bei privaten Rundfunk- und Fernsehanstalten und Werbefilmen häufig sämtliche Rechte) übertragen werden. Die

Honorarbedingungen unterliegen grundsätzlich der Vertragsfreiheit. Faktisch besteht jedoch in der Regel ein Übergewicht der Rund-, funk-, Film- und Fernsehanstalten etc. als Nachfrager und Erwerber von Nutzungsrechten. Dementsprechend ist die Freiheit der Urheber und ausübenden Künstler oft eingeschränkt, weil für sie nur die Wahl besteht, die vorgelegten und vorformulierten Verträge zu akzeptieren oder nicht. Änderungen durch den Urheber/Künstler sind kaum durchsetzbar. In der Praxis erfolgt die Vereinbarung der Honorarbedingungen für Urheber im Hörfunk oder Fernsehen bzw. für Mitwirkende als Leistungsschutzberechtigte in der Regel nicht einmal von vornherein, sondern in der Weise, dass der arbeitnehmerähnliche freie Mitarbeiter nach Erbringung der Werke und Leistungen eine **Mitteilung** des Senders über das **angefallene Honorar** erhält, auf deren Vorderseite Art und Dauer der Tätigkeiten und Leistungen bzw. Leistungsarten und die Vertragstypen vermerkt und zum Teil auf der Rückseite die als Vertragsinhalt bezeichneten HB abgedruckt sind. Bei manchen Anstalten wird mit ständigen, so genannten festen Freien auch z. T. von Beginn an die Gültigkeit der Tarifverträge und der HB vereinbart. Beim SWR verweisen die z. T. mit arbeitnehmerähnlichen Personen befristet oder unbefristet abgeschlossenen **Rahmenverträge** auf die für sie gültigen Tarifverträge für Arbeitnehmerähnliche bzw. für auf Produktionsdauer beschäftigte Mitarbeiter, nicht jedoch auf die HB des Senders. Die Frage der Übertragung der Nutzungsrechte ist also anhand der vertraglichen bzw. tariflichen Vereinbarung oder anhand der Einbeziehung von HB in den Vertrag zu beantworten.

Zur AGB-Kontrolle Peifer AfP 2012, 510; Götz von Olenhusen/Gialeli ZUM 2012,389; BGH GRUR 2012, 1931; Castendyk AfP 2010, 434

In den Honorarbedingungen werden in der Regel die ausschließlichen, räumlich und zeitlich unbeschränkten **Nutzungsrechte** übertragen. Teilweise ist jedoch die Rechteeinräumung zeitlich oder auf den jeweiligen Medienzweck, z. B. **Rundfunkzweck**, beschränkt. Weiterhin wird dem Erwerber das Recht eingeräumt, Änderungen und Umgestaltungen des Werkes vorzunehmen, er ist aber nicht verpflichtet, das Werk überhaupt zu nutzen. Der Urheber/Künstler erhält ein Gesamthonorar, mit dem alle Ansprüche und Rechte abgegolten sein sollen (sogenanntes **total buy-out**). Der Umfang der Rechteübertragung ist bei öffentlich-rechtlichen Anstalten in der Regel geringer als bei privaten Rundfunkanstalten und Produktionsfirmen.

In Anbetracht der Vielzahl der verschiedenen Honorarbedingungen und des faktisch bestehenden Ungleichgewichts zwischen den Vertragspartnern erscheint es notwendig, auch für die Urheberrechte arbeitnehmerähnlicher und freier Mitarbeiter Tarifverträge abzuschließen.

Ein derartiger **Urheber-Tarifvertrag**, verhandelt von Rundfunkanstalten und den Tarifpartnern DJV und ver.di, ist z. B. für WDR, SWR und NDR (siehe TV mit dem WDR, gültig ab 1.4.2001) geschlossen worden. Hiernach wird der jeweiligen Medienanstalt ein zeitlich eingeschränktes, aber inhaltlich und räumlich unbeschränktes Nutzungsrecht für alle Zwecke eingeräumt, die für die jeweilige Medienanstalt charakteristisch sind. Unter festgelegten Umständen ist auch die Nutzung zu anderen Zwecken möglich. Auch soll die Anstalt die ihr eingeräumten Rechte weiter übertragen können. Bei Änderungen müssen die Wesenszüge des Werkes und das Urheberpersönlichkeitsrecht weitgehend gewahrt bleiben. Bestimmte Bearbeitungen sind nur mit ausdrücklicher Einwilligung des Urhebers möglich. Weiterhin stehen dem Urheber eigene Nutzungsrechte zu, insbesondere die durch Verwertungsgesellschaften wahrgenommenen Zweitdruckrechte. Für die Rechteübertragung erhält der Urheber eine Vergütung, deren Höhe und mögliche Ansprüche auf Folgevergütungen sich nach einem Vergütungstarifvertrag richtet. Für die Online-Nutzung kann zusätzlich eine prozentuale Teilvergütung, abhängig von der Erstvergütung, erfolgen. Eine Nutzungsverpflichtung besteht für die Anstalt jedoch nicht.

Siehe Details in: Schauen: Das WDR-Dschungelbuch, 2012

b) Soweit für die privatrechtlichen Rundfunk- und Fernsehanstalten Tarifverträge abgeschlossen worden sind, enthalten diese keine Urheberrechtsklauseln. Diese ergeben sich aber z. T. aus Einzelverträgen und bei den Unternehmen verwendeten Musterverträgen.

(3) Film

Der **Tarifvertrag für Film- und Fernsehschaffende**, i. d. F. v. 91.01.2012 enthielt in der früher gültigen Fassung eine Urheberrechtsklausel (Ziffer 3: Rechte an Film, Foto und Namen). In persönlicher Hinsicht galt diese Urheberrechtsklausel für alle Film- und Fernsehschaffenden, Angestellte und gewerbliche Arbeitnehmer. Die arbeitnehmerähnlichen Personen wurden also nicht miteinbezogen. Im Übrigen wurde Ziffer 3 des Tarifvertrages für Film- und Fernsehschaffende mit Wirkung vom 1.1. 1995 gekündigt. Eine Neuregelung ist bislang nicht zustande gekommen. Die alte Ziffer 3 hat also ohnehin nur noch Wirkung für frühere Vertrage bzw. Wirkung auf Grund der tarifvertraglichen Nachwirkung (§ 4 Abs. 5 TVG). Für arbeitnehmerähnliche Personen gibt es im Filmbereich bislang keine Tarifverträge (s. Götz von Olenhusen, Film und Fernsehen, 2001). Seit 1.1.2014 gilt ein Ergänzungstarifvertrag Erlösbeteiligung für Mitwirkende am Set von Kinofilmen.

(4) Bühne (Normalverträge: Solo, Tanz, Chor, TVK)

Der **Normalvertrag Solo**, der **Normalvertrag Tanz**, der **Normalvertrag Chor** sowie der **Tarifvertrag für Musiker** in Kulturorchestern (TVK) enthalten Regelungen, wie Darbietungen verwertet werden dürfen. Auch diese Tarifverträge gehen aber in ihren Geltungsbereichen von Arbeits- oder Dienstverhältnissen aus. Arbeitnehmerähnliche werden nicht erwähnt. Lediglich § 2 TKV schließt die Anwendbarkeit des TKV für Orchesteraushilfen aus.

(5) Design

Der **Tarifvertrag für Design-Leistungen** vom 1. 12. 1997, in Kraft seit dem 1. 1. 1998 (siehe aktuelle Fassung 2006) bezog sich auf die für diese Unternehmen als selbstständige freie Mitarbeiter tätigen Designer, die durch Art und Umfang ihrer Tätigkeit zu den arbeitnehmerähnlichen Personen gehören (§ 1 Ziff. 1. 2 b). § 3 des Tarifvertrages, der den arbeitnehmerähnlichen Designer definiert, orientiert sich wiederum an § 12 a TVG. In § 5 dieses Tarifvertrages ist eine Urheberrechtsklausel enthalten. Hiernach erwirbt der Auftraggeber ein Miturheberrecht, wenn er Vorschläge gemacht oder sonst Maßnahmen vorgenommen hat, soweit dies ausdrücklich vertraglich vereinbart war. Der Designer darf mangels abweichender Vereinbarung sein Werk mit der Urheberbezeichnung versehen. Der Auftraggeber erwirbt mit der Ablieferung der Arbeit durch den Designer und Bezahlung des Entgelts für die Rechteeinräumung die Nutzungsrechte (§ 31 UrhG). Dem Designer verbleiben aber die Zustimmungsrechte nach dem Urheberrechtsgesetz, insbesondere ist die Weiterübertragung ausschließlicher oder einfacher Nutzungsrechte an Dritte nur mit seiner Einwilligung möglich. Zudem wird ein Veränderungs- bzw. Entstellungsverbot normiert.

b) Schutzbereich der Tarifverträge

Die Frage ist, wie viele Personen, die bei ihren Tätigkeiten Urheber- oder Leistungsschutzrechte erwerben, in den **Schutzbereich** dieser hier bisher näher erörterten Tarifverträge fallen. Die ermittelten Zahlen sind meines Erachtens nicht vollständig, was die Gesamtheit der in Frage kommenden Arbeitnehmer und arbeitnehmerähnlichen Personen angeht (sh. dazu Steinberg, 1998; Götz von Olenhusen GRUR 2002, 1 ff.); dort wird auch nicht deutlich zwischen Arbeitnehmern und arbeitnehmerähnlichen Personen differenziert. Die von Steinberg zu Grunde gelegten Zahlen für Arbeitnehmer und Selbstständige geben keinen Aufschluss, wie viele Personen tatsächlich für urheberrechtliche Ansprüche in Betracht kommen. Für die Arbeitnehmerähnlichen der Kulturwirtschaft liegen keine ganz gesicherten Zahlen vor, zumal auch noch die Mitarbeiter/innen im EDV-Bereich erfasst werden müssten.

Immerhin lassen sich für die öffentlich-rechtlichen Rundfunk- und Fernsehanstalten genauere und differenziertere Zahlen und somit ein wichtiger effektiver Geltungsbereich ermitteln, denn durch die dort statistisch, innerbetrieblich und innerhalb von ARD und ZDF und in den Bilanzen festgehaltenen Auszahlungen an arbeitnehmerähnliche Personen wird pro Jahr deren Gesamtzahl relativ genau und zuverlässig erfasst. Da die Anstalten der ARD auch regelmäßig bei den freien Mitarbeitern, die als arbeitnehmerähnliche Personen nach dem TV für Arbeitnehmerähnliche die Jahresvergütungen, auch die bei anderen Anstalten erzielten, zur Berechnung des Urlaubsgeldes erfassen, ist für diesen sehr wesentlichen Bereich der Arbeitnehmerähnlichen nicht nur deren Zahl, sondern auch deren Vergütung pro Anstalt, pro Mitarbeiter, pro Jahr und pro Monat exakt zu ermitteln möglich, zumal die genaue monatliche Erfassung für die Feststellung von Anspruchsgrund und -höhe erforderlich ist. Soweit ersichtlich, werden diese Zahlen jedoch nicht publiziert.

Die urheberrechtlichen Tarifklauseln sind inhaltlich ihren Gegenständen nach auf sogenannte **Vertragswerke** beschränkt. Die Rechte an anderen „freien“ Werken, die keinen Bezug zum Dienst- oder Werkvertrag haben, unterliegen nicht dem Regelungsrecht.

Dienst- und Werkverträge, in denen auch urheberrechtliche Nutzungen eingeräumt werden, fallen auch dann unter § 12a TVG, wenn es sich um **gemischte Verträge** handelt. Der Dienst- oder Werkvertragscharakter muss nicht überwiegen.

Die Tarifverträge gehen vom urheberrechtlichen Schöpferprinzip und der Unübertragbarkeit des Urheberrechts aus (§§ 7, 29 UrhG).

§ 43 UrhG ist auf Verträge mit **arbeitnehmerähnlichen Personen**, wie oben erwähnt, nicht anwendbar. Mit Steinberg (1998) ist anzunehmen, dass der urheberrechtliche Schutz für arbeitnehmerähnliche

Personen aufrechterhalten bleibt. Damit liegt ein Regelfall einseitig zwingenden Rechts vor.

Die Tarifverträge beachten auch die nicht dispositiven, zwingenden Normen der §§ 31-42 UrhG bei den Normen für die Regelung der Rechtsübertragungen.

2.6 Normverträge und Vertragsmuster

Auf arbeitnehmerähnliche Personen können auch **Normverträge** Anwendung finden, die in Form von Empfehlungen oder Richtlinien existieren. Erwähnenswert ist hier z. B. der neugefasste Normvertrag für den Abschluss von **Verlagsverträgen**, der zwischen dem Verband deutscher Schriftsteller in den IG Medien und dem Börsenverein des Deutschen Buchhandels abgeschlossen worden ist; ferner der Normvertrag für den Abschluss von **Übersetzungsverträgen**, abgeschlossen zwischen den gleichen Vertragspartnern. Verträge mit arbeitnehmerähnlichen Personen können auch abgeschlossen werden unter Anwendung des Mustervertrags zwischen dem Deutschen Komponistenverband und dem Deutschen Musikverlegerverband oder der Vertragsnormen für **wissenschaftliche Verlagswerke**, abgeschlossen zwischen dem Hochschulverband und dem Börsenverein des Deutschen Buchhandels. Letztere enthalten Vertragsmuster für verschiedene Verträge im Bereich der Wissenschaft (siehe auch Materialien in: Ulmer-Eilfort/Obergfell, Verlagsrecht 2014, Kap. C).

Verträge über freie Mitarbeit (Wort, Bild) sind als Musterbeispiele abgedruckt in: DJV (Hg.): Handbuch für Freie, 2013, S. 567-574. Die Verlage oder andere Unternehmen verwenden unterschiedliche Muster.

Die typische Konstellation des urheberrechtlich relevanten Werks eines einzelnen Verfassers erfasst das Muster eines **Verlagsvertrags** über ein wissenschaftliches Werk. Hinsichtlich der Werkschaffung durch mehrere Verfasser greift das Muster des Verlagsvertrags über ein wissenschaftliches Werk mit mehreren Verfassern, welches insbesondere Vorgaben des Herausgebers bzgl. des Darstellungsstils und das Verhältnis der Verfasser untereinander regeln soll. Bezüglich der Beiträge zu **Zeitschriften oder Sammlungen** gibt es Muster eines Verlagsvertrages über einen wissenschaftlichen Beitrag zu einer Sammlung und eines Revers für die Einräumung von Nutzungsrechten an Zeitschriftenbeiträgen. Durch diese Verträge können die Regelungen des § 38 UrhG modifiziert werden, insbesondere ist die Verlängerung der Ein-Jahres Frist und die Erweiterung der Nutzung auf das Recht zur elektronischen Vervielfältigung und Verbreitung möglich. Für Beiträge zu Lexika und ähnlichen Sammelwerken gibt es z. B. ein Muster für einen Werkvertrag über einen wissenschaftlichen Beitrag zu einer Sammlung. Soweit neben Verfasser und Verleger ein Herausgeber tätig ist, kann dessen Aufgaben- und Tätigkeitsbereich in einem **Herausgebervertrag** über ein wissenschaftliches Werk mit mehreren Verfassern näher geregelt werden. Weiterhin enthalten die Vertragsnormen Empfehlungen hinsichtlich weiterer regelungsbedürftiger Punkte, wie die Übertragung von Nebenrechten, Honorar und Druckkostenzuschuss, Anzahl der Exemplare/Auflagen und voraussichtliche Verkaufszeit, Zweck und Adressaten des Werkes, Beschaffenheit des Manuskripts, Ausscheiden und Nachfolge bei Werken mit mehreren Verfassern.

Normverträge finden sich auch in der **Regelsammlung**, welche Verträge zwischen Bühnen- bzw. Musikverlagen und öffentlich-rechtlichen Rundfunkanstalten enthält.

Im Urhebervertragsrecht sind derartige **Formularverträge**, die ein fertig vorbereitetes Vertragsrecht enthalten, weitgehend üblich. Eine Inhaltskontrolle erfolgt über § 307 BGB. Gegen die eingeschränkte Kontrolle der Rechtsprechung (BGH GRUR 1984, 45 – Honorarbedingungen Sendevertrag) ist mit der herrschenden Meinung in der Literatur eine Kontrolle möglich.

> Schack Rz 958; Henning-Bodewig, in: Festgabe Schricker S. 389 ff.; OLG Zweibrücken ZUM 2001, 346 – ZDF; Gialeli/Götz von Olenhusen ZUM 2012, 388; anders BGH GRUR 2012, 1031 – HB; kritisch dazu auch Wandtke ZUM 2014, 585

Für arbeitnehmerähnliche Personen ergibt sich häufig eine spezifische Konstellation, wenn sie für Rundfunkanstalten arbeiten. Für sie sind, wenn sie in den Geltungsbereich des Tarifvertrages für arbeitnehmerähnliche Personen fallen, diese Tarifwerke anwendbar. Die sonstigen Vertragsbedingungen, insbesondere hinsichtlich Urheberschutz und Übertragung von Urheberrechten, werden durch die Honorarbedingungen der Anstalten geregelt, die auf Werk- oder Dienstverträge angewendet werden.

Der Kontrolle der allgemeinen Geschäftsbedingungen unterliegen Arbeitsverträge und Verträge mit „Festen Freien", § 310 IV 2 BGB. Bei freien Mitarbeitern ist die **Inhaltskontrolle** durch § 307 BGB gegeben. Unklare Bedingungen werden durch Verträge verdrängt (§ 305 b BGB). Die sog. **Buy-Out-Verträge** sind umstritten. Wir sind der Ansicht, dass sie über § 307 BGB der inhaltlichen Kontrolle unterliegen (a.A. BGH GRUR 2012, 1031 – Honorarbedingungen freie Journalisten).

Nach § 310 Abs. 4 BGB findet die sog. Bereichsausnahme Anwendung auf Tarifverträge, Betriebs- und Dienstvereinbarungen. Auf Arbeitsverträge sind die §§ 305 ff. BGB anwendbar. Diese Verträge werden also der Kontrolle unterworfen. Bei der Inhaltskontrolle sind die Besonderheiten des Arbeitsrechts zu berücksichtigen. Die Klauselverbote nach § 309 BGB sind im Arbeitsrecht nur unter Berücksichtigung dieser Besonderheiten anwendbar.

Ist ein Arbeitnehmer nicht tarifgebunden, nimmt aber der Arbeitsvertrag auf einen TV Bezug, findet keine Kontrolle des Inhalts statt. Das Gleiche gilt, wenn im Vertrag eine Tarifregelung enthalten ist.

Der Arbeitnehmer kann sich gegen **überraschende Klauseln** wenden, § 305c BGB, ebenso gegen unklare Inhalte und Beweislastklauseln, §§ 305c Abs. 2, 309 Nr. 12 BGB.

Der **Inhaltskontrolle** unterliegen auch Verträge mit **arbeitnehmerähnlichen Personen**.

Das **Unterlassungsklagen-Gesetz** (KKlaG) findet im Arbeitsrecht keine Anwendung. Das betrifft Verbraucherrechts- und andere Verstöße. Nicht zum Arbeitsrecht in diesem Sinne, § 15 KKlaG, zählen Dienstverträge mit Nicht-Arbeitnehmern, z. B. Leitende Angestellte, Organ-Mitglieder, juristische Personen. Bei arbeitnehmerähnlichen Personen ist noch nicht geklärt, ob das KKlaG anwendbar ist. Wendet man es an, besteht die eine Differenz zwischen der Zuständigkeit des Arbeitsgerichts, § 5 Abs. 1 Nr. 2 ArbGG, und der Zuständigkeit des Landgerichts, § 6 KKlaG, da letztere ausschließlich ist. Beim Arbeitsgericht werden nur individuelle Ansprüche verhandelt.

Eine neue Überprüfung derartiger Musterbedingungen im Sinne der von der Literatur vertretenen Ansichten könnte die Reichweite der Rechtsabtretungen und die Angemessenheit von pauschalen Abgeltungen nach den Grundsätzen der §§ 307, 310 BGB i.S. des von der Judikatur vertretenen **Beteiligungsgrundsatzes**, der im Vertragsrecht als normatives Leitbild jetzt verstärkt gilt, ermöglichen. Soweit die Urheberklauseln in Tarifverträgen enthalten sind, ist deren Überprüfung anhand der Verfassung, anderen höherrangigen Bestimmungen zwingenden Rechts oder in Bezug auf Verstöße gegen die guten Sitten möglich.

Einzelheiten sh. bei Rolfs, 2007 § 310 BGB Rz 2 ff.; Lingemann NZA 2002, 181; BAG NZA 2004, 727; 2005, 1111

Hinsichtlich der inhaltlichen Kontrolle von Rechteübertragungen und Entgeltvereinbarungen ist auch auf die frühere Judikatur zu allgemeinen Geschäftsbedingungen und § 138 BGB zu verweisen. Die Entwicklung der Rechtsprechung zur Frage, wann ein Missverhältnis von Leistung und Gegenleistung (§ 26 UrhG a.F.) vorliegt, kann dabei zu berücksichtigen sein.

2.7 Rechtsweg

Die **Arbeitsgerichte** sind für arbeitnehmerähnliche Personen ebenso zuständig wie für Arbeitnehmer (§§ 2, 5 I ArbGG). Für alle Rechtsstreitigkeiten, durch die ein Anspruch aus einem im Urheberrechtsgesetz geregelten Rechtsverhältnis geltend gemacht wird, ist nach § 104 S. 1 UrhG der **ordentliche Rechtsweg** gegeben. Die Zuständigkeit der ordentlichen Gerichte gilt grundsätzlich auch für Urheber- und Leistungsschutz-Streitsachen aus Arbeitsverhältnissen oder aus Rechtsverhältnissen mit arbeitnehmerähnlichen Personen, soweit keine ausschließlichen Ansprüche auf Leistung einer vertraglich vereinbarten Vergütung geltend gemacht werden.

> Zum Statusprozess BAG AP 9 § 5ArbGG 1979; LAG Köln ZUM 2002, 840 – Künstlerexklusivvertrag

Ist Streitgegenstand ausschließlich der Vergütungsanspruch eines Arbeitnehmers oder einer arbeitnehmerähnlichen Person auf Grund der Nutzungsübertragung bei urheberrechtlich geschützten Werken, ist nach §§ 2 II b, 5 I ArbGG i. V. mit § 104 S. 2 UrhG das Arbeitsgericht zuständig. Wird neben der Vergütung über andere Punkte aus dem Urheber- oder Leistungsschutzrecht gestritten, so gehört der Rechtsstreit insgesamt, auch hinsichtlich der Vergütungsfragen, vor das ordentliche Gericht. Eine Zusammenhangsklage vor dem Arbeitsgericht gem. § 2 III ArbGG ist auf Grund der Regelung des § 104 UrhG nicht möglich.

> Schricker/Wild, UrhG, § 104 Rz 2; B. Schwab, in: 50 Jahre BAG, S. 218; vgl. auch BAG NZA 1996, 1342; 1997, 765; Schwab, NZA-RR 2015, 9

Bei derartigen Streitigkeiten vor ordentlichen Gerichten ist zu berücksichtigen, dass nach VOen der Bundesländer die ausschließliche Zuständigkeit von **Urheberkammern der Landgerichte** besteht (sh. Komm. zu § 104 UrhG). Streitigkeiten, die nach ihrem Streitwert (über 5001 Euro) nicht vor das Amtsgericht, sondern vor das Landgericht gehören, liegen, wenn es sich um urheberrechtliche handelt, ausschließlich in der Zuständigkeit der nach Bundesländern festgelegten Urheberkammern.

Das neue Recht gegen **Abmahnmissbrauch** im UrhG bringt Wertbegrenzungen und Fortfall des fliegenden Gerichtsstands (§§ 97a, 104 a), Hartmann GRUR – RR 2014, 97; Nordemann/Wolters, ZUM 2014, 25). Die Deckelung der Abmahnkosten und andere Normen werden das Geschäftsmodell Abmahngeschäft und Nutzung von Filesharing wesentlich schwieriger gestalten, aber nicht prinzipiell beseitigen. Das zeigt schon die bisherige Praxis. Sie verlagert die Kosten von Abmahnungen auf die nunmehr regelmäßig erhöhten Lizenzgebühren.

Literatur (Auswahl)*)

Annuß/Thüsing: TzBfG, Komm., 2006, 3.A., 2012

Arnold/Gräfl/Imping/Lehner/Rambach/Spinner/Vossen: TzBfG, Komm., 2007, 3.A., 2012

Ascheid/Preis/Schmidt: Kündigungsrecht, Großkomm., 2007, 4. A., 2012

Bauer/Ory (Hg.): Recht in Rundfunk und Fernsehen, Loseblattausgabe 2007

Bauschke: Arbeitnehmerähnliche Personen, AR-Blattei SD 120

Beater: Medienrecht, 2007

Becker, J.: Die Wahrnehmung von Urheberrechten an Sprachwerken, 1999

Becker/Hilty/Stöckli/Würtenberger (Hg): Recht im Wandel seines sozialen und technologischen Umfeldes, FS für Manfred Rehbinder, 2002,

Berger/Wündisch (Hg.): Urhebervertragsrecht, 2008 (2.A. 2015)

Beucher/Leyendecker/v. Rosenberg: Mediengesetze, 2005

Biene: Starkult, Individuum und Persönlichkeitsgüterrecht, 2004

Boecker/Jossen: Teilzeit- und Befristungsgesetz, Handkomm., 2.A. 2007

Boelke: Presserecht für Journalisten, 2005

Bolwin/Sponer: Bühnentarifrecht, Loseblattsammlung

Bornkamm: Pressefreiheit und Fairness des Strafverfahrens: Die Grenzen der Berichterstattung über schwebende Strafverfahren im englischen, amerikanischen und deutschen Recht, 1981

Bourdieu: Über das Fernsehen, 1998

Boytha: Die Entwicklung der Regelung von Urheberverträgen in verschiedenen Ländern, UFITA 110, 1989, S. 5-33

Branahl: Medienrecht, 2010, 7.A., 2013

ders.: Justizberichterstattung, 2005

Brandt: Tendenzschutz in öffentlich-rechtlichen Rundfunkanstalten, 2008

---

*) Weitere Fundstellen im Text.

Büscher/Dittmer/Schiwy: Gewerblicher Rechtsschutz, Urheberrecht, Medienrecht, Komm., 2.A. 2011
Busche: Immaterialgüterrechte, in: Vermögensrecht, Komm., hg. v. Säcker, 1995, 565 ff.
Buschardt (Hg.): Ratgeber Freie Journalisten, 2003
BVPA (Hg.): Bildhonorare, 2013
Chirco: Die Panoramafreiheit: Die Beschränkung des urheberrechtlichen Schutzes von Kunst im öffentlichen Raum, 2013
Clemens/Kreft/Krause/Brüller: AGB-Arbeitsrecht, 2013
Damm/Rehbock: Widerruf, Unterlassung und Schadensersatz in den Medien, 3. A. 2008
Däubler: BGB Kompakt, 2003, 3.A. 2008
Däubler: Arbeitsrecht. 2009, 10.A. 2014
Däubler (Hg.): TVG, Komm., 2006, 3.A. 2012
Däubler/Bertzbach (Hg.): Allgemeines Gleichbehandlungsgesetz, 2.A. 2008
Däubler/Kittner/Klebe (Hg.): Betriebsverfassungsgesetz, Komm., 2005, 14.A. 2014
Dieterich: Grundgesetz für die Bundesrepublik Deutschland, in: Erfurter Komm. z. Arbeitsrecht, hrgg. v. Müller-Glöge, Preis, Schmidt, 2008, 1-99, 13.A. 2013
Dieterich/Neef/Schwab (Hg): Arbeitsrecht-Blattei, Loseblattsammlung, 2007
Dieterich/Müller-Glöder/Preis/Schaub (Hg.): Erfurter Kommentar zum Arbeitsrecht, 15.A. 2015
Dietrich: Eine Villa in Kenia, in: ZUM 2014, 661
Dietz: Das Urhebervertragsrecht in seiner rechtspolitischen Bedeutung, in: FG Schricker, 1995, 1-50
Dillenz/Gutmann: Praxiskomm. z. Urheberrecht, 2.A. 2004
Dittmann, A.: Der Rundfunkbegriff im Wandel der Medien, 1997
DJV (Hg.): DJV-Handbuch für Freie, 2.A. 2013
DJV (Hg.): Honorare und Vertragsbedingungen, 2013
ders.: Ratgeber Freie Journalisten, 2012
Dörner: Der befristete Arbeitsvertrag, 2.A. 2004
Dörr/Schwartmann: Medienrecht, 2006, 5.A. 2015
Dornbusch/Fischermeier/Löwisch: Arbeitsrecht, 2007, 2014, 7.A. 2015

Dreier: Kompensation und Prävention. Rechtsfolgen der unerlaubten Handlung im bürgerlichen Immaterial-Güter- und Wettbewerbsrecht, 2002

Dreier/Schulze: UrhG, Komm. 2008, 4.A. 2013

Dreyer/Kotthoff/Meckel: Urheberrecht. Komm. 3. Aufl. 2013

Düwell/Lipke: Arbeitsgerichtsgesetz, 2005, 3.A. 2012

Eckardt/Klett: Wettbewerbsrecht, Urheberrecht, und gewerblicher Rechtsschutz, 2007, 4.A. 2013

Enders: Beratung im Urheber- und Medienrecht, 3.A. 2007

Engels/Jürgens: Auswirkungen der EGMR-Rechtsprechung zum Privatsphärenschutz, NJW 2007, 2517-2522

Fechner: Medienrecht, 2013, 15.A. 2014

Fechner/Mayer: Medienrecht. Vorschriftensammlung, 10.A. 2014

Fezer: Lauterkeitsrecht, Komm., 2 Bde, 2005, 2.A. 2010

Fiebig/Gallner/Nägele: Kündigungsschutzrecht, Komm., 2007, 5.A. 2015

Fink/Schwartmann/Cole/Heber: Europäisches und internationales Medienrecht. Vorschriftensammlung, 2007, 2.A. 2012

Fischer, Oliver: Perspektiven für ein Europäisches Urheberrecht, 2014

Fischeri/Reich: Der Künstler und sein Recht, 2007, 3.A. 2014

Fitting/Engels/Schmidt/Trebinger/Linsenmaier: Betriebsverfassungsgesetz, Komm., 2006, 27.A. 2014

Fix: Organisation des Rundfunks, 1988

Flechsig (Hg.): SWR-Staatsvertrag, 1997

ders: Schutz des Sendeunternehmens, in: Loewenheim (Hg.): Handbuch des Urheberrechts, 2003, § 41

Folckers/Solms (Hg.): Was kostet der Spaß? (wie Staat und Bürger die Satire bekämpfen). 1997, 2001

Franzen/Götz von Olenhusen: Lichtbildwerke, Lichtbilder und Fotoimitate, UFITA 2007, 435-480

Frenzel: Zugänge zum Verfassungsrecht, 2009

ders.: Persönlichkeitsschutz und Pressefreiheit, AfP 2014, 334

Fricke: Recht für Journalisten, 2.A. 2010

Fritz: Arbeitsrecht in Österreich, 2001

Fuchs: Arbeitnehmer-Urhebervertragsrecht, 1.A. 2005

Fuchs/Marhold: Europäisches Arbeitsrecht, 2001, 3.A. 2010

Gassner, Umweltinformationsgesetz, 2006

Geibel: Mediendschungel, 1983
ders.: Machtprozesse auf dem Medienmarkt, Globalisierung und praktizierte Pressefreiheit nach 1968, in: Zimmermann (Hg.): Politischer Journalismus, Öffentlichkeiten und Medien im 19. und 20. Jahrhundert, 2006, S. 229-241
Geppert/Ruhle/Schuster: Handbuch Recht und Praxis der Telekommunikation, 1998, 2.A. 2002
Gerhardt/Leyendecker: Lesebuch für Schreiber, 2005
Gerhardt/Steffen: Kleiner Knigge des Presserechts, 1997, 2001, 3.A. 2010
Germelmann/Matthes/Prütting/Müller-Glöge: Arbeitsgerichtsgesetz, Komm., 2007, 8.A. 2013
Gersdorf/Paal (Hg.): Informations- und Medienrecht, Komm. 2014
Gersdorf: Grundzüge des Rundfunkrechts, 2003
Glaus: Der Schutz der Angehörigen in der Medienberichterstattung, Medialex 2007, 65-71
Götting: Persönlichkeitsrechte als Vermögensrechte, 1995
Götting/Lauber-Rönsberg (Hg.) Aktuelle Entwicklungen im Persönlichkeitsrecht, 2010
Götz von Olenhusen: Filmarbeitsrecht. Komm., 1991
ders: Film und Fernsehen. Arbeits-, Tarif- und Vertragsrecht, Deutschland, Schweiz, Österreich, Komm. u. Handbuch, 2001
ders.: Freie Mitarbeit in den Medien, 2002
ders.: Medienarbeitsrecht für Hörfunk und Fernsehen, 2004 (mit MTVen auf CD-ROM)
Götz von Olenhusen/Paulus: Oben bleiben! 2009
Götz von Olenhusen, I. und A.: Von Goethe zu Google, 2011
Gounalakis/Rohde: Persönlichkeitsschutz im Internet, 2002
Gotthardt: Wandlungen schadensrechtlicher Wiedergutmachung, 1996
Gröpl: Fälle zum Presse- und Rundfunkrecht, 2014
Gross: Presserecht, 3.A. 1999,
Haas: Das neue Urhebervertragsrecht, 2002
Haedicke: Recht des geistigen Eigentums, in: Schultze/Zuleeg/Kadelbach (Hg.), Europarecht, 2006, S. 793 ff., 2.A. 2010
ders.: Rechtskauf und Rechtsmängelhaftung, 1.A. 2003
Handbuch der Kommunikationsguerilla, hg. v. Sonja Brünzels und Luther Blissett, 1997, 5. A. 2001

Hahn/Vesting: Komm. z. Rundfunkrecht, 2008, 3.A. 2012
v. Hartlieb/Schwarz: Handbuch des Film-, Fernseh- und Videorechts, 5.A. 2011
Haug: Bildberichterstattung über Prominente, 2011
Haupt: Electronic Publishing, 2002
Haupt/Ullmann: Urheberrecht von A-Z, 2006
Helle: Besondere Persönlichkeitsrechte im Privatrecht, 1991
Herrmann/Lausen: Rundfunkrecht, 2.A. 2004
Hertin: Urheberrecht, 2.A. 2008
Hesse, A.: Rundfunkrecht, 3.A. 2003
Hillig (Hg.): Urheber- und Verlagsrecht. Textausgabe, 15.A. 2013
Hilty: Lizenzvertragsrecht, 1.A. 2001
Hochhuth: Die Meinungsfreiheit im System des Grundgesetzes, 2007
Hoeland: Das Verhalten von Betriebsräten bei Kündigungen, 1985
Holwe, Joachim: Teilzeit- und Befristungsgesetz. Komm., 4. A. 2014
v. Hoyningen-Huene/Linck: KSchG, Komm., 2007, 15.A. 2013
Hoeren: Grundzüge des Internetrechts, 2.A. 2002
Hoeren/Sieber (Hg.): Multimediarecht, 39.A. 2014
Van der Hoff: Die Vergütung angestellter Software-Entwickler, 2009
Jäncht: Geistiges Eigentum – eine Komplementär Erscheinung zum Sacheigentum? 2002
Karl: Filmurheberrecht, 1.A. 2005
Kastell: Persönlichkeitsrechte von Prominenten im internationaln Vergleich, 2013
Kittner/Zwanziger/Deinert (Hg.) Arbeitsrecht, 2013
Kolbe: Mibestimmung und Demokratieprinzip, 2013
Krause: Mitarbeit im Unternehmen. Tätigkeitsverhältnisse im Spannungsfeld von Gesellschafts-, Dienstvertrags- und Arbeitsrecht, 2002
Kreile/Becker/Riesenhuber (Hg.): Recht und Praxis der GEMA, 2.A. 2008
Köhler/Bornkamm: UWG, Komm., 2013, 33.A. 2015
Lessig: The Future of Ideas: The Fate of the Commons, 2002
Lettl: Urheberrecht, 2008, 2.A. 2013
Lilienthal: Recherchieren, 2014

Lilienthal/Reineck/Schnedler (Hrsg.): Qualität im Gesundheitsjournalismus, 2014
Löffelholz (Hg.): Theorien des Journalismus, 2000, 2.A. 2004
Löffler/Ricker: Handbuch des Presserechts, 5.A. 2005
Löffler (Hg.): Presserecht, 5.A. 2006, 6. A. 2015
Löschnigg: Arbeitsrecht, 2003
Loewenheim (Hg.): Handbuch des Urheberrechts, 2.A. 2010
Löwisch/Kaiser: Tendenzschutz im öffentlich-rechtlich geführten Bühnenunternehmen, 1996
Löwisch/Rieble: TVG, Komm., 2004, 3.A. 2012
Löwisch/Spinner: Komm.z.KSchG, 2004, 10. A. 2013
LPVG 2014. Das neue Personalvertretungsgesetz Baden-Württemberg, 2014
Luhmann: Die Realität der Massenmedien, 1996, 4.A. 2010
Maaßen, Kunst oder Gewerbe?, 3. A. 2001
ders.: Das BFF-Handbuch Verträge, 2001, 2.A. 2006
ders.: Designers' Manual, 2000, 3.A. 2003
Mann/Schmid: Pressevertriebsrecht, 2008
Mast (Hg.): Journalismus für die Praxis, 1991
dies.: ABC des Journalismus, 2008, 12.A., 2012
Mecklenburg/Pöppelmann: Informationsfreiheitsgesetz, 2007
Müller von der Heide/Menche: Recht im Verlag, 1995
v. Münch/Kunig: Grundgesetz, Komm., 6.A. 2012
Naumann: Die arbeitnehmerähnliche Person in Fernsehunternehmen, 2007
Neubert/Sandfort/Lorenz/Kochs: LPVG NRW, 11. A. 2012
Neuenfeld/Dohna: Handbuch des Architektenrechts, 2013, 3.A. 2014
Neukamm: Bildnisschutz in Europa, 2007
Neuvians: Die arbeitnehmerähnliche Person, 2002
Nix/Hegemann/Hemke: Normalvertrag Bühne, 2008, 2.A. 2012
Noll: Arbeitsrecht in Tendenzbetrieben, 2001
Otto: Arbeitsrecht, 2003, 3.A. 2008
Ory/Schmittmann: Freie Mitarbeiter in den Medien, 2002
Paal: Medienvielfalt und Wettbewerbsrecht, 2010
Palandt: BGB, Komm., 2013, 74.A. 2015

Pallasch: Arbeitsverhältnisse bei Film und Fernsehen, in: Münchener Handbuch zum Arbeitsrecht, 2000, § 200, 2009

Paschke: Medienrecht, 2003, 3.A. 2009

Peifer: Individualität im Zivilrecht, 2000, 2001

ders.: Das Urheberrecht und die Wissensgesellschaft, in: UFITA 2007, 11, 327

ders.: Datenschutz und Persönlichkeitsrecht, in: ZUM 2009, 185

Petersen: Medienrecht, 5. A. 2010

Peukert: Güterzuordnung als Rechtsprinzip, 2008

Pöppelmann: Das Zeugnisverweigerungsrecht, in: Ratgeber Freie Journalisten, hg. v. Buschardt, 2003, S. 218-230

Pottschmidt: Arbeitnehmerähnliche Personen in Europa, 2006

Preis: Der Arbeitsvertrag, 2002, 2009, 4.A. 2011

Rath/Glawatz/Engels/Dietrich: Das Recht der Anzeige, 2006

Reber, N.H.: Die Beteiligung von Urhebern und ausübenden Künstlern an der Verwertung von Filmwerken in Deutschland und den USA, 1998

ders.: Die Schutzdauer des postmortalen Persönlichkeitsrechts in Deutschland und den USA, GRUR Int. 2007, 492-498

Rehbinder: Urheberrecht, 16. A. 2010

Rehbinder/Peukert, Urheberrecht 17.A., 2015

ders.: Schweizerisches Arbeitsrecht, 2002

ders.: New Public Management, in: Soziologie des Rechts. FS f. E. Blankenburg, hg. v. Brand/Strempel, 1998, S. 285-297

ders.: Rechtssoziologie, 8.A., 2014

Rehbinder/Viganó: URG-Komm., 3. A.2008

Rehbock/Gaudlitz: Beck'sches Mandatshandbuch Medien- und Presserecht, 2.A. 2011

Reinecke: Der Kampf um die Arbeitnehmereigenschaft, NZA 1999, 729

Reitzel: Arbeitsrechtliche Aspekte der Arbeitnehmerähnlichen im Rundfunk, 2007

Richardi (Hg.): Betriebsverfassungsgesetz, Komm., 2007, 2010, 14.A., 2014

Richardi/Wlotzke: Münchner Handbuch zum Arbeitsrecht, 3 Bände, 2000, 2001, 2 Bände, 2009

Riesenhuber (Hg.): Systembildung im Europäischen Urheberrecht, 2007
Riesenhuber/Becker/Kreile: Recht und Praxis der GEMA, 2.A. 2008
Ring: Medienrecht, Loseblattsammlung
Rittig: Anmerkungen zu Satire und Justiz, in: Dankert/Zechlin (Hg.): Literatur vor dem Richter, 1988, S. 227 ff.
Röggla/Wittmann/Zöchbauer: Medienrecht. Komm., 2012
Rojahn: Komm. z. § 43 UrhG in: Schricker/Loewenheim: Urheberrecht, 4. A. 2010
Rolfs: Arbeitsrecht, 2007, 4.A. 2014
Rost: Arbeitnehmerähnliche Personen, in: GK-Etzel: Gemeinschaftskomm. z. KSchG, 2007, 993 ff., 10.A. 2013
Träger: Umweltinformationsgesetz, 1995
Rühl: Die Zeitungsredaktion als organisiertes soziales System, 1997
Rüthers: Arbeitsverhältnisse der Pressejournalisten, in: Münchener Handbuch zum Arbeitsrecht, 2000, § 201, 2009
Russ-Mohl: Journalismus, 2003, 2.A. 2010
Schacht: Die Einschränkungen des Urheberpersönlichkeitsrechts im Arbeitsverhältnis, 2004
Schack: Urheber- und Urhebervertragsrecht, 6.A. 2013
ders.: Kunst und Recht, 2004, 2009
Schaffeld/Hörle: Das Arbeitsrecht der Presse, 2. A. 2007
Schaub: Arbeitsrechts-Handbuch, 2004
Schaub/Koch/Linck/Treber/Vogelsang: Arbeitsrechts-Handbuch, 15.A. 2013
Schauen: Das WDR-Dschungelbuch, 2012
Schawinski: Die TV-Falle, 2007
Schertz: Der Schutz der Persönlichkeit vor heimlichen Bild- und Tonaufnahmen, AfP 1995, 421
Schirmer, Nina: Personalmanagement für Kreativschaffende, 2013
Schleusener/Suckow/Voigt: AGG, 2013
Schliemann: Das Arbeitsrecht im BGB, 2002
Schneider/Raue: Das neue Handbuch des Journalismus, 2006
Schricker/Loewenheim (Hg.): Urheberrecht, Komm., 2006, 2010
Schubert: Der Schutz der arbeitnehmerähnlichen Personen, 2004
Schubert, Claudia: Die Wiedergutmachung immaterieller Schäden im Privatrecht. 2013

Schüren (Hg.): AÜG, 2010

Schwab: Arbeitnehmererfinderrecht, Handkomm., 2014

ders.: Der Arbeitnehmer als Urheber, NZA-RR 2015, 5-9

ders.: Das Urheberrecht des Arbeitnehmers, in: AR-Blattei SD 1630, 2003

ders.: Der Arbeitnehmer-Urheber in der Rechtsprechung des Bundesarbeitsgerichts, in: 50 Jahre BAG, 2004, 213-227

Schwab/Weth (Hg.): Arbeitsgerichtsgesetz, 2004, Komm., 4.A. 2015

Schwarze: Rechtsschutz gegen Urheberrechtsverletzungen und Wettbewerbsverstöße in grenzüberschreitenden Medien, 2000

ders. (Hg.): Fernsehen ohne Grenzen, 1985

ders.: EU-Kommentar, 2012

Schürmann/Nobel: Medienrecht, 1993

Seitz/Schmidt: Der Gegendarstellungsanspruch, 4.A. 2010

Siegrist, H.: Geschichte des geistigen Eigentums und der Urheberrechte, in: Hofmann (Hg.): Wissen und Eigentum, 2006, S. 64 ff.

Sievers: TzBfG, Komm., 2007, 2010, 4. A. 2012

Sinzheimer: Arbeitsrecht und Rechtssoziologie, Bd. 1, 1976

Soeder: Persönlichkeitsrechte in der Presse, ZUM 2008, 89

Soehring/Hoene: Presserecht, 2013

Spindler/Schuster (Hg.): Das Recht der elektronischen Medien, 2008 2.A. 2011

Steinberg: Urheberrechtliche Klauseln in Tarifverträgen, 1998

Stock: Innere Medienfreiheit – ein neues Konzept der Qualitätssicherung, 2001

Stöckel (Hg.) Presserecht: Textsammlung, 2008

Stoffels: AGB-Recht, 2009

Stöckel (Hg): Presserecht: Textsammlung, 2008

Suckow: Gewerkschaftliche Mächtigkeit als Determinante Korporatistischer Tarifsysteme, 2000

Thüsing: Arbeitsrechtlicher Diskriminierungsschutz, 2007, 2.A. 2013

Ulmer: Urheber- und Verlagsrecht, 3.A. 1980

Ulmer-Eilfort/Obergfell: Verlagsrecht, 2013

Ulmer/Brandner/Bensen: AGB-Recht, 2011

Vandrey: Am Anfang war die Presse! 1961

Villinger: Von der Kooperations- zur Kampföffentlichkeit, in: Jarren/Imhof/Blum (Hg.): Zerfall der Öffentlichkeit? 2000, 160

Vogel, M.: Schutz des ausübenden Künstlers, in: Loewenheim (Hg.): Handbuch des Urheberrechts, 2003, § 38, 2. A. 2010

Vowe: Information und Kommunikation, 1984

ders.: Massenmedien. In: Andersen/Woyke (Hg.), Handwörterbuch des politischen Systems der Bundesrepublik Deutschland, S. 440-448

Wadle: Kontrolle und Schutz – Presserecht des 19. Jahrhunderts im Spannungsfeld von öffentlichem und Privatrecht, in: Zimmermann (Hg.): Politischer Journalismus, Öffentlichkeiten und Medien im 19. und 20. Jahrhundert, 2006, S. 61-79

Wallraf: Zum Sponsoring redaktioneller Seiten in der Zeitungs- und Zeitschriftenpresse: in Medien zwischen Sprach- und Informationsinteresse, hg. v. A. Heldrich, 1999, S. 271

Walter: Urheberrechtsgesetz, 2006, 2007

ders.: Österreichisches Urheberrecht. Handbuch, Teil I, 2008

ders. (ed. et al.): European Copyright Law. Oxford 2010

Wanckel: Foto- und Bildrecht, 2012

Wandtke (Hrsg): Fallsammlung zum Urheberrecht, 2005, 3.A., 2010

ders. (Hrsg.): Medienrecht. Praxishandbuch, 2. A. 2011

Wandtke/Bullinger (Hg): Praxiskomm. z. Urheberrecht, 2012. 4.A., 2014

Wank: Arbeitnehmer und Selbständige, 1988, 1996

Wasserburg: Der Schutz der Persönlichkeit im Recht der Medien, 1988, 1998

Weber, R. H.: Medienrecht für Medienschaffende, 2000

Weber, S. (Hg.) Theorien in den Medien, 2003, 2.A. 2010

Weberling/Wallraf/Deters (Hg.): Im Zweifel für die Pressefreiheit, FS, 2007

Weischenberg: Handbuch Journalismus und Medien, 2006

Wenzel: Das Recht der Wort- und Bildberichterstattung, 5.A. 2003

Wente: Das Recht der journalistischen Recherche, 1987

Wiedemann: TVG, Komm., 2007

Wirth/Schmid/Seifert: Urheberrechtsgesetz mit Urheberwahrnehmungsgesetz, 2.A. 2008,

Wittmann: Film- und Videorecht, 1991

Würtenberger: Zeitgeist und Recht, 1991
ders.: Satire und Karikatur in der Rechtsprechung, NJW 1983, S.1144-1151
Zechlin: Kunstfreiheit, Strafrecht und Satire, NJW 1984, S. 1091
Zentek, Sabine: Designerschutz – Fallsammlung zum Schutz kreativer Leistungen, 2.A. 2008
Zwanziger: Komm. z. Arbeitsrecht in der Insolvenzordnung, 4. Aufl. 2010

Zeitschriften

AfP	Archiv für Presserecht
AuA	Arbeit und Arbeitsrecht
AuR	Arbeit und Recht
BB	Der Betriebsberater
Blickpunkt	Zeitschrift des DJV Baden-Württemberg
DB	Der Betrieb
GRUR	Gewerblicher Rechtsschutz und Urheberrecht
GRUR Int.	Gewerblicher Rechtsschutz und Urheberrecht, Internationaler Teil
Journalist	Zeitschrift des Deutschen Journalistenverbandes (DJV)
K&R	Kommunikation und Recht
MMR	Multimedia und Recht
MP	Media-Perspektiven
MR	Medien und Recht
MR Int.	Medien und Recht International
NJW	Neue Juristische Wochenschrift
NJW-RR	Neue Juristische Wochenschrift Rechtsprechungsreport
NZA	Neue Zeitschrift für Arbeitsrecht
NZA-RR	Neue Zeitschrift für Arbeitsrecht – Rechtsprechungs-Report
PV	Die Personalvertretung
RdA	Recht der Arbeit
RuF	Rundfunk und Fernsehen
UFITA	Archiv für Urheber- und Medienrecht
WRP	Wettbewerb in Recht und Praxis
ZfA	Zeitschrift für Arbeitsrecht
ZRP	Zeitschrift für Rechtspolitik
ZUM	Zeitschrift für Urheber- und Medienrecht
ZUM-RD	Zeitschrift für Urheber- und Medienrecht Rechtsprechungsdienst

Abkürzungsverzeichnis

a.A.	anderer Ansicht
a.a.O.	am angegebenen Ort
a.F.	alte Fassung
Abs.	Absatz
AfP	Archiv für Presserecht
AG	Amtsgericht
AGB	Allgemeine Geschäftsbedingungen
AGG	Allgemeines Gleichbehandlungsgesetz
AiB	Arbeitsrecht im Betrieb, Zeitschrift
Anm.	Anmerkung
AP	Nachschlagewerk des Bundesarbeitsgerichts
ARB	Allgemeine Rechtsschutzbedingungen
ArbG	Arbeitsgericht
ArbGG	Arbeitsgerichtsgesetz
ArbSchG	Arbeitsschutzgesetz
ArbzG	Arbeitszeitgesetz
Art.	Artikel
Aufl.	Auflage
AuR	Arbeit und Recht, Zeitschrift
Az.	Aktenzeichen
BAG	Bundesarbeitsgericht
BB	Der Betriebsberater, Zeitschrift
BBiG	Berufsbildungsgesetz
BERZG	Bundeserziehungsgeldgesetz
BeschFG	Beschäftigungsförderungsgesetz
BetrVG	Betriebsverfassungsgesetz
BGB	Bürgerliches Gesetzbuch
BGBl.	Bundesgesetzblatt
BGH	Bundesgerichtshof
BJM	Bundesjustizministerium
BSG	Bundessozialgericht
BurlG	Bundesurlaubsgesetz

BVerfG	Bundesverfassungsgericht
CvD	Chef vom Dienst
DA	Dienstanweisung
DB	Der Betrieb, Zeitschrift
DJV	Deutscher Journalistenverband
DOV	Deutsche Orchestervereinigung
eMTV	einheitlicher Manteltarifvertrag
EU	Europäische Union
FG	Festgabe
FS	Festschrift
FuR	Film und Recht, Zeitschrift
GG	Grundgesetz
ggf.	gegebenenfalls
GRUR	Gewerblicher Rechtsschutz und Urheberrecht, Zeitschrift
GRUR Int.	Gewerblicher Rechtsschutz und Urheberrecht International, Zeitschrift
h.M.	herrschende Meinung
HB	Honorarbedingungen
Hg.	Herausgeber
HGB	Handelsgesetzbuch
i.d.F.	in der Fassung
i.S.	im Sinne
i.V.m.	in Verbindung mit
KG	Kammergericht
KR	Gemeinschaftskommentar zum Kündigungsschutzgesetz
KSchG	Kündigungsschutzgesetz
KSVG	Künstlersozialversicherungsgesetz
KUG	Kunsturhebergesetz
LAG	Landesarbeitsgericht
LG	Landgericht
m.Nachw.	mit Nachweisen
m.w.N.	mit weiteren Nachweisen
MMR	Multimediarecht, Zeitschrift
MP	Media Perspektiven, Zeitschrift

MTV	Manteltarifvertrag
MR	Medien und Recht, Zeitschrift
MR-Int.	Medien und Recht International, Zeitschrift
n.F.	neue Fassung
NachweisG	Nachweisgesetz
NJW	Neue Juristische Wochenschrift, Zeitschrift
NJW-RR	Neue Juristische Wochenschrift-Rechtsprechungsreport, Zeitschrift
NV	Normalvertrag
NZA	Neue Zeitschrift für Arbeitsrecht, Zeitschrift
NZA-RR	Neue Zeitschrift für Arbeitsrecht-Rechtsprechungsreport, Zeitschrift
OLG	Oberlandesgericht
OR	Obligationenrecht der Schweiz
RG	Reichsgericht
PR	Der Personalrat
Rz	Randziffer
S.	Seite(n)
s.o.	siehe oben
SGB	Sozialgesetzbuch
sh.	siehe
StGB	Strafgesetzbuch
str.	streitig
TV	Tarifvertrag
TVFF	Tarifvertrag für Film- und Fernsehschaffende
TVG	Tarifvertragsgesetz
TVM	Tarifvertrag über die Mitteilungspflicht
TzBfG	Teilzeit- und Befristungsgesetz
u. a.	unter anderem oder unter anderen
UFITA	Archiv für Urheber-, Film-, Funk- und Theater-recht, Zeitschrift
URG	Schweizerisches Urheberrechtsgesetz
UrhG	Urheberrechtsgesetz
UWG	Gesetz gegen den unlauteren Wettbewerb
ver.di	Vereinigte Dienstleistungsgewerkschaft
VerlG	Verlagsgesetz

VG	Verwertungsgesellschaft
vgl.	vergleiche
VersorgO	Versorgungsordnung
VTV	Versorgungstarifvertrag
WahrnG	Wahrnehmungsgesetz
z.T.	zum Teil
Ziff.	Ziffer
ZPO	Zivilprozessordnung
ZRP	Zeitschrift für Rechtspolitik, Zeitschrift
ZUM	Zeitschrift für Urheber- und Medienrecht, Zeitschrift
ZUM-RD	Zeitschrift für Urheber- und Medienrecht Rechtsprechungsdienst, Zeitschrift

Anhang

1.
Pressekodex

PRÄAMBEL

Die im Grundgesetz der Bundesrepublik verbürgte Pressefreiheit schließt die Unabhängigkeit und Freiheit der Information, der Meinungsäußerung und der Kritik ein. Verleger, Herausgeber und Journalisten müssen sich bei ihrer Arbeit der Verantwortung gegenüber der Öffentlichkeit und ihrer Verpflichtung für das Ansehen der Presse bewusst sein. Sie nehmen ihre publizistische Aufgabe fair, nach bestem Wissen und Gewissen, unbeeinflusst von persönlichen Interessen und sachfremden Beweggründen wahr.

Die publizistischen Grundsätze konkretisieren die Berufsethik der Presse. Sie umfasst die Pflicht, im Rahmen der Verfassung und der verfassungskonformen Gesetze das Ansehen der Presse zu wahren und für die Freiheit der Presse einzustehen.

Die Regelungen zum Redaktionsdatenschutz gelten für die Presse, soweit sie personenbezogene Daten zu journalistisch-redaktionellen Zwecken erhebt, verarbeitet oder nutzt. Von der Recherche über Redaktion, Veröffentlichung, Dokumentation bis hin zur Archivierung dieser Daten achtet die Presse das Privatleben, die Intimsphäre und das Recht auf informationelle Selbstbestimmung des Menschen.

Die Berufsethik räumt jedem das Recht ein, sich über die Presse zu beschweren. Beschwerden sind begründet, wenn die Berufsethik verletzt wird.

Diese Präambel ist Bestandteil der ethischen Normen.

Ziffer 1 – WAHRHAFTIGKEIT UND ACHTUNG DER MENSCHENWÜRDE

Die Achtung vor der Wahrheit, die Wahrung der Menschenwürde und die wahrhaftige Unterrichtung der Öffentlichkeit sind oberste Gebote der Presse.

Jede in der Presse tätige Person wahrt auf dieser Grundlage das Ansehen und die Glaubwürdigkeit der Medien.

1.1 – Exlusivverträge

Die Unterrichtung der Öffentlichkeit über Vorgänge oder Ereignisse, die für die Meinungs- und Willensbildung wesentlich sind, darf nicht durch Exklusivverträge mit den Informanten oder durch deren Abschirmung eingeschränkt oder verhindert werden. Wer ein Informationsmonopol anstrebt, schließt die übrige Presse von der Beschaffung von Nachrichten dieser Bedeutung aus und behindert damit die Informationsfreiheit.

1.2 – Wahlkampfberichterstattung

Zur wahrhaftigen Unterrichtung der Öffentlichkeit gehört, dass die Presse in der Wahlkampfberichterstattung auch über Auffassungen berichtet, die sie selbst nicht teilt.

1.3 – Pressemitteilungen

Pressemitteilungen müssen als solche gekennzeichnet werden, wenn sie ohne Bearbeitung durch die Redaktion veröffentlicht werden.

Ziffer 2 – SORGFALT

Recherche ist unverzichtbares Instrument journalistischer Sorgfalt. Zur Veröffentlichung bestimmte Informationen in Wort, Bild und Grafik sind mit der nach den Umständen gebotenen Sorgfalt auf ihren Wahrheitsgehalt zu prüfen und wahrheitsgetreu wiederzugeben. Ihr Sinn darf durch Bearbeitung, Überschrift oder Bildbeschriftung weder entstellt noch verfälscht werden. Unbestätigte Meldungen, Gerüchte und Vermutungen sind als solche erkennbar zu machen.

Symbolfotos müssen als solche kenntlich sein oder erkennbar gemacht werden.

2.1 – Umfrageergebnisse

Bei der Veröffentlichung von Umfrageergebnissen teilt die Presse die Zahl der Befragten, den Zeitpunkt der Befragung, den Auftraggeber sowie die Fragestellung mit. Zugleich muss mitgeteilt werden, ob die Ergebnisse repräsentativ sind.

Sofern es keinen Auftraggeber gibt, soll vermerkt werden, dass die Umfragedaten auf die eigene Initiative des Meinungsbefragungsinstituts zurückgehen.

2.2 – Symbolfoto

Kann eine Illustration, insbesondere eine Fotografie, beim flüchtigen Lesen als dokumentarische Abbildung aufgefasst werden, obwohl es sich um ein Symbolfoto handelt, so ist eine entsprechende Klarstellung geboten. So sind

- Ersatz- oder Behelfsillustrationen (gleiches Motiv bei anderer Gelegenheit, anderes Motiv bei gleicher Gelegenheit etc.)
- symbolische Illustrationen (nachgestellte Szene, künstlich visualisierter Vorgang zum Text etc.)
- Fotomontagen oder sonstige Veränderungen

deutlich wahrnehmbar in Bildlegende bzw. Bezugstext als solche erkennbar zu machen.

2.3 – Vorausberichte

Die Presse trägt für von ihr herausgegebene Vorausberichte, die in gedrängter Fassung den Inhalt einer angekündigten Veröffentlichung wiedergeben, die publizistische Verantwortung. Wer Vorausberichte von Presseorganen unter Angabe der Quelle weiterverbreitet, darf sich grundsätzlich auf ihren Wahrheitsgehalt verlassen. Kürzungen oder Zusätze dürfen nicht dazu führen, dass wesentliche Teile der Veröffentlichung eine andere Tendenz erhalten oder unrichtige Rückschlüsse zulassen, durch die berechtigte Interessen Dritter verletzt werden.

2.4 – Interview

Ein Wortlautinterview ist auf jeden Fall journalistisch korrekt, wenn es das Gesagte richtig wiedergibt.

Wird ein Interview ganz oder in wesentlichen Teilen im Wortlaut zitiert, so muss die Quelle angegeben werden. Wird der wesentliche Inhalt der geäußerten Gedanken mit eigenen Worten wiedergegeben, entspricht eine Quellenangabe journalistischem Anstand.

2.5 – Grafische Darstellungen

Die Sorgfaltspflicht verlangt, bei grafischen Darstellungen irreführende Verzerrungen auszuschließen.

2.6 – Leserbriefe

(1) Bei der Veröffentlichung von Leserbriefen sind die Publizistischen Grundsätze zu beachten. Es dient der wahrhaftigen Unterrichtung der Öffentlichkeit, im Leserbriefteil auch Meinungen zu Wort kommen zu lassen, die die Redaktion nicht teilt.

(2) Zuschriften an Verlage oder Redaktionen können als Leserbriefe veröffentlicht werden, wenn aus Form und Inhalt erkennbar auf einen solchen Willen des Einsenders geschlossen werden kann. Eine Einwilligung kann unterstellt werden, wenn sich die Zuschrift zu Veröffentlichungen des Blattes oder zu allgemein interessierenden Themen äußert. Der Verfasser hat keinen Rechtsanspruch auf Abdruck seiner Zuschrift.

(3) Es entspricht einer allgemeinen Übung, dass der Abdruck mit dem Namen des Verfassers erfolgt. Nur in Ausnahmefällen kann auf Wunsch des Verfassers eine andere Zeichnung erfolgen. Die Presse verzichtet beim Abdruck auf die Veröffentlichung von Adressangaben, es sei denn, die Veröffentlichung der Adresse dient der Wahrung berechtigter Interessen. Bestehen Zweifel an der Identität des Absenders, soll auf den Abdruck verzichtet werden. Die Veröffentlichung fingierter Leserbriefe ist mit der Aufgabe der Presse unvereinbar.

(4) Änderungen oder Kürzungen von Zuschriften ohne Einverständnis des Verfassers sind grundsätzlich unzulässig. Kürzungen sind jedoch möglich, wenn die Rubrik Leserzuschriften einen regelmäßigen Hinweis enthält, dass sich die Redaktion bei Zuschriften, die für diese Rubrik bestimmt sind, das Recht der sinnwahrenden Kürzung vorbehält. Verbietet der Einsender ausdrücklich Änderungen oder Kürzungen, so hat sich die Redaktion, auch wenn sie sich

das Recht der Kürzung vorbehalten hat, daran zu halten oder auf den Abdruck zu verzichten.

(5) Alle einer Redaktion zugehenden Leserbriefe unterliegen dem Redaktionsgeheimnis. Sie dürfen in keinem Fall an Dritte weitergegeben werden.

Ziffer 3 – RICHTIGSTELLUNG

Veröffentlichte Nachrichten oder Behauptungen, insbesondere personenbezogener Art, die sich nachträglich als falsch erweisen, hat das Publikationsorgan, das sie gebracht hat, unverzüglich von sich aus in angemessener Weise richtig zu stellen.

3.1 – Anforderungen

Für den Leser muss erkennbar sein, dass die vorangegangene Meldung ganz oder zum Teil unrichtig war. Deshalb nimmt eine Richtigstellung bei der Wiedergabe des korrekten Sachverhalts auf die vorangegangene Falschmeldung Bezug. Der wahre Sachverhalt wird geschildert, auch dann, wenn der Irrtum bereits in anderer Weise in der Öffentlichkeit eingestanden worden ist.

3.2 – Dokumentierung

Führt die journalistisch-redaktionelle Erhebung, Verarbeitung oder Nutzung personenbezogener Daten durch die Presse zur Veröffentlichung von Richtigstellungen, Widerrufen, Gegendarstellungen oder zu Rügen des Deutschen Presserats, so sind diese Veröffentlichungen von dem betreffenden Publikationsorgan zu den gespeicherten Daten zu nehmen und für dieselbe Zeitdauer zu dokumentieren wie die Daten selbst.

Ziffer 4 – GRENZEN DER RECHERCHE

Bei der Beschaffung von personenbezogenen Daten, Nachrichten, Informationsmaterial und Bildern dürfen keine unlauteren Methoden angewandt werden.

4.1 – Grundsätze der Recherchen

Journalisten geben sich grundsätzlich zu erkennen. Unwahre Angaben des recherchierenden Journalisten über seine Identität und darüber, welches Organ er vertritt, sind grundsätzlich mit dem Ansehen und der Funktion der Presse nicht vereinbar.

Verdeckte Recherche ist im Einzelfall gerechtfertigt, wenn damit Informationen von besonderem öffentlichen Interesse beschafft werden, die auf andere Weise nicht zugänglich sind.

Bei Unglücksfällen und Katastrophen beachtet die Presse, dass Rettungsmaßnahmen für Opfer und Gefährdete Vorrang vor dem Informationsanspruch der Öffentlichkeit haben.

4.2 – Recherche bei schutzbedürftigen Personen

Bei der Recherche gegenüber schutzbedürftigen Personen ist besondere Zurückhaltung geboten. Dies betrifft vor allem Menschen, die sich nicht im Vollbesitz ihrer geistigen oder körperlichen Kräfte befinden oder einer seelischen Extremsituation ausgesetzt sind, aber auch Kinder und Jugendliche. Die eingeschränkte Willenskraft oder die besondere Lage solcher Personen darf nicht gezielt zur Informationsbeschaffung ausgenutzt werden.

4.3 – Sperrung oder Löschung personenbezogener Daten

Personenbezogene Daten, die unter Verstoß gegen den Pressekodex erhoben wurden, sind von dem betreffenden Publikationsorgan zu sperren oder zu löschen.

Ziffer 5 – BERUFSGEHEIMNIS

Die Presse wahrt das Berufsgeheimnis, macht vom Zeugnisverweigerungsrecht Gebrauch und gibt Informanten ohne deren ausdrückliche Zustimmung nicht preis.

Die vereinbarte Vertraulichkeit ist grundsätzlich zu wahren.

5.1 – Vertraulichkeit

Hat der Informant die Verwertung seiner Mitteilung davon abhängig gemacht, dass er als Quelle unerkennbar oder ungefährdet bleibt, so ist diese Bedingung zu respektieren. Vertraulichkeit kann nur dann nicht bindend sein, wenn die Information ein Verbrechen betrifft und die Pflicht zur Anzeige besteht. Vertraulichkeit muss nicht gewahrt werden, wenn bei sorgfältiger Güter- und Interessenabwägung gewichtige staatspolitische Gründe überwiegen, insbesondere wenn die verfassungsmäßige Ordnung berührt oder gefährdet ist.

Über als geheim bezeichnete Vorgänge und Vorhaben darf berichtet werden, wenn nach sorgfältiger Abwägung festgestellt wird, dass das Informationsbedürfnis der Öffentlichkeit höher rangiert als die für die Geheimhaltung angeführten Gründe.

5.2 – Nachrichtendienstliche Tätigkeiten

Nachrichtendienstliche Tätigkeiten von Journalisten und Verlegern sind mit den Pflichten aus dem Berufsgeheimnis und dem Ansehen der Presse nicht vereinbar.

5.3 – Datenübermittlung

Alle von Redaktionen zu journalistisch-redaktionellen Zwecken erhobenen, verarbeiteten oder genutzten personenbezogenen Daten unterliegen dem Redaktionsgeheimnis. Die Übermittlung von Daten zu journalistisch-redaktionellen Zwecken zwischen den Redaktionen ist zulässig. Sie soll bis zum Abschluss eines formellen datenschutzrechtlichen Beschwerdeverfahrens unterbleiben. Eine Datenübermittlung ist mit dem Hinweis zu versehen, dass die übermittelten Daten nur zu journalistisch-redaktionellen Zwecken verarbeitet oder genutzt werden dürfen.

Ziffer 6 – TRENNUNG VON TÄTIGKEITEN

Journalisten und Verleger üben keine Tätigkeiten aus, die die Glaubwürdigkeit der Presse in Frage stellen könnten.

6.1 – Doppelfunktionen

Übt ein Journalist oder Verleger neben seiner publizistischen Tätigkeit eine Funktion, beispielsweise in einer Regierung, einer Behörde oder in einem Wirtschaftsunternehmen aus, müssen alle Beteiligten auf strikte Trennung dieser Funktionen achten. Gleiches gilt im umgekehrten Fall.

Ziffer 7 – TRENNUNG VON WERBUNG UND REDAKTION

Die Verantwortung der Presse gegenüber der Öffentlichkeit gebietet, dass redaktionelle Veröffentlichungen nicht durch private oder geschäftliche Interessen Dritter oder durch persönliche wirtschaftliche Interessen der Journalistinnen und Journalisten beeinflusst werden. Verleger und Redakteure wehren derartige Versuche ab und achten auf eine klare Trennung zwischen redaktionellem Text und Veröffentlichungen zu werblichen Zwecken. Bei Veröffentlichungen, die ein Eigeninteresse des Verlages betreffen, muss dieses erkennbar sein.

7.1 – Trennung von redaktionellem Text und Anzeigen

Bezahlte Veröffentlichungen müssen so gestaltet sein, dass sie als Werbung für den Leser erkennbar sind. Die Abgrenzung vom redaktionellen Teil kann durch Kennzeichnung und/oder Gestaltung erfolgen. Im Übrigen gelten die werberechtlichen Regelungen.

7.2 – Schleichwerbung

Redaktionelle Veröffentlichungen, die auf Unternehmen, ihre Erzeug-nisse, Leistungen oder Veranstaltungen hinweisen, dürfen nicht die Grenze zur Schleichwerbung überschreiten. Eine Überschreitung liegt insbesondere nahe, wenn die Veröffentlichung über ein begründetes öffentliches Interesse oder das Informationsinteresse der Leser hinausgeht oder von dritter Seite bezahlt bzw. durch geldwerte Vorteile belohnt wird.

Die Glaubwürdigkeit der Presse als Informationsquelle gebietet besondere Sorgfalt beim Umgang mit PR-Material.

7.3 – Sonderveröffentlichungen

Redaktionelle Sonderveröffentlichungen unterliegen der gleichen redaktionellen Verantwortung wie alle redaktionellen Veröffentlichungen.

Werbliche Sonderveröffentlichungen müssen die Anforderungen der Richtlinie 7.1 beachten.

7.4 – Wirtschafts- und Finanzmarktberichterstattung

Journalisten und Verleger, die Informationen im Rahmen ihrer Berufsausübung recherchieren oder erhalten, nutzen diese Informationen vor ihrer Veröffentlichung ausschließlich für publizistische Zwecke und nicht zum eigenen persönlichen Vorteil oder zum persönlichen Vorteil anderer.

Journalisten und Verleger dürfen keine Berichte über Wertpapiere und/oder deren Emittenten in der Absicht veröffentlichen, durch die Kursentwicklung des entsprechenden Wertpapieres sich, ihre Familienmitglieder oder andere nahestehende Personen zu bereichern. Sie sollen weder direkt noch durch Bevollmächtigte Wertpapiere kaufen bzw. verkaufen, über die sie zumindest in den vorigen zwei Wochen etwas veröffentlicht haben oder in den nächsten zwei Wochen eine Veröffentlichung planen.

Um die Einhaltung dieser Regelungen sicherzustellen, treffen Journalisten und Verleger die erforderlichen Maßnahmen. Interessenkonflikte bei der Erstellung oder Weitergabe von Finanzanalysen sind in geeigneter Weise offenzulegen.

Ziffer 8 – SCHUTZ DER PERSÖNLICHKEIT

Die Presse achtet das Privatleben des Menschen und seine informati-onelle Selbstbestimmung. Ist aber sein Verhalten von öffentlichem Interesse, so kann es in der Presse erörtert werden. Bei einer identifizierenden Berichterstattung muss das Informationsinteresse der Öffentlichkeit die schutzwürdigen Interessen von Betroffenen überwiegen; bloße Sensationsinteressen rechtfertigen keine identifizierende Berichterstattung. Soweit eine Anonymisierung geboten ist, muss sie wirksam sein.

Die Presse gewährleistet den redaktionellen Datenschutz.

8.1 – Kriminalberichterstattung

(1) An der Information über Straftaten, Ermittlungs- und Gerichtsverfahren besteht ein berechtigtes Interesse der Öffentlichkeit. Es ist Aufgabe der Presse, darüber zu berichten.

(2) Die Presse veröffentlicht dabei Namen, Fotos und andere Angaben, durch die Verdächtige oder Täter identifizierbar werden könnten, nur dann, wenn das berechtigte Interesse der Öffentlichkeit im Einzelfall die schutzwürdigen Interessen von Betroffenen überwiegt. Bei der Abwägung sind insbesondere zu berücksichtigen: die Intensität des Tatverdachts, die Schwere des Vorwurfs, der Verfahrensstand, der Bekanntheitsgrad des Verdächtigen oder Täters, das frühere Verhalten des Verdächtigen oder Täters und die Intensität, mit der er die Öffentlichkeit sucht.

Für ein überwiegendes öffentliches Interesse spricht in der Regel, wenn

– eine außergewöhnlich schwere oder in ihrer Art und Dimension besondere Straftat vorliegt,

- ein Zusammenhang bzw. Widerspruch besteht zwischen Amt, Mandat, gesellschaftlicher Rolle oder Funktion einer Person und der ihr zur Last gelegten Tat,
- bei einer prominenten Person ein Zusammenhang besteht zwischen ihrer Stellung und der ihr zur Last gelegten Tat bzw. die ihr zur Last gelegte Tat im Widerspruch steht zu dem Bild, das die Öffentlichkeit von ihr hat,
- eine schwere Tat in aller Öffentlichkeit geschehen ist,
- ein Fahndungsersuchen der Ermittlungsbehörden vorliegt.

Liegen konkrete Anhaltspunkte für eine Schuldunfähigkeit des Verdächtigen oder Täters vor, soll auf eine identifizierende Berichterstattung verzichtet werden.

(3) Wenn erneut über ein zurückliegendes Strafverfahren berichtet wird, sollen im Interesse der Resozialisierung in der Regel Namensnennung und Fotoveröffentlichung des Täters unterbleiben. Das Resozialisierungsinteresse wiegt umso schwerer, je länger eine Verurteilung zurückliegt.

(4) Über Personen, die an der Rechtspflege beteiligt sind, wie z. B. Richter, Staatsanwälte, Rechtsanwälte, Sachverständige, darf in der Regel identifizierend berichtet werden, wenn sie ihre Funktion ausüben.

Bei Zeugen sind Namensnennung und Fotoveröffentlichung in der Regel unzulässig.

8.2 – Opferschutz

Die Identität von Opfern ist besonders zu schützen. Für das Verständnis eines Unfallgeschehens, Unglücks- bzw. Tathergangs ist das Wissen um die Identität des Opfers in der Regel unerheblich. Name und Foto eines Opfers können veröffentlicht werden, wenn das Opfer bzw. Angehörige oder sonstige befugte Personen zugestimmt haben, oder wenn es sich bei dem Opfer um eine Person des öffentlichen Lebens handelt.

8.3 – Kinder und Jugendliche

Insbesondere in der Berichterstattung über Straftaten und Unglücksfälle dürfen Kinder und Jugendliche bis zur Vollendung des 18. Lebensjahres in der Regel nicht identifizierbar sein.

8.4 – Familienangehörige und Dritte

Bei Familienangehörigen und sonstigen durch die Veröffentlichung mittelbar Betroffenen, die mit dem eigentlichen Gegenstand der Berichterstattung nichts zu tun haben, sind Namensnennung und Fotoveröffentlichung in der Regel unzulässig.

8.5 – Vermisste

Namen und Fotos Vermisster dürfen veröffentlicht werden, jedoch nur in Absprache mit den zuständigen Behörden.

8.6 – Erkrankungen

Körperliche und psychische Erkrankungen oder Schäden gehören zur Privatsphäre. In der Regel soll über sie nicht ohne Zustimmung des Betroffenen berichtet werden.

8.7 – Selbsttötung

Die Berichterstattung über Selbsttötung gebietet Zurückhaltung. Dies gilt insbesondere für die Nennung von Namen, die Veröffentlichung von Fotos und die Schilderung näherer Begleitumstände.

8.8 – Aufenthaltsort

Der private Wohnsitz sowie andere private Aufenthaltsorte, wie z. B. Krankenhäuser, Pflege- oder Rehabilitationseinrichtungen, genießen besonderen Schutz.

8.9 – Jubiläumsdaten

Vor der Veröffentlichung von Jubiläumsdaten von Personen, die nicht im Licht der Öffentlichkeit stehen, vergewissert sich die Redaktion, dass die Betroffenen damit einverstanden sind.

8.10 – Auskunft

Wird jemand durch eine Berichterstattung in seinem Persönlichkeitsrecht beeinträchtigt, so hat das verantwortliche Publikationsorgan dem Betroffenen auf Antrag Auskunft über die zugrunde liegenden, zu seiner Person gespeicherten Daten zu erstatten. Die Auskunft darf verweigert werden, soweit

- aus den Daten auf Personen, die bei der Recherche, Bearbeitung oder Veröffentlichung von Beiträgen berufsmäßig journalistisch mitwirken oder mitgewirkt haben, geschlossen werden kann,
- aus den Daten auf die Person des Einsenders, Gewährsträgers oder Informanten von Beiträgen, Unterlagen und Mitteilungen für den redaktionellen Teil geschlossen werden kann,
- durch die Mitteilung der recherchierten oder sonst erlangten Daten die journalistische Aufgabe des Publikationsorgans durch Ausforschung des Informationsbestandes beeinträchtigt würde oder
- es sich sonst als notwendig erweist, um den Anspruch auf Privatsphäre mit den für die Freiheit der Meinungsäußerung geltenden Vorschriften in Einklang zu bringen.

8.11 – Opposition und Flucht

Bei der Berichterstattung über Länder, in denen Opposition gegen die Regierung Gefahren für Leib und Leben bedeuten kann, ist zu bedenken: Durch die Nennung von Namen oder Fotoveröffentlichungen können Betroffene identifiziert und verfolgt werden. Auch kann die Veröffentlichung von Einzelheiten über Geflüchtete und ihre Flucht dazu führen, dass zurückgebliebene

Verwandte und Freunde gefährdet oder noch bestehende Fluchtmöglichkeiten verbaut werden.

Ziffer 9 – SCHUTZ DER EHRE

Es widerspricht journalistischer Ethik, mit unangemessenen Darstellungen in Wort und Bild Menschen in ihrer Ehre zu verletzen.

Ziffer 10 – RELIGION, WELTANSCHAUUNG, SITTE

Die Presse verzichtet darauf, religiöse, weltanschauliche oder sittliche Überzeugungen zu schmähen.

Ziffer 11 – SENSATIONSBERICHTERSTATTUNG, JUGENDSCHUTZ

Die Presse verzichtet auf eine unangemessen sensationelle Darstellung von Gewalt, Brutalität und Leid. Die Presse beachtet den Jugendschutz.

11.1 – Unangemessene Darstellung

Unangemessen sensationell ist eine Darstellung, wenn in der Berichterstattung der Mensch zum Objekt, zu einem bloßen Mittel, herabgewürdigt wird. Dies ist insbesondere dann der Fall, wenn über einen sterbenden oder körperlich oder seelisch leidenden Menschen in einer über das öffentliche Interesse und das Informationsinteresse der Leser hinausgehenden Art und Weise berichtet wird.

Bei der Platzierung bildlicher Darstellungen von Gewalttaten und Unglücksfällen auf Titelseiten beachtet die Presse die möglichen Wirkungen auf Kinder und Jugendliche.

11.2 – Berichterstattung über Gewalttaten

Bei der Berichterstattung über Gewalttaten, auch angedrohte, wägt die Presse das Informationsinteresse der Öffentlichkeit gegen die Interessen der Opfer und Betroffenen sorgsam ab. Sie berichtet über diese Vorgänge unabhängig und authentisch, lässt sich aber dabei nicht zum Werkzeug von Verbrechern machen. Sie unternimmt keine eigenmächtigen Vermittlungsversuche zwischen Verbrechern und Polizei.

Interviews mit Tätern während des Tatgeschehens darf es nicht geben.

11.3 – Unglücksfälle und Katastrophen

Die Berichterstattung über Unglücksfälle und Katastrophen findet ihre Grenze im Respekt vor dem Leid von Opfern und den Gefühlen von Angehörigen. Die vom Unglück Betroffenen dürfen grundsätzlich durch die Darstellung nicht ein zweites Mal zu Opfern werden.

11.4 – Abgestimmtes Verhalten mit Behörden/Nachrichtensperre

Nachrichtensperren akzeptiert die Presse grundsätzlich nicht.

Ein abgestimmtes Verhalten zwischen Medien und Polizei gibt es nur dann, wenn Leben und Gesundheit von Opfern und anderen Beteiligten durch das Handeln von Journalisten geschützt oder gerettet werden können. Dem Ersuchen von Strafverfolgungsbehörden, die Berichterstattung im Interesse der Aufklärung von Verbrechen in einem bestimmten Zeitraum, ganz oder teilweise zu unterlassen, folgt die Presse, wenn das jeweilige Ersuchen überzeugend begründet ist.

11.5 – Verbrecher-Memoiren

Die Veröffentlichung so genannter Verbrecher-Memoiren verstößt gegen die Publizistischen Grundsätze, wenn Straftaten nachträglich gerechtfertigt oder relativiert werden, die Opfer unangemessen belastet und durch eine detaillierte Schilderung eines Verbrechens lediglich Sensationsbedürfnisse befriedigt werden.

11.6 – Drogen

Veröffentlichungen in der Presse dürfen den Gebrauch von Drogen nicht verharmlosen.

Ziffer 12 – DISKRIMINIERUNGEN

Niemand darf wegen seines Geschlechts, einer Behinderung oder seiner Zugehörigkeit zu einer ethnischen, religiösen, sozialen oder nationalen Gruppe diskriminiert werden.

12.1 – Berichterstattung über Straftaten

In der Berichterstattung über Straftaten wird die Zugehörigkeit der Verdächtigen oder Täter zu religiösen, ethnischen oder anderen Minderheiten nur dann erwähnt, wenn für das Verständnis des berichteten Vorgangs ein begründbarer Sachbezug besteht.

Besonders ist zu beachten, dass die Erwähnung Vorurteile gegenüber Minderheiten schüren könnte.

Ziffer 13 – UNSCHULDSVERMUTUNG

Die Berichterstattung über Ermittlungsverfahren, Strafverfahren und sonstige förmliche Verfahren muss frei von Vorurteilen erfolgen. Der Grundsatz der Unschuldsvermutung gilt auch für die Presse.

13.1 – Vorverurteilung

Die Berichterstattung über Ermittlungs- und Gerichtsverfahren dient der sorgfältigen Unterrichtung der Öffentlichkeit über Straftaten und andere Rechtsverletzungen, deren Verfolgung und richterliche Bewertung. Sie darf dabei nicht vorverurteilen. Die Presse darf eine Person als Täter bezeichnen, wenn sie ein Geständnis abgelegt hat und zudem Beweise gegen sie vorliegen oder wenn sie die Tat unter den Augen der Öffentlichkeit begangen hat. In der Sprache der Berichterstattung ist die Presse nicht an juristische Begrifflichkeiten gebunden, die für den Leser unerheblich sind.

Ziel der Berichterstattung darf in einem Rechtsstaat nicht eine soziale Zusatzbestrafung Verurteilter mit Hilfe eines „Medien-Prangers“ sein. Zwischen

Verdacht und erwiesener Schuld ist in der Sprache der Berichterstattung deutlich zu unterscheiden.

13.2 – Folgeberichterstattung

Hat die Presse über eine noch nicht rechtskräftige Verurteilung eines Betroffenen berichtet, soll sie auch über einen rechtskräftig abschließenden Freispruch bzw. über eine deutliche Minderung des Strafvorwurfs berichten, sofern berechtigte Interessen des Betroffenen dem nicht entgegenstehen. Diese Empfehlung gilt sinngemäß auch für die Einstellung eines Ermittlungsverfahrens.

13.3 – Straftaten Jugendlicher

Bei der Berichterstattung über Ermittlungs- und Strafverfahren gegen Jugendliche sowie über ihr Auftreten vor Gericht soll die Presse mit Rücksicht auf die Zukunft der Betroffenen besondere Zurückhaltung üben.

Ziffer 14 – MEDIZIN-BERICHTERSTATTUNG

Bei Berichten über medizinische Themen ist eine unangemessen sensationelle Darstellung zu vermeiden, die unbegründete Befürchtungen oder Hoffnungen beim Leser erwecken könnte. Forschungsergebnisse, die sich in einem frühen Stadium befinden, sollten nicht als abgeschlossen oder nahezu abgeschlossen dargestellt werden.

Ziffer 15 – VERGÜNSTIGUNGEN

Die Annahme von Vorteilen jeder Art, die geeignet sein könnten, die Entscheidungsfreiheit von Verlag und Redaktion zu beeinträchtigen, sind mit dem Ansehen, der Unabhängigkeit und der Aufgabe der Presse unvereinbar. Wer sich für die Verbreitung oder Unterdrückung von Nachrichten bestechen lässt, handelt unehrenhaft und berufswidrig.

15.1 – Einladungen und Geschenke

Schon der Anschein, die Entscheidungsfreiheit von Verlag und Redaktion könne beeinträchtigt werden, ist zu vermeiden. Journalisten nehmen daher keine Einladungen oder Geschenke an, deren Wert das im gesellschaftlichen Verkehr übliche und im Rahmen der beruflichen Tätigkeit notwendige Maß übersteigt. Die Annahme von Werbeartikeln oder sonstiger geringwertiger Gegenstände ist unbedenklich.

Recherche und Berichterstattung dürfen durch die Annahme von Geschenken, Einladungen oder Rabatten nicht beeinflusst, behindert oder gar verhindert werden. Verlage und Journalisten bestehen darauf, dass Informationen unabhängig von der Annahme eines Geschenks oder einer Einladung gegeben werden. Wenn Journalisten über Pressereisen berichten, zu denen sie eingeladen wurden, machen sie diese Finanzierung kenntlich.

Ziffer 16 – RÜGENVERÖFFENTLICHUNG

Es entspricht fairer Berichterstattung, vom Deutschen Presserat öffentlich ausgesprochene Rügen zu veröffentlichen, insbesondere in den betroffenen Publikationsorganen bzw. Telemedien.

16.1 – Inhalt der Rügenveröffentlichung

Der Leser muss den Sachverhalt der gerügten Veröffentlichung erfahren und informiert werden, welcher publizistische Grundsatz durch die Veröffentlichung verletzt wurde.

16.2 – Art und Weise der Rügenveröffentlichung

Rügen sind in den betroffenen Publikationsorganen bzw. Telemedien in angemessener Form zu veröffentlichen. Die Rügen müssen in Telemedien mit dem gerügten Beitrag verknüpft werden.

2.
Gesetz über Teilzeitarbeit und befristete Arbeitsverträge (Teilzeit- und Befristungsgesetz – TzBfG)

vom 21. Dezember 2000 (BGBl. I S. 1966),
zuletzt geändert durch Artikel 23 des Gesetzes vom 20. Dezember 2011 (BGBl. I S. 2854)
– Auszug –

§ 3 Begriff des befristet beschäftigten Arbeitnehmers

(1) Befristet beschäftigt ist ein Arbeitnehmer mit einem auf bestimmte Zeit geschlossenen Arbeitsvertrag. Ein auf bestimmte Zeit geschlossener Arbeitsvertrag (befristeter Arbeitsvertrag) liegt vor, wenn seine Dauer kalendermäßig bestimmt ist (kalendermäßig befristeter Arbeitsvertrag) oder sich aus Art, Zweck oder Beschaffenheit der Arbeitsleistung ergibt (zweckbefristeter Arbeitsvertrag).

(2) Vergleichbar ist ein unbefristet beschäftigter Arbeitnehmer des Betriebes mit der gleichen oder einer ähnlichen Tätigkeit. Gibt es im Betrieb keinen vergleichbaren unbefristet beschäftigten Arbeitnehmer, so ist der vergleichbare unbefristet beschäftigte Arbeitnehmer auf Grund des anwendbaren Tarifvertrages zu bestimmen; in allen anderen Fällen ist darauf abzustellen, wer im jeweiligen Wirtschaftszweig üblicherweise als vergleichbarer unbefristet beschäftigter Arbeitnehmer anzusehen ist.

Dritter Abschnitt – Befristete Arbeitsverträge
§ 14 Zulässigkeit der Befristung

(1) Die Befristung eines Arbeitsvertrages ist zulässig, wenn sie durch einen sachlichen Grund gerechtfertigt ist. Ein sachlicher Grund liegt insbesondere vor, wenn

1. der betriebliche Bedarf an der Arbeitsleistung nur vorübergehend besteht,
2. die Befristung im Anschluss an eine Ausbildung oder ein Studium erfolgt, um den Übergang des Arbeitnehmers in eine Anschlussbeschäftigung zu erleichtern,
3. der Arbeitnehmer zur Vertretung eines anderen Arbeitnehmers beschäftigt wird,
4. die Eigenart der Arbeitsleistung die Befristung rechtfertigt,
5. die Befristung zur Erprobung erfolgt,
6. in der Person des Arbeitnehmers liegende Gründe die Befristung rechtfertigen,
7. der Arbeitnehmer aus Haushaltsmitteln vergütet wird, die haushaltsrechtlich für eine befristete Beschäftigung bestimmt sind, und er entsprechend beschäftigt wird oder

8. die Befristung auf einem gerichtlichen Vergleich beruht.

(2) Die kalendermäßige Befristung eines Arbeitsvertrages ohne Vorliegen eines sachlichen Grundes ist bis zur Dauer von zwei Jahren zulässig; bis zu dieser Gesamtdauer von zwei Jahren ist auch die höchstens dreimalige Verlängerung eines kalendermäßig befristeten Arbeitsvertrages zulässig. Eine Befristung nach Satz 1 ist nicht zulässig, wenn mit demselben Arbeitgeber bereits zuvor ein befristetes oder unbefristetes Arbeitsverhältnis bestanden hat. Durch Tarifvertrag kann die Anzahl der Verlängerungen oder die Höchstdauer der Befristung abweichend von Satz 1 festgelegt werden. Im Geltungsbereich eines solchen Tarifvertrages können nicht tarifgebundene Arbeitgeber und Arbeitnehmer die Anwendung der tariflichen Regelungen vereinbaren.

(2a) In den ersten vier Jahren nach der Gründung eines Unternehmens ist die kalendermäßige Befristung eines Arbeitsvertrages ohne Vorliegen eines sachlichen Grundes bis zur Dauer von vier Jahren zulässig; bis zu dieser Gesamtdauer von vier Jahren ist auch die mehrfache Verlängerung eines kalendermäßig befristeten Arbeitsvertrages zulässig. Dies gilt nicht für Neugründungen im Zusammenhang mit der rechtlichen Umstrukturierung von Unternehmen und Konzernen. Maßgebend für den Zeitpunkt der Gründung des Unternehmens ist die Aufnahme einer Erwerbstätigkeit, die nach § 138 der Abgabenordnung der Gemeinde oder dem Finanzamt mitzuteilen ist. Auf die Befristung eines Arbeitsvertrages nach Satz 1 findet Absatz 2 Satz 2 bis 4 entsprechende Anwendung.

(3) Die kalendermäßige Befristung eines Arbeitsvertrages ohne Vorliegen eines sachlichen Grundes ist bis zu einer Dauer von fünf Jahren zulässig, wenn der Arbeitnehmer bei Beginn des befristeten Arbeitsverhältnisses das 52. Lebensjahr vollendet hat und unmittelbar vor Beginn des befristeten Arbeitsverhältnisses mindestens vier Monate beschäftigungslos im Sinne des § 138 Absatz 1 Nummer 1 des Dritten Buches Sozialgesetzbuch gewesen ist, Transferkurzarbeitergeld bezogen oder an einer öffentlich geförderten Beschäftigungsmaßnahme nach dem Zweiten oder Dritten Buch Sozialgesetzbuch teilgenommen hat. Bis zu der Gesamtdauer von fünf Jahren ist auch die mehrfache Verlängerung des Arbeitsvertrages zulässig.

(4) Die Befristung eines Arbeitsvertrages bedarf zu ihrer Wirksamkeit der Schriftform.

§ 15 Ende des befristeten Arbeitsvertrages

(1) Ein kalendermäßig befristeter Arbeitsvertrag endet mit Ablauf der vereinbarten Zeit.

(2) Ein zweckbefristeter Arbeitsvertrag endet mit Erreichen des Zwecks, frühestens jedoch zwei Wochen nach Zugang der schriftlichen Unterrichtung des Arbeitnehmers durch den Arbeitgeber über den Zeitpunkt der Zweckerreichung.

(3) Ein befristetes Arbeitsverhältnis unterliegt nur dann der ordentlichen Kündigung, wenn dies einzelvertraglich oder im anwendbaren Tarifvertrag vereinbart ist.

(4) Ist das Arbeitsverhältnis für die Lebenszeit einer Person oder für längere Zeit als fünf Jahre eingegangen, so kann es von dem Arbeitnehmer nach Ablauf von fünf Jahren gekündigt werden. Die Kündigungsfrist beträgt sechs Monate.

(5) Wird das Arbeitsverhältnis nach Ablauf der Zeit, für die es eingegangen ist, oder nach Zweckerreichung mit Wissen des Arbeitgebers fortgesetzt, so gilt es als auf unbestimmte Zeit verlängert, wenn der Arbeitgeber nicht unverzüglich widerspricht oder dem Arbeitnehmer die Zweckerreichung nicht unverzüglich mitteilt.

§ 16 Folgen unwirksamer Befristung

Ist die Befristung rechtsunwirksam, so gilt der befristete Arbeitsvertrag als auf unbestimmte Zeit geschlossen; er kann vom Arbeitgeber frühestens zum vereinbarten Ende ordentlich gekündigt werden, sofern nicht nach § 15 Abs. 3 die ordentliche Kündigung zu einem früheren Zeitpunkt möglich ist. Ist die Befristung nur wegen des Mangels der Schriftform unwirksam, kann der Arbeitsvertrag auch vor dem vereinbarten Ende ordentlich gekündigt werden.

§ 17 Anrufung des Arbeitsgerichts

Will der Arbeitnehmer geltend machen, dass die Befristung eines Arbeitsvertrages rechtsunwirksam ist, so muss er innerhalb von drei Wochen nach dem vereinbarten Ende des befristeten Arbeitsvertrages Klage beim Arbeitsgericht auf Feststellung erheben, dass das Arbeitsverhältnis auf Grund der Befristung nicht beendet ist. Die §§ 5 bis 7 des Kündigungsschutzgesetzes gelten entsprechend. Wird das Arbeitsverhältnis nach dem vereinbarten Ende fortgesetzt, so beginnt die Frist nach Satz 1 mit dem Zugang der schriftlichen Erklärung des Arbeitgebers, dass das Arbeitsverhältnis auf Grund der Befristung beendet sei.

Vierter Abschnitt – Gemeinsame Vorschriften

§ 22 Abweichende Vereinbarungen

(1) Außer in den Fällen des § 12 Abs. 3, § 13 Abs. 4 und § 14 Abs. 2 Satz 3 und 4 kann von den Vorschriften dieses Gesetzes nicht zuungunsten des Arbeitnehmers abgewichen werden.

(2) Enthält ein Tarifvertrag für den öffentlichen Dienst Bestimmungen im Sinne des § 8 Abs. 4 Satz 3 und 4, § 12 Abs. 3, § 13 Abs. 4, § 14 Abs. 2 Satz 3 und 4 oder § 15 Abs. 3, so gelten diese Bestimmungen auch zwischen nicht tarifgebundenen Arbeitgebern und Arbeitnehmern außerhalb des öffentlichen Dienstes, wenn die Anwendung der für den öffentlichen Dienst geltenden tarifvertraglichen Bestimmungen zwischen ihnen vereinbart ist und die Arbeitgeber die Kosten des Betriebes überwiegend mit Zuwendungen im Sinne des Haushaltsrechts decken.

§ 23 Besondere gesetzliche Regelungen

Besondere Regelungen über Teilzeitarbeit und über die Befristung von Arbeitsverträgen nach anderen gesetzlichen Vorschriften bleiben unberührt.

3.
Betriebsverfassungsgesetz (BetrVG)

in der Fassung der Bekanntmachung vom 25. September 2001 (BGBl. I S. 2518), das zuletzt durch Artikel 3 Absatz 4 des Gesetzes vom 20. April 2013 (BGBl. I S. 868) geändert worden ist
– Auszug –

Dritter Abschnitt
Tendenzbetriebe und Religionsgemeinschaften
§ 118 Geltung für Tendenzbetriebe und Religionsgemeinschaften

(1) Auf Unternehmen und Betriebe, die unmittelbar und überwiegend

1. politischen, koalitionspolitischen, konfessionellen, karitativen, erzieherischen, wissenschaftlichen oder künstlerischen Bestimmungen oder
2. Zwecken der Berichterstattung oder Meinungsäußerung, auf die Artikel 5 Abs. 1 Satz 2 des Grundgesetzes Anwendung findet,

dienen, finden die Vorschriften dieses Gesetzes keine Anwendung, soweit die Eigenart des Unternehmens oder des Betriebs dem entgegensteht. Die §§ 106 bis 110 sind nicht, die §§ 111 bis 113 nur insoweit anzuwenden, als sie den Ausgleich oder die Milderung wirtschaftlicher Nachteile für die Arbeitnehmer infolge von Betriebsänderungen regeln.

(2) Dieses Gesetz findet keine Anwendung auf Religionsgemeinschaften und ihre karitativen und erzieherischen Einrichtungen unbeschadet deren Rechtsform.

4.
Tarifvertragsgesetz (TVG)*)

in der Fassung der Bekanntmachung vom 25. August 1969 (BGBl. I S. 1323), das zuletzt durch Artikel 5 des Gesetzes vom 11. August 2014 (BGBl. I S. 1348) geändert worden ist
– Auszug –

§ 12a Arbeitnehmerähnliche Personen

(1) Die Vorschriften dieses Gesetzes gelten entsprechend

1. für Personen, die wirtschaftlich abhängig und vergleichbar einem Arbeitnehmer sozial schutzbedürftig sind (arbeitnehmerähnliche Personen), wenn sie auf Grund von Dienst- oder Werkverträgen für andere Personen tätig sind, die geschuldeten Leistungen persönlich und im wesentlichen ohne Mitarbeit von Arbeitnehmern erbringen und
   a) überwiegend für eine Person tätig sind oder
   b) ihnen von einer Person im Durchschnitt mehr als die Hälfte des Entgelts zusteht, das ihnen für ihre Erwerbstätigkeit insgesamt zusteht; ist dies nicht voraussehbar, so sind für die Berechnung, soweit im Tarifvertrag nichts anderes vereinbart ist, jeweils die letzten sechs Monate, bei kürzerer Dauer der Tätigkeit dieser Zeitraum, maßgebend,

---

*) Für das Gebiet der ehem. DDR, auf das der Geltungsbereich des TVG erweitert worden ist, gilt das TVG mit folgender Maßgabe:
Bis zum Abschluß eines neuen Tarifvertrages ist der geltende Rahmenkollektivvertrag oder Tarifvertrag mit allen Nachträgen und Zusatzvereinbarungen weiter anzuwenden, soweit eine Registrierung entsprechend dem Arbeitsgesetzbuch erfolgt ist. Der Rahmenkollektivvertrag oder Tarifvertrag tritt ganz oder teilweise außer Kraft, wenn für denselben Geltungsbereich oder Teile desselben ein neuer Tarifvertrag in Kraft tritt. Bestimmungen bisheriger Rahmenkollektivverträge oder Tarifverträge, die im neuen Tarifvertrag nicht aufgehoben oder ersetzt sind, gelten weiter.
Rationalisierungsschutzabkommen, die vor dem 1. Juli 1990 abgeschlossen und registriert worden sind, treten ohne Nachwirkung am 31. Dezember 1990 außer Kraft; soweit Arbeitnehmer bis zum 31. Dezember 1990 die Voraussetzungen der Rationalisierungsschutzabkommen erfüllt haben, bleiben deren Ansprüche und Rechte vorbehaltlich neuer tarifvertraglicher Regelungen unberührt. Die Regelungen des Artikel 20 des Vertrages und der dazu ergangenen Anlagen bleiben unberührt.
Vgl. Einigungsvertrag v. 31. August 1990, Anlage I Kapitel VIII Sachgebiet A Abschnitt III (BGBl. II 1990, 889, 1023) – Maßgaben für das beigetretene Gebiet (Art. 3 EinigVtr).

2. für die in Nummer 1 genannten Personen, für die die arbeitnehmerähnlichen Personen tätig sind, sowie für die zwischen ihnen und den arbeitnehmerähnlichen Personen durch Dienst- oder Werkverträge begründeten Rechtsverhältnisse.

(2) Mehrere Personen, für die arbeitnehmerähnliche Personen tätig sind, gelten als eine Person, wenn diese mehreren Personen nach der Art eines Konzerns (§ 18 des Aktiengesetzes) zusammengefaßt sind oder zu einer zwischen ihnen bestehenden Organisationsgemeinschaft oder nicht nur vorübergehenden Arbeitsgemeinschaft gehören.

(3) Die Absätze 1 und 2 finden auf Personen, die künstlerische, schriftstellerische oder journalistische Leistungen erbringen, sowie auf Personen, die an der Erbringung, insbesondere der technischen Gestaltung solcher Leistungen unmittelbar mitwirken, auch dann Anwendung, wenn ihnen abweichend von Absatz 1 Nr. 1 Buchstabe b erster Halbsatz von einer Person im Durchschnitt mindestens ein Drittel des Entgelts zusteht, das ihnen für ihre Erwerbstätigkeit insgesamt zusteht.

(4) Die Vorschrift findet keine Anwendung auf Handelsvertreter im Sinne des § 84 des Handelsgesetzbuchs.

5.
Gesetz betreffend das Urheberrecht an Werken der bildenden Künste und der Photographie

vom 9. Januar 1907
(RGBl. 7)
– Auszug –

Das Gesetz wurde nach § 141 Nr. 5 Urheberrechtsgesetz vom 9.9.1965 (BGBl. I 1273) mit Wirkung vom 1.1.1966 aufgehoben, soweit es nicht den Schutz von Bildnissen betrifft

§ 22

Bildnisse dürfen nur mit Einwilligung des Abgebildeten verbreitet oder öffentlich zur Schau gestellt werden. Die Einwilligung gilt im Zweifel als erteilt, wenn der Abgebildete dafür, daß er sich abbilden ließ, eine Entlohnung erhielt. Nach dem Tode des Abgebildeten bedarf es bis zum Ablaufe von 10 Jahren der Einwilligung der Angehörigen des Abgebildeten. Angehörige im Sinne dieses Gesetzes sind der überlebende Ehegatte oder Lebenspartner und die Kinder des Abgebildeten und, wenn weder ein Ehegatte oder Lebenspartner noch Kinder vorhanden sind, die Eltern des Abgebildeten.

§ 23

(1) Ohne die nach § 22 erforderliche Einwilligung dürfen verbreitet und zur Schau gestellt werden:

1. Bildnisse aus dem Bereiche der Zeitgeschichte;
2. Bilder, auf denen die Personen nur als Beiwerk neben einer Landschaft oder sonstigen Örtlichkeit erscheinen;
3. Bilder von Versammlungen, Aufzügen und ähnlichen Vorgängen, an denen die dargestellten Personen teilgenommen haben;
4. Bildnisse, die nicht auf Bestellung angefertigt sind, sofern die Verbreitung oder Schaustellung einem höheren Interesse der Kunst dient.

(2) Die Befugnis erstreckt sich jedoch nicht auf eine Verbreitung und Schaustellung, durch die ein berechtigtes Interesse des Abgebildeten oder, falls dieser verstorben ist, seiner Angehörigen verletzt wird.

§ 24

Für Zwecke der Rechtspflege und der öffentlichen Sicherheit dürfen von den Behörden Bildnisse ohne Einwilligung des Berechtigten sowie des Abgebildeten oder seiner Angehörigen vervielfältigt, verbreitet und öffentlich zur Schau gestellt werden.

§§ 25 bis 32 ----

§ 33

(1) Mit Freiheitsstrafe bis zu einem Jahr oder mit Geldstrafe wird bestraft, wer entgegen den §§ 22, 23 ein Bildnis verbreitet oder öffentlich zur Schau stellt.

(2) Die Tat wird nur auf Antrag verfolgt.

6.
Gesetz über Urheberrechte und verwandte Schutzrechte

vom 9. September 1965 (BGBl. I S. 1273),
zuletzt geändert durch das Gesetz vom 5. Dezember 2014 (BGBl. I S. 1974)
– Auszug –

§ 32 Angemessene Vergütung

(1) Der Urheber hat für die Einräumung von Nutzungsrechten und die Erlaubnis zur Werknutzung Anspruch auf die vertraglich vereinbarte Vergütung. Ist die Höhe der Vergütung nicht bestimmt, gilt die angemessene Vergütung als vereinbart. Soweit die vereinbarte Vergütung nicht angemessen ist, kann der Urheber von seinem Vertragspartner die Einwilligung in die Änderung des Vertrages verlangen, durch die dem Urheber die angemessene Vergütung gewährt wird.

(2) Eine nach einer gemeinsamen Vergütungsregel (§ 36) ermittelte Vergütung ist angemessen. Im Übrigen ist die Vergütung angemessen, wenn sie im Zeitpunkt des Vertragsschlusses dem entspricht, was im Geschäftsverkehr nach Art und Umfang der eingeräumten Nutzungsmöglichkeit, insbesondere nach Dauer und Zeitpunkt der Nutzung, unter Berücksichtigung aller Umstände üblicher- und redlicherweise zu leisten ist.

(3) Auf eine Vereinbarung, die zum Nachteil des Urhebers von den Absätzen 1 und 2 abweicht, kann der Vertragspartner sich nicht berufen. Die in Satz 1 bezeichneten Vorschriften finden auch Anwendung, wenn sie durch anderweitige Gestaltungen umgangen werden. Der Urheber kann aber unentgeltlich ein einfaches Nutzungsrecht für jedermann einräumen.

(4) Der Urheber hat keinen Anspruch nach Absatz 1 Satz 3, soweit die Vergütung für die Nutzung seiner Werke tarifvertraglich bestimmt ist.

§ 32a Weitere Beteiligung des Urhebers

(1) Hat der Urheber einem anderen ein Nutzungsrecht zu Bedingungen eingeräumt, die dazu führen, dass die vereinbarte Gegenleistung unter Berücksichtigung der gesamten Beziehungen des Urhebers zu dem anderen in einem auffälligen Missverhältnis zu den Erträgen und Vorteilen aus der Nutzung des Werkes steht, so ist der andere auf Verlangen des Urhebers verpflichtet, in eine Änderung des Vertrages einzuwilligen, durch die dem Urheber eine den Umständen nach weitere angemessene Beteiligung gewährt wird. Ob die Vertragspartner die Höhe der erzielten Erträge oder Vorteile vorhergesehen haben oder hätten vorhersehen können, ist unerheblich.

(2) Hat der andere das Nutzungsrecht übertragen oder weitere Nutzungsrechte eingeräumt und ergibt sich das auffällige Missverhältnis aus den Er-

trägnissen oder Vorteilen eines Dritten, so haftet dieser dem Urheber unmittelbar nach Maßgabe des Absatzes 1 unter Berücksichtigung der vertraglichen Beziehungen in der Lizenzkette. Die Haftung des anderen entfällt.

(3) Auf die Ansprüche nach den Absätzen 1 und 2 kann im Voraus nicht verzichtet werden. Die Anwartschaft hierauf unterliegt nicht der Zwangsvollstreckung; eine Verfügung über die Anwartschaft ist unwirksam. Der Urheber kann aber unentgeltlich ein einfaches Nutzungsrecht für jedermann einräumen.

(4) Der Urheber hat keinen Anspruch nach Absatz 1, soweit die Vergütung nach einer gemeinsamen Vergütungsregel (§ 36) oder tarifvertraglich bestimmt worden ist und ausdrücklich eine weitere angemessene Beteiligung für den Fall des Absatzes 1 vorsieht.

§ 32b Zwingende Anwendung

Die §§ 32 und 32a finden zwingend Anwendung

1. wenn auf den Nutzungsvertrag mangels einer Rechtswahl deutsches Recht anzuwenden wäre oder
2. soweit Gegenstand des Vertrages maßgebliche Nutzungshandlungen im räumlichen Geltungsbereich dieses Gesetzes sind.

§ 32c Vergütung für später bekannte Nutzungsarten

(1) Der Urheber hat Anspruch auf eine gesonderte angemessene Vergütung, wenn der Vertragspartner eine neue Art der Werknutzung nach § 31a aufnimmt, die im Zeitpunkt des Vertragsschlusses vereinbart, aber noch unbekannt war. § 32 Abs. 2 und 4 gilt entsprechend. Der Vertragspartner hat den Urheber über die Aufnahme der neuen Art der Werknutzung unverzüglich zu unterrichten.

(2) Hat der Vertragspartner das Nutzungsrecht einem Dritten übertragen, haftet der Dritte mit der Aufnahme der neuen Art der Werknutzung für die Vergütung nach Absatz 1. Die Haftung des Vertragspartners entfällt.

(3) Auf die Rechte nach den Absätzen 1 und 2 kann im Voraus nicht verzichtet werden. Der Urheber kann aber unentgeltlich ein einfaches Nutzungsrecht für jedermann einräumen.

§ 43 Urheber in Arbeits- oder Dienstverhältnissen

Die Vorschriften dieses Unterabschnitts sind auch anzuwenden, wenn der Urheber das Werk in Erfüllung seiner Verpflichtungen aus einem Arbeits- oder Dienstverhältnis geschaffen hat, soweit sich aus dem Inhalt oder dem Wesen des Arbeits- oder Dienstverhältnisses nichts anderes ergibt.

§ 48 Öffentliche Reden

(1) Zulässig ist

1. die Vervielfältigung und Verbreitung von Reden über Tagesfragen in Zeitungen, Zeitschriften sowie in anderen Druckschriften oder sonstigen Datenträgern, die im Wesentlichen den Tagesinteressen Rechnung tra-

gen, wenn die Reden bei öffentlichen Versammlungen gehalten oder durch öffentliche Wiedergabe im Sinne von § 19a oder § 20 veröffentlicht worden sind, sowie die öffentliche Wiedergabe solcher Reden,

2. die Vervielfältigung, Verbreitung und öffentliche Wiedergabe von Reden, die bei öffentlichen Verhandlungen vor staatlichen, kommunalen oder kirchlichen Organen gehalten worden sind.

(2) Unzulässig ist jedoch die Vervielfältigung und Verbreitung der in Absatz 1 Nr. 2 bezeichneten Reden in Form einer Sammlung, die überwiegend Reden desselben Urhebers enthält.

§ 49 Zeitungsartikel und Rundfunkkommentare

(1) Zulässig ist die Vervielfältigung und Verbreitung einzelner Rundfunkkommentare und einzelner Artikel sowie mit ihnen im Zusammenhang veröffentlichter Abbildungen aus Zeitungen und anderen lediglich Tagesinteressen dienenden Informationsblättern in anderen Zeitungen und Informationsblättern dieser Art sowie die öffentliche Wiedergabe solcher Kommentare, Artikel und Abbildungen, wenn sie politische, wirtschaftliche oder religiöse Tagesfragen betreffen und nicht mit einem Vorbehalt der Rechte versehen sind. Für die Vervielfältigung, Verbreitung und öffentliche Wiedergabe ist dem Urheber eine angemessene Vergütung zu zahlen, es sei denn, daß es sich um eine Vervielfältigung, Verbreitung oder öffentliche Wiedergabe kurzer Auszüge aus mehreren Kommentaren oder Artikeln in Form einer Übersicht handelt. Der Anspruch kann nur durch eine Verwertungsgesellschaft geltend gemacht werden.

(2) Unbeschränkt zulässig ist die Vervielfältigung, Verbreitung und öffentliche Wiedergabe von vermischten Nachrichten tatsächlichen Inhalts und von Tagesneuigkeiten, die durch Presse oder Funk veröffentlicht worden sind; ein durch andere gesetzliche Vorschriften gewährter Schutz bleibt unberührt.

§ 50 Berichterstattung über Tagesereignisse

Zur Berichterstattung über Tagesereignisse durch Funk oder durch ähnliche technische Mittel, in Zeitungen, Zeitschriften und in anderen Druckschriften oder sonstigen Datenträgern, die im Wesentlichen Tagesinteressen Rechnung tragen, sowie im Film, ist die Vervielfältigung, Verbreitung und öffentliche Wiedergabe von Werken, die im Verlauf dieser Ereignisse wahrnehmbar werden, in einem durch den Zweck gebotenen Umfang zulässig.

§ 51 Zitate

Zulässig ist die Vervielfältigung, Verbreitung und öffentliche Wiedergabe eines veröffentlichten Werkes zum Zweck des Zitats, sofern die Nutzung in ihrem Umfang durch den besonderen Zweck gerechtfertigt ist. Zulässig ist dies insbesondere, wenn

1. einzelne Werke nach der Veröffentlichung in ein selbständiges wissenschaftliches Werk zur Erläuterung des Inhalts aufgenommen werden,

2. Stellen eines Werkes nach der Veröffentlichung in einem selbständigen Sprachwerk angeführt werden,
3. einzelne Stellen eines erschienenen Werkes der Musik in einem selbständigen Werk der Musik angeführt werden.

§ 58 Werke in Ausstellungen, öffentlichem Verkauf und öffentlich zugänglichen Einrichtungen

(1) Zulässig ist die Vervielfältigung, Verbreitung und öffentliche Zugänglichmachung von öffentlich ausgestellten oder zur öffentlichen Ausstellung oder zum öffentlichen Verkauf bestimmten Werken der bildenden Künste und Lichtbildwerken durch den Veranstalter zur Werbung, soweit dies zur Förderung der Veranstaltung erforderlich ist.

(2) Zulässig ist ferner die Vervielfältigung und Verbreitung der in Absatz 1 genannten Werke in Verzeichnissen, die von öffentlich zugänglichen Bibliotheken, Bildungseinrichtungen oder Museen in inhaltlichem und zeitlichem Zusammenhang mit einer Ausstellung oder zur Dokumentation von Beständen herausgegeben werden und mit denen kein eigenständiger Erwerbszweck verfolgt wird.

§ 59 Werke an öffentlichen Plätzen

(1) Zulässig ist, Werke, die sich bleibend an öffentlichen Wegen, Straßen oder Plätzen befinden, mit Mitteln der Malerei oder Graphik, durch Lichtbild oder durch Film zu vervielfältigen, zu verbreiten und öffentlich wiederzugeben. Bei Bauwerken erstrecken sich diese Befugnisse nur auf die äußere Ansicht.

(2) Die Vervielfältigungen dürfen nicht an einem Bauwerk vorgenommen werden.

§ 60 Bildnisse

(1) Zulässig ist die Vervielfältigung sowie die unentgeltliche und nicht zu gewerblichen Zwecken vorgenommene Verbreitung eines Bildnisses durch den Besteller des Bildnisses oder seinen Rechtsnachfolger oder bei einem auf Bestellung geschaffenen Bildnis durch den Abgebildeten oder nach dessen Tod durch seine Angehörigen oder durch einen im Auftrag einer dieser Personen handelnden Dritten. Handelt es sich bei dem Bildnis um ein Werk der bildenden Künste, so ist die Verwertung nur durch Lichtbild zulässig.

(2) Angehörige im Sinne von Absatz 1 Satz 1 sind der Ehegatte oder der Lebenspartner und die Kinder oder, wenn weder ein Ehegatte oder Lebenspartner noch Kinder vorhanden sind, die Eltern.

§ 63 Quellenangabe

(1) Wenn ein Werk oder ein Teil eines Werkes in den Fällen des § 45 Abs. 1, der §§ 45a bis 48, 50, 51, 53 Abs. 2 Satz 1 Nr. 1 und Abs. 3 Nr. 1 sowie der §§ 58, 59, 61 und 61c vervielfältigt wird, ist stets die Quelle deutlich anzugeben. Bei der Vervielfältigung ganzer Sprachwerke oder ganzer Werke der Musik ist ne-

ben dem Urheber auch der Verlag anzugeben, in dem das Werk erschienen ist, und außerdem kenntlich zu machen, ob an dem Werk Kürzungen oder andere Änderungen vorgenommen worden sind. Die Verpflichtung zur Quellenangabe entfällt, wenn die Quelle weder auf dem benutzten Werkstück oder bei der benutzten Werkwiedergabe genannt noch dem zur Vervielfältigung Befugten anderweit bekannt ist.

(2) Soweit nach den Bestimmungen dieses Abschnitts die öffentliche Wiedergabe eines Werkes zulässig ist, ist die Quelle deutlich anzugeben, wenn und soweit die Verkehrssitte es erfordert. In den Fällen der öffentlichen Wiedergabe nach den §§ 46, 48, 51 und 52a sowie der öffentlichen Zugänglichmachung nach den §§ 61 und 61c ist die Quelle einschließlich des Namens des Urhebers stets anzugeben, es sei denn, dass dies nicht möglich ist.

(3) Wird ein Artikel aus einer Zeitung oder einem anderen Informationsblatt nach § 49 Abs. 1 in einer anderen Zeitung oder in einem anderen Informationsblatt abgedruckt oder durch Funk gesendet, so ist stets außer dem Urheber, der in der benutzten Quelle bezeichnet ist, auch die Zeitung oder das Informationsblatt anzugeben, woraus der Artikel entnommen ist; ist dort eine andere Zeitung oder ein anderes Informationsblatt als Quelle angeführt, so ist diese Zeitung oder dieses Informationsblatt anzugeben. Wird ein Rundfunkkommentar nach § 49 Abs. 1 in einer Zeitung oder einem anderen Informationsblatt abgedruckt oder durch Funk gesendet, so ist stets außer dem Urheber auch das Sendeunternehmen anzugeben, das den Kommentar gesendet hat.

§ 73 Ausübender Künstler

Ausübender Künstler im Sinne dieses Gesetzes ist, wer ein Werk oder eine Ausdrucksform der Volkskunst aufführt, singt, spielt oder auf eine andere Weise darbietet oder an einer solchen Darbietung künstlerisch mitwirkt.

§ 79 Nutzungsrechte

(1) Der ausübende Künstler kann seine Rechte und Ansprüche aus den §§ 77 und 78 übertragen. § 78 Abs. 3 und 4 bleibt unberührt.

(2) Der ausübende Künstler kann einem anderen das Recht einräumen, die Darbietung auf einzelne oder alle der ihm vorbehaltenen Nutzungsarten zu nutzen. Die §§ 31, 32 bis 32b, 33 bis 42 und 43 sind entsprechend anzuwenden.

(3) Unterlässt es der Tonträgerhersteller, Kopien des Tonträgers in ausreichender Menge zum Verkauf anzubieten oder den Tonträger öffentlich zugänglich zu machen, so kann der ausübende Künstler den Vertrag, mit dem er dem Tonträgerhersteller seine Rechte an der Aufzeichnung der Darbietung eingeräumt oder übertragen hat (Übertragungsvertrag), kündigen. Die Kündigung ist zulässig

1. nach Ablauf von 50 Jahren nach dem Erscheinen eines Tonträgers oder 50 Jahre nach der ersten erlaubten Benutzung des Tonträgers zur öffentlichen Wiedergabe, wenn der Tonträger nicht erschienen ist, und

2. wenn der Tonträgerhersteller innerhalb eines Jahres nach Mitteilung des ausübenden Künstlers, den Übertragungsvertrag kündigen zu wollen, nicht beide in Satz 1 genannten Nutzungshandlungen ausführt.

Ist der Übertragungsvertrag gekündigt, so erlöschen die Rechte des Tonträgerherstellers am Tonträger. Auf das Kündigungsrecht kann der ausübende Künstler nicht verzichten.

7.
Vertrag über freie Mitarbeit*)

Zwischen

....

(im Folgenden: Auftraggeber)

und

....

(im Folgenden: Auftragnehmer)

wird folgende Vereinbarung getroffen:

§ 1 Tätigkeit

Herr/Frau .... wird ab dem .... Aufgaben im Bereich .... übernehmen.

§ 2 Weisungsfreiheit

(1) Der Auftragnehmer unterliegt bei der Durchführung der übertragenen Tätigkeiten keinen Weisungen des Auftraggebers. Er ist in der Gestaltung seiner Tätigkeiten (Zeit, Dauer, Art und Ort der Arbeitsausübung) selbständig tätig und vollkommen frei. Auf besondere betriebliche Belange im Zusammenhang mit seiner Tätigkeit ist jedoch Rücksicht zu nehmen.

(2) Der Auftragnehmer ist an keinerlei Vorgaben zum Arbeitsort oder zur Arbeitszeit gebunden. Projektbezogene Zeitvorgaben des Auftraggebers sind allerdings einzuhalten, ebenso fachliche Vorgaben des Auftraggebers, soweit diese zur ordnungsgemäßen Vertragsdurchführung erforderlich sind.

(3) Der Auftragnehmer ist ferner berechtigt, Aufträge des Auftraggebers ohne Angabe von Gründen abzulehnen.

(4) Gegenüber den Angestellten des Auftraggebers hat der Auftragnehmer keine Weisungsbefugnis.

(5) Der Auftragnehmer hat dem Auftraggeber nachzuweisen, dass er auch für andere Auftraggeber tätig ist. Sollte dies oder eine andere Voraussetzung der Selbständigkeit entfallen, ist der Auftraggeber unverzüglich zu benachrichtigen.

---

*) Dieses Vertragsmuster wird in Firmenbereichen in dieser oder ähnlicher Form verwendet. Ob alle Klauseln dieses Musters den Normen des Rechts der allgemeinen Geschäftsbedingungen standhalten, ist, soweit ersichtlich, noch nicht in jeder Hinsicht geklärt. Das gilt einerseits für die Frage, inwieweit dadurch zwingende Vorschriften des Arbeitsrechts evtl. umgangen werden (§ 14) andererseits ob z. B. § 11 gültig ist. (Anm. d. Verf.)

§ 3 Leistungserbringung

(1) Der Auftragnehmer ist verpflichtet, die Arbeitsleistung höchstpersönlich zu erbringen. Die Hinzuziehung eigener Mitarbeiter oder die Vergabe von Unteraufträgen bedarf der vorherigen Zustimmung des Auftraggebers.

(2) Der Auftragnehmer übt seine Tätigkeit in seinen eigenen Räumlichkeiten oder in den Räumen des Auftraggebers aus. Soweit in eine betriebliche Anwesenheit erforderlich wird, stellt der Auftraggeber nach jeweiliger vorheriger Absprache die entsprechenden Einrichtungen zur Verfügung.

§ 4 Unterrichtungspflicht

Beide Vertragsparteien verpflichten sich zur gegenseitigen Kenntnisgabe, sofern sich bei der Vertragsdurchführung Abwicklungsschwierigkeiten oder aber vorhersehbare Zeitverzögerungen ergeben sollten.

§ 5 Fortbildungspflicht des Auftraggebers

Der Auftragnehmer ist verpflichtet, sich im Rahmen der Durchführung dieses Vertrages über den aktuellen Entwicklungsstand seines Aufgabengebiets zu informieren und fortzubilden.

§ 6 Konkurrenz

Der Auftragnehmer darf auch für andere Auftraggeber oder einen Arbeitgeber tätig sein. Will der Auftragnehmer allerdings für einen unmittelbaren Wettbewerber des Auftraggebers tätig werden, ist der Auftraggeber hierüber schriftlich zu informieren. Der Auftraggeber hat in diesem Fall das ausschließliche Kündigungsrecht der vorliegenden Vereinbarung.

§ 7 Verschwiegenheit

Der Auftragnehmer verpflichtet sich im Übrigen, über ihm im Rahmen seiner Tätigkeit bekannt gewordene betriebliche Interna, insbesondere Geschäftsgeheimnisse, auch nach seinem Ausscheiden Stillschweigen zu bewahren.

§ 8 Honorar

(1) Es wird ein pauschales Monatshonorar / Tageshonorar / Stundenhonorar von .... zuzüglich der jeweiligen gesetzlichen Mehrwertsteuer vereinbart. Der Auftragnehmer ist verpflichtet, jeweils bis zum 10. des Folgemonats eine spezifizierte Abrechnung in Form einer Rechnung zu erstellen.

(2) Der Auftragnehmer ist verpflichtet, etwaige zusätzlich geleistete Stunden innerhalb von vier Wochen nach Anfall abzurechnen. Bei Überschreiten dieser Frist gelten die Ansprüche als verwirkt.

§ 9 Fälligkeit

Das unter § 8 vereinbarte Honorar wird jeweils zum Monatsende fällig. Die Auszahlung erfolgt unbar.

§ 10 Sonstige Ansprüche/Rentenversicherung

(1) Mit der Zahlung der in diesem Vertrag vereinbarten Vergütung sind alle Ansprüche des Auftragnehmers gegen den Auftraggeber aus diesem Vertrag erfüllt.

(2) Für die Versteuerung der Vergütung hat der Auftragnehmer selbst zu sorgen.

(3) Der Auftragnehmer wird darauf hingewiesen, dass er nach § 2 Nr. 9 SGB VI rentenversicherungspflichtig sein kann, wenn er auf Dauer und im Wesentlichen nur für einen Auftraggeber tätig ist und keine versicherungspflichtigen Arbeitnehmer beschäftigt, deren Arbeitsentgelt aus diesem Beschäftigungsverhältnis regelmäßig 325,– Euro im Monat übersteigt.

§ 11 Vertragsstrafe

(1) Für jeden Fall der schuldhaften Verletzung einer der in dieser Vereinbarung festgelegten Verpflichtungen des Auftraggebers wird eine Vertragsstrafe in Höhe von 2000,– Euro vereinbart. Dies gilbt insbesondere für die Verpflichtungen aus § 6 (Konkurrenz) und § 7 (Verschwiegenheitspflicht) der vorliegenden Vereinbarung.

(2) Weitergehender Schadensersatz sowie die Geltendmachung von Unterhaltsansprüchen bleiben vorbehalten.

§ 12 Kündigung

Das Vertragsverhältnis kann unter Einhaltung einer Frist von vier Wochen zum Monatsende gekündigt werden. Das Recht zur außerordentlichen Kündigung bleibt hiervon unberührt. Vom Auftraggeber überlassene Arbeits- und Geschäftsunterlagen sowie sonstige Arbeitsmittel sind mit Beendigung des Vertragsverhältnisses unaufgefordert zurückzugeben. Die Geltendmachung eines Zurückbehaltungsrechts ist ausgeschlossen.

§ 13 Erfüllungsort und Gerichtsstand

Erfüllungsort und Gerichtsstand ist .

§ 14 Keine Umgebung arbeitsrechtlicher Schutzvorschriften

Von der Möglichkeit des Abschlusses eines Anstellungsvertrages ist in Anwendung des Grundsatzes der Vertragsfreiheit bewusst kein Gebrauch gemacht worden. Eine Umgehung arbeitsrechtlicher oder arbeitsgesetzlicher Schutzvorschriften ist nicht beabsichtigt. Dem freien Mitarbeiter soll vielmehr die volle Entscheidungsfreiheit bei der Verwertung seiner Arbeitskraft belassen werden. Eine über den Umfang dieser Vereinbarung hinausgehende persönliche, wirtschaftliche oder soziale Abhängigkeit wird nicht begründet.

§ 15 Nebenabreden

(1) Nebenabreden und Änderungen des Vertrags bedürfen zu ihrer Wirksamkeit der Schriftform. Dieses Formerfordernis kann weder mündlich noch stillschweigend aufgehoben oder außer Kraft gesetzt werden.

(2) Die teilweise oder vollständige Unwirksamkeit einzelner Vertragsbestimmungen berührt die Wirksamkeit der übrigen Bestimmungen nicht.

8.
Rahmenvertrag zwischen Programmgestalter(in) und öffentlich-rechtlicher Rundfunkanstalt

Zwischen

N.N.

im nachfolgenden „VertragspartnerIn“ – genannt

und dem

XX – Gemeinnützige Anstalt des öffentlichen Rechts

im nachfolgenden „XX“ genannt –

wird folgende

Rahmenvereinbarung*)

geschlossen:

1. Beschäftigungsbereich

Der „XX“ beabsichtigt, die Vertragspartnerin als programmgestaltende Mitarbeiterin hauptsächlich im Landesfunkhaus .... Programmbereich .... zu beschäftigen, als Moderatorin und Realisatorin.

2. Beschäftigungsgrundsätze

Als öffentlich-rechtliche Rundfunkanstalt ist der „XX“ gehalten, dem verfassungsrechtlichen Gebot der Vielfalt der zu vermittelnden Programminhalte auch bei der Auswahl und Beschäftigung derjenigen Mitarbeiter zu genügen, die bei der Gestaltung der Programme mitwirken.

Der Umfang der Tätigkeit der Vertragspartnerin für den „XX“ hängt ausschließlich davon ab, ob und inwieweit sie und der „XX“ zusammenarbeiten wollen bzw. sich von Fall zu Fall über den jeweiligen Auftrag einigen. Weder ist die Vertragspartnerin verpflichtet, dem „XX“ über die Dauer eines übernommenen Einzel-Auftrages hinaus zur Verfügung zu stehen, noch ist der „XX“ gehalten, die Vertragspartnerin zu beschäftigen.

---

*) Dieser Rahmenvertrag einer ARD-Rundfunkanstalt wird hier als ein Beispiel eines bei dieser öffentlich-rechtlichen Rundfunkanstalt z. T. üblichen Vertragsmusters dokumentiert. Es werden bei ARD-Anstalten auch andere Muster verwendet.
Das hier abgedruckte Muster wird auch durch individuelle Passagen ergänzt. Weitere Musterverträge bei Götz von Olenhusen: Freie Mitarbeit in den Medien, 2002.

3. Einzelvereinbarung

3.1 Laufzeit des Vertragsverhältnisses

Der „XX“ und der/die VertragspartnerIn schließen für jede
- Produktion
- Mitwirkung
- sonstige inhaltlich programmgestaltende Tätigkeit

eine gesonderte Einzelvereinbarung ab. Darin werden jeweils Anfangs- und Endtermin der Tätigkeit des/der Vertragpartners/In und damit des Vertragsverhältnisses festgelegt. Ist die jeweilige Produktion bzw. Ausführung des Auftrags noch nicht beendet, wird der einzelne Vertrag um Tage/Wochen verlängert, ohne dass es einer ausdrücklichen Vereinbarung bedarf. § 625 BGB findet keine Anwendung.

Die Erteilung des jeweiligen Produktionsauftrages bzw. der jeweilige Einsatz für einen neuen Beschäftigungsabschnitt gelten als neues Angebot, das entweder ausdrücklich oder durch die Aufnahme der vorgesehenen Tätigkeit seitens des/der Vertragspartners/In angenommen wird.

Für diese Einzelvereinbarungen und in Ergänzung zu ihnen wird die Rahmenvereinbarung geschlossen. Die hier getroffenen Regelungen sind Bestandteile jeder Einzelvereinbarung.

3.2 Dienstanweisung für die Beschäftigung freier Mitarbeiter

Die Dienstanweisung findet auf die Beschäftigung des/der Vertragspartners/In beim „XX“ insoweit keine Anwendung, als darin der Umfang freier Mitarbeit limitiert wird.

3.3 Tarifvertrag und Allgemeine Honorarbedingungen

Auf die Einzelvereinbarung findet der Tarifvertrag für auf Produktionsdauer Beschäftigt in seiner jeweils geltenden Fassung Anwendung.

Ebenso gelten die Allgemeinen Honorarbedingungen für freie Mitarbeiter des „XX“ (gültig ab 1. Januar 1990). Sofern der „XX“ die Allgemeinen Honorarbedingungen ändert und sich die Vertragspartner nicht auf Einbeziehung dieser neuen Fassung in die Rahmenvereinbarung einigen, sind beide Vertragspartner berechtigt, die Rahmenvereinbarung mit einer Frist von drei Monaten zum Monatsende zu kündigen.

3.4 Entstehung eines Arbeitsverhältnisses

Für den Fall, dass die Einzelvereinbarung entgegen der Annahme des „XX“ und des/der Vertragspartners/In ein Arbeitsverhältnis begründet, soll sie als befristeter Arbeitsvertrag gelten.

Soweit über die Einzelvereinbarungen hinaus ein Arbeitsverhältnis entstehen sollte, ist dieses Arbeitsverhältnis aus den in Ziffer 4.2 genannten Gründen durch die Dauer dieser Rahmenvereinbarung befristet.

4. Laufzeit der Rahmenvereinbarung

4.1 Diese Rahmenvereinbarung und die sie ausfüllenden Tätigkeiten des/der Vertragpartners/In für den „XX“ enden zum

....

ohne dass es einer Kündigung bedarf.

4.2 Die Befristung ist als solche und ihrem Umfang nach durch programmliche Gründe zur Sicherung der verfassungsrechtlich gebotenen Programmvielfalt erforderlich.

4.3 Die Rahmenvereinbarung kann befristet verlängert werden, wenn die dafür vorgesehene Prüfung ergibt, dass die Programmvielfalt und der Bedarf des „XX“ eine Fortsetzung der Beschäftigung für die vorgesehene Zeit zulassen. Der/die VertragspartnerIn nimmt zur Kenntnis, dass sie nicht darauf vertrauen kann, über das Ende dieser Rahmenvereinbarung hinaus beschäftigt zu werden.

5. Garantie eines Mindesthonorars

Soweit der „XX“ aus Gründen, die in seiner Sphäre liegen, den/die VertragspartnerIn über einen Zeitraum von sechs Monaten im monatlichen Durchschnitt in geringerem Umfang als sechs Tage bzw. als zu einem Gesamthonorar von Euro beschäftigt, kann die Vertragspartnerin nach einer Laufzeit dieser Rahmenvereinbarung von zwei Jahren eine monatliche Vergütung von .. Euro (Mindestvergütung) beanspruchen. Für denselben Zeitraum zu zahlende Honorare werden angerechnet. Fall sie die Mindestvergütung in Anspruch nimmt, ist der/die VertragspartnerIn verpflichtet, Aufträge des „XX“ bis zu einem Beschäftigungsumfang von Euro pro Monat anzunehmen. Ziffer 5.2 des Tarifvertrages für arbeitnehmerähnliche Personen bleibt unberührt.

6. Kündigung der Rahmenvereinbarung

Diese Vereinbarung kann nur aus wichtigem Grund gekündigt werden.

7. Tätigkeit für andere Rundfunkveranstalter

Soweit der/die VertragspartnerIn während der Dauer dieser Rahmenvereinbarung für andere Rundfunkveranstalter, ausgenommen die ARD-Rundfunkanstalten sowie DeutschlandRadio, und deren Koproduktionspartner tätig werden will, wird sie zuvor die Zustimmung des „XX“ einholen. Der „XX“ darf die Zustimmung nur dann versagen, wenn zu besorgen ist, dass durch eine solche Tätigkeit seine Interessen beeinträchtigt werden.

8. Tarifvertrag für arbeitnehmerähnliche Personen

Innerhalb dieser RahmenvereinQarung findet der Tarifvertrag für arbeitnehmerähnliche Personen in seiner jeweils gültigen Fassung Anwendung.

9. Ausschlussfrist

Ansprüche des/der Vertragpartners/In aus den Einzelverträgen und aus dieser Rahmenvereinbarung sind innerhalb einer Ausschlussfrist von sechs Monaten nach Beendigung der Einzelvereinbarung bzw. der Rahmenvereinbarung gegenüber dem „XX“ schriftlich geltend zu machen. Diese Frist ist für die Dauer einer unverschuldeten Verhinderung des Vertragspartners/In gehemmt.

10. Frühere Vereinbarungen

Alle zwischen dem „XX“ und der Vertragspartnerin bisher geschlossenen Verträge werden durch diese Rahmenvereinbarung aufgehoben, soweit anderes nicht ausdrücklich vereinbart ist.

11. Teilunwirksamkeit

Die Unwirksamkeit einzelner Bestimmungen oder Teile von ihnen lässt die Gültigkeit der übrigen Regelungen dieser Vereinbarung unberührt.

12. Änderungen

Änderungen und Ergänzungen dieser Vereinbarung einschließlich dieser Ziffer 12 bedürfen der Schriftform.

13. Sonstige Bestimmungen

Keine

Register

Die Zahlen verwiesen auf die Seiten